暗記じゃなくて考えたら日本史はこんなにおもしろい

小泉 秀人

山川出版社

はじめに

誰にも「**盲点**」「**陥穽**（かんせい）」（落とし穴）があると思います。気がつかないから**盲点**なんです。歴史の勉強にもあると思います。こういうことが勉強だと思ってきませんでしたか？　先生の板書をひたすらノートに写して覚えたり、教科書や参考書の太字部分にマーカーを塗って、同じ色の暗記シートを乗せて言ったり。それっておもしろくないし、テストが終われば忘れちゃいますよね。それって、「勉強している」と言えるんでしょうか？

それに対して、テレビの歴史ドラマなどは「おもしろい」と感じる人が多いと思います。なぜ学校の歴史の勉強は「つまらなく」てドラマの歴史は「おもしろい」のでしょう？　それは一言で言って、「そこに生きている、生身（なまみ）の人間が見えてくるかどうか」の違いだと思います。

私は約50年、高校や大学で歴史を教えてきました。ある時、生徒から「小泉先生の授業では、登場人物が息をしている」と言われました。歴史は、私たちと同じ人間である登場人物が、いろいろ考えたり、悩んだり失敗したりして残してきた足跡の集積です。それが見えてくるような授業は、まるでドラマをみているようではありませんか？　それと比べて、電車の中や図書館などでの「勉強」の様子を、私はいつも痛々しく見つめてきました。「生身の人間が描かれた」歴史をたくさんの人に伝えて、「歴史っておもしろい」「自分で考えるって楽しい」と感じてもらいたい、と思っています。

2022年度から、高等学校の歴史科目は「日本史Ａ・Ｂ」「世界史Ａ・Ｂ」ではなく、「歴史総合」「日本史探究」「世界史探究」という科目名になりました。学習指導要領やその解説を読むと、「驚きや素朴な問い」を重視したり、「仮説をたてる」などと記されたりしています。これまでの授業と、ずいぶん違ったものになりそうですね。

この本も、「どうしてだろう？」「ホントかな？」といった「問い」がたくさん出てきます。いくつか、例を挙（あ）げましょう。

私が高校生の頃、先生が蘇我（そが）氏の馬子（うまこ）・入鹿（いるか）と並べて黒板に書いた時に「あれ？」と思いました。「馬鹿、になるじゃん」。それに対して、入鹿暗殺に手を貸した蘇我氏の一族の人物には「蘇我倉山田石川麻呂（くらやまだのいしかわのまろ）」という立派な名前がついています。なんか変だなぁ。だいたい、そんな昔の人の名前って、どうやって分かるんだろう？…この続きは45ページで。

源頼朝（みなもとのよりとも）が鎌倉幕府を開いた、って誰でも知ってますよね。でもそこで立ち止まっていたら、「頼朝のすごさ」までは分かりません。2022年のNHK大河ドラマ『鎌倉殿の13人』でも描かれましたが、伊豆（いず）で挙兵した頼朝、実は勝ち目がまったくありませんでした。彼の奥さんの父親、北条時政（ほうじょうときまさ）って、平氏だったんですよ。平氏の時政は、なぜ当時飛ぶ鳥を落とす勢いの平清盛（たいらのきよもり）を裏切ったんでしょう？…この続きは100ページで。

そうやって「問い」を持ち、「仮説をたててみる」ことは、誰だってできます。実はそれが、歴史を学ぶ、ということの大切な方法の１つだと思います。実は、歴史はまだまだ、「ホントはどうだったのか、分からないことだらけ」なんです。

それでも、「何を言ってもいい」「どう考えたってかまわない」というものではないと思います。史料の裏づけ、結論を出す根拠などは、歴史の研究のしろうとにとっては「手が届かないもの」と思いがちですよね。そうしたものの基本的なことは、やっぱり教科書に載っていると思います。そこでこの本でも、日本史探究の教科書『詳説日本史』(日探705、山川出版社）を引用したりしながら書いていこうと思います。教科書は出版社のホームページや教科書を扱っている一般の書店でも買えますから、よかったら、この本を読む際にわきに置いて、いっしょに読んでください。「あ、私にも疑問がわいてきたぞ」「こんなことも考えられるんじゃないか」などと、どんどん発見があると思います。この本を「歴史は暗記だ」と思い「歴史の勉強はつまらないなぁ」と感じている大人や高校生・受験生の皆さん、「歴史を学び直したい」と思っておられる皆さん、「生徒たちに『考えさせる授業』をやりたい」と考えていらっしゃる教員の方々に届けたいと思います。

さぁ、「ホントはどうだったのか？」「なんでそんなことをしたんだろう？」などと考える、ワクワクする旅に出かけましょう。

本書を読むにあたって

・本書は、筆者の長年にわたる授業の経験をもとに、口語調で書いています。

・Q では、読者の皆さんに考えてほしいことを、質問形式で投げかけています。読み進める前に、ぜひとも一度立ち止まって考えてみてください。

・日本史 では、教科書の記述を引用しています。高等学校の日本史の教科書は複数ありますが、本書で出てくる「教科書」は『詳説日本史』(日探705、山川出版社)を指しています。㊙も同様です。

・では、史料(文字資料)を引用しています。史料の引用は必要な部分にとどめており、その際に前略や後略はとくに記していません。引用した史料の表記はとくに出典の断(ことわ)り書きがないかぎり、教科書や副教材『詳説日本史史料集　再訂版』(山川出版社)によりました。史料の現代語訳は、とくに出典の断り書きがないかぎり、教科書によるか、筆者がおこなったものです。

・こぼれ話 では、筆者がぜひとも伝えたいエピソードや小話を紹介しています。

目次

第1章 旧石器時代から縄文時代へ
土器が人々の生活を変えた

世紀と千年紀、B.C.とA.D.

まず、本題に入る前に。歴史関係の本では、「○世紀には…」といった表記は必ず目にしますよね。これは正確に知っておいてもらわないといけません。そこで問題です。

Q1 関ヶ原（せきがはら）の戦いがあった1600年は、何世紀？

Q2 紀元前のB.C.とは、何の省略形でしょうか？

Q3 いま現在は、紀元何千年紀でしょうか？　その最初の年は、西暦何年でしょうか？　千年紀とは、一千年単位の呼び方です。

Q4 紀元前二千年紀は、西暦何年から西暦何年まででしょうか？

？？？？

世紀というのは、百年単位の呼び方ですね。ここで1600年というのは西暦で、ある年を基準にしているのですが、その基準となる年は、西暦の「ゼロ年」でしょうか、「1年」でしょうか？　では、それに関連して、「基準になる年」はどうやって決めたのでしょうか？　その年より前を「紀元前」と呼んでアルファベットの略語で「B.C.」と表しますよね。

では正解です。

基準となる年は、西暦紀元1年です。世紀は百年の単位だと言いましたね。…ということは、一番最初の1世紀は、紀元1年から100年まで、となります。2世紀は、101年から200年まで。3世紀は…とやってみてください。**Q1**の正解は、16世紀（1501年から1600年までが16世紀）。**Q2**の正解は、「B.C.はBefore Christの省略形」です。省略形B.C.のCをCenturyと考えると分かりません。

基準になる年は「イエス＝キリストが生まれた<u>とされた</u>年」です。「<u>とされ</u>

た」に注意してください。最近の書籍の年表をみると、キリストの生誕年は「B.C.4頃」と書いてあります。基準を決めたあとで、実はあと4年くらい前に生まれていたことが分かったのですね。でも、新しい基準を採用したら、みんなこれまでの年がずれてしまいますよね。だから、ある時点でキリスト誕生とされていた年をいまでも基準にしているわけです。

千年紀は一千年単位ですから、最初の紀元一千年紀はどうなりますか？「1年から1000年まで」となりますね。ですから、**Q3**の正解は、「いま現在は紀元三千年紀で、その始まりは2001年」です。

最後に**Q4**です。

「西暦紀元前1001年から西暦紀元前2000年まで」と考えた人、残念！「古い方から新しい方」に言うので、**Q4**の正解は、「西暦紀元前2000年から西暦紀元前1001年まで」です。

では、「紀元前」のB.C.に対して「紀元後」を表すA.D.は何の省略形でしょうか？　これは英語ではないんですね。古い時代のヨーロッパでは、ラテン語が用いられていました。ラテン語でAnno Domini（主（しゅ）の年に）の省略形です。それにしても、やはりキリストが基準なんですね。

旧石器時代と縄文時代

旧石器、って別名打製石器と言いますね。石と石を打ち欠いて道具にした、図のようなものです。

▲打製石器

こんなこと思ったこと、ありませんか？

なんで旧石器時代の次の時代を新石器時代と呼ばずに縄文時代と呼ぶのか？

また、こんなことを考えたことはありませんか？

旧石器時代がホントに一番古いのかな？

？？？？

まず**Q5**ですが、こういう時代の呼び名は、誰かが名づけて、多くの人たちが「うん、それはいいね」と支持して、しぜんに決まっていくものだと思

▲縄文土器

います。その点では、やっぱり、写真にみる道具のインパクトが強いのではないでしょうか。

あと、西アジアや中国などでは新石器時代になると農耕・牧畜などの食料生産の段階に入るのに対して縄文時代は違います。それも大きいと思います。

Q6については、もっと古く、「木器時代」があったのではないでしょうか。でも木は腐ってしまうことが多いし、そのへんの木切れをこん棒代わりに使ったりしたでしょうから物証がなく、証明できませんね。

それではここで問題です。

旧石器時代と縄文時代の違いを考えてみましょう。

どうしても歴史の勉強というと、「細かいところ」を「覚えなければならない」と考えがちではないでしょうか。それも「**陥穽**(かんせい)」(→p.1)です。むしろ、ざっくりと眺(なが)めて違いを見つけた方が、両方とも頭に入るものです。

旧石器時代は氷河期でしたが、寒冷な氷期と比較的温暖な間氷期が交互に繰り返して訪れました。少なくとも２回、日本列島はアジア大陸北東部と陸続きになったと言われています。

教科書には、旧石器時代は打製石器を用い、「**狩猟と植物性食料を採集する生活**」で、「**石槍を用い**」「**大型動物を捕らえた**」とあります。「**絶えず**」「**移動していた**」とも書いてあります。

さあ、それが、何がどう変わったでしょう。まず約１万年余り前に気候が温暖になり、「**大型動物は絶滅して、動きの速いニホンジカやイノシシなどの中・小の動物が多くなった**」。これは大きな変化ですよね。

そして教科書には弓矢、土器、磨製石器のことが書いてあり、植物性食料も採集のみならず、「**栽培もおこなわれた可能性がある**」とあります。漁労(ぎょろう)の発達も大きいですね。それらによって、「**人々の生活は安定して定住的な生活が始まった**」。これもすごい変化です（㊍p.8～11）。

こぼれ話 三内丸山遺跡の衝撃

私は大学を出て教員になってずっと、「縄文時代までは移動生活、弥生時代に農耕が始まって定住するようになった」と教えてきました。教科書にだって、そう書いてあったのです。それが1992年の三内丸山遺跡の発見で「縄文時代に定住していた」と記述が変わったんです。こういうことから考えると、「教科書をただ覚える」のはむなしくなってきませんか？

▲三内丸山遺跡（青森県）

私はこのすごい変化については、とくに土器の影響が大きいのではないか、と考えています。では、問題です。

土器が用いられるようになって、人々の生活にどんな変化が生まれたでしょうか？

？？？？

こう聞くと、「貯蔵するようになった」という答えがよく出てきます。それ、間違いじゃないと思います。貯蔵にも使ったでしょうけど、もっと注目してほしいことがあります。

ちょっと考えてみてください。土器、って原料は土ですよね。それが何千年もたったいまも、あんな風に形を保っているんですよ。ちょっとくらいの力では、壊れません。そう、高温で焼いて、土に化学変化を起こさせているんです。なんで、こんなことをしたんでしょう…？　そうやって考えていたら、土器だけに、ドキドキしてきませんか？

高温で焼いたことによって、貯蔵以外に何ができるようになったでしょうか。ヒントは、調理関係のことです。

「煮ること」。そうですね。私の用意していた答えは、「煮炊きしたり、蒸したりできるようになった」です。「土器に水を入れて食べ物を入れて火にかけると、食べ物はどうなる？」と教えている高校生によく聞くのですが、ここで出てくるカワイイ答えが、「おいしくなる」。うーん、たぶん、スパイス的なものもそのうち気がついて、おいしくなったとも思うけど、それはちょっとあとかな。惜しい！もっとシンプルに。ほら、料理したことある人！

「やわらかくなる」。そうですよね。一説には、土器が使われるようになるまで、食べ物は生で食べるか、焼いたり炙ったりするしかありませんでしたが、煮たりしてやわらかくなると、食べる時の脳への衝撃が小さくなって、脳が発達したんじゃないかと考えられており、その代わりアゴは退化していったそうです。これって、的を射た考えのような気がするんですけど。

▲釣り針

縄文時代に脳が発達したことで、さらに生まれた変化として、例えば釣り針を考えてみましょう。２つの写真で、どっちが新しいと思いますか？

そう、右の方ですよね。私は釣りをやらないんで、聞いた話ですが、右側の釣り針の先端部分は「かえし」といって、釣った魚を逃がしにくくする工夫だそうです。こうやって、どんどん生活が豊かになり、どんどん人口も増えていったようです。

こぼれ話 「岩宿」の発見

かつて、「日本には旧石器時代はない」と考えられていました。教科書も縄文時代から。私が住んでいる関東地方では、いまから約１万年前頃（その前がだいたい旧石器時代）までは、富士山などがボンボン噴火していて火山灰などが降り積もっていたようです。そこで、関東ローム層（いわゆる赤土）と呼ばれる地層が形成されました。その上がいわゆる黒土なんですが、昔は考古学で黒土の部分だけは掘っても、その下の赤土が出てくると、「はい、終わり。この下には、もう人間の生活の痕跡はないから」としていたそうです。

いまから考えると、これはまさに**盲点**であり、**陥穽**ですよね。「思い込み」ってヤツです。ところがギッチョン、「いや、１万年前より古い時代にも、日本に人は住んでいたんじゃないか」と考える人がいました。大学の先生なんかじゃないんですよ。相沢忠洋さん。彼は貧しい生活をしながら、自転車で日用品や雑貨を売る行商をしていました。彼の生い立ちや考えていたこと、そして感動的な大発見のドラマは、相沢忠洋『「岩宿」の発見』（講談社文庫、1973年）をぜひ読んでみてください。彼の大発見のあと、大学の先生たちも調査に入り、いまでは、1万年前より古い地層も当たり前のように発掘されるようになりました。
「教科書をただ読んで覚える」なんて、やっぱりむなしいですよね。

縄文時代の生活→時代区分を覚えよう

ここで、「時代区分を覚えよう」という話をします。そこでまた、皆さんの**盲点・陥穽**を指摘させてもらおうと思います。

私が高校生たちのテストの答案を読んでいて気になったことがありました。「縄文時代になると土器がつくられるようになり…」。あれ？と感じました。たぶん高校生たちは意識していないと思いますが、日本語的にこの文章は、「縄文時代になったら土器がつくられるようになり…」といった意味になりますよね。これって、変だと思いませんか？

「**時代が変わったから社会の中身が変わる**」のではなくて、「**社会の中身が変わったから時代の呼び名を変える**」というのがホントだと思いませんか？つまり、こういうことです。みんな旧石器時代に土器がない生活をしていた。そこで誰かが発明したか、よその土地からもたらされたか分かりませんが、土器が登場した。「うわ？　なんじゃこりゃ？　便利じゃん！！」ということになって、日本中に広まっていった、これがリアルだと思いませんか？

土器より前か後か分かりませんが、弓矢や磨製石器の使用もあって、人々の生活は安定し、定住的な生活が始まりました。そうすると、「これまでの旧石器時代という呼び名じゃなくて、別の呼び名で変化した社会を表そう。うん、そのネーミングは、『縄文時代』がいいんじゃない？」ということになったんだと思います。やっぱり、縄目の文様が名づけの決め手でしょうね。一方、「弥生」のネーミングは…？　東京都の本郷弥生町（現在の文京区弥生2丁目）で土器が発見されたのですね。

縄文の次は弥生、その次は古墳時代ですよね。どんな「中身の変化」があったんだろう、と気になってきませんか？　そこで、「**時代区分を覚えよう**」なんです。時代区分を覚えて、「どう中身が変化したか」に注目してください。**中身の変化がつかめると、時代の違いが分かって、時代の違いがつかめると、**

自分が理解した歴史に「動き」「流れ」がみえてきます。

私は高校生たちに「**歴史は『流れ』が命！**」とよく言います。流れがみえてくると、教科書がただの「意味も分からず暗記する」対象ではなくて、「次はどうなるんだろう？」「あれ？　前の時代、このことはどうなってたっけ？」などと、“生き生きしたもの”になってきませんか？

古墳時代の次の飛鳥時代からは、「注目すべき政権の所在地など」がネーミングの基準になるので、ここまで書いてきたこととは、ちょっと違ってしまいます。でも「**流れが命**」なので、古墳時代までで身につけた「違いが分かる」「動きがみえる」方法を適用していきましょう。

こぼれ話　時代区分の覚え方の一例

時代区分の覚え方はいろいろありそうですが、私なりの方法を紹介しましょう。最近は「ラップのノリで覚える」方法もあるようですが、私はラップはやらないので、昔ながらの方法です。それは「頭文字(かしらもじ)を使って文章をつくる」方法です。

旧石器、縄文、弥生、古墳、飛鳥、奈良、平安、鎌倉、建武の新政、南北朝、室町、戦国、安土桃山、江戸、そこまでを覚えましょう。頭文字を書くと、

き・じ・や・こ・あ・な・へ・か・け・な・む・せ・あ・え

この覚え方ですが、最初の「き・じ・や」は、キジって鳥がいますよね。桃太郎に出てくるやつ。あのキジに「キジや」と呼びかけている光景が浮かびました。そのあとの「こ・あ・な・へ」が苦戦したのですが、当時飼っていた犬を散歩させている時のことです。犬、ってお尻から落とし物をしますよね。その寸前に、ヒクヒクってお尻のあの部分が動くのを偶然みて、ひらめきました。「キジや、小穴から屁(へ)が出たぞ」。これを高校生たちに話したら大笑いでしたけど、女子生徒たちからは「先生、勘弁してください」と言われて私も困っていたのですが、2021年、アイディアを出してくれた高校生がいました。「**キジや、コアな塀(へい)**だぞ」。「コアな塀」って、この年の東京オリンピックのスケートボード競技で思いついたんですって。うん、もらった！　では、その続き。「(アイツ)**かっけ**ぇ**な**ぁ、**むせ**ちゃうぜ、**あえ**っ！」。最後はホントにむせるのがミソです。いかがですか？

第2章 縄文時代から弥生時代へ
原始から文明へ

縄文時代と弥生時代

さぁ、第１章で「中身が変わったから呼び名を変えた」という話をしました。(→p.11)さっそく、どんなことがおこなわれて、それをきっかけに社会がどう変化して「弥生時代」と呼び名を変えたのか、考えてみましょう。

これはもう、楽勝じゃないですか。水稲農耕の開始が、世の中を大きく変えそうですよね。

念のため言っておきます。実は縄文時代にすでにイネは栽培されていたようです。でもそれは陸稲（りくとう）といって、いま日本の各地でみられる、「田んぼに水を張って…」というものではありませんでした。

読者の皆さんの中にも、「縄文時代の晩期には水稲（すいとう）農耕が始まっていたのではないですか」と思った人もいるでしょう。佐賀県の菜畑（なばたけ）遺跡や福岡県の板付（いたづけ）遺跡のことですね。これについては、私はこう考えたらいいと思います。さっきの縄文土器を思い浮かべてください。土器のない生活が営（いとな）まれているところに土器がもたらされて、やがて全国に広まっていくんですけど、その初めの頃は、まだ土器のない生活をしているところがほとんどですよね。そういう時期を「**転換期**」と呼んだらどうでしょうか。菜畑遺跡や板付遺跡は「縄文時代から弥生時代への**転換期**である」と考えるわけです。でも、「これを弥生時代の早期ととらえよう」という意見もあり、ひょっとすると何年かあとに「ここから弥生時代」というのが通説になるかもしれません。

水稲農耕による社会の変化について、まず、「それまでと比べて高度な労働がおこなわれるようになった」ということではないか、と私は思います。それを考えるために、こんなことを考えてみてください。

縄文時代、人はどんなところに住んだでしょう？　水稲農耕を始めて、それがどう変わっていくでしょうか？

？？？？

縄文時代、集落は日当たりがよく、飲料水の確保にも便利な水辺（みずべ）に近い台地上に営まれました。その後、水稲農耕がもたらされた時、初めは、「湿った台地」に水田をつくったそうです。「水稲」ですもんね。でも、それまで住んでいた「日当たりのいい台地」と「湿った台地」、これでは真逆ですよね。しかも、台地って周囲から盛り上がっているところだから、それなのに「じめじめしている」ところ、といったら北側かなぁ。まぁとにかく、イネはあんまり育たない感じですよね。そこで次には、台地ではなく低地で、じめじめしたところに田んぼをつくったそうですが、やっぱりイネは、日当たりがいい方が良さそうですよね。そこで、「日当たりのいい低地で、水は必要な時に持ってきて（灌漑（かんがい）と言います）、必要でない時は排水する」ようになりました。これって、高度な作業でしょ？

▲矢板

さらに弥生時代の遺跡として有名な静岡県の登呂（とろ）遺跡を例にとると、そこには40面から50面の田んぼが残っていますが、田に水を張った時に、それを取り囲む人の通り道が崩（くず）れないように杭（くい）を打ち込みました。その杭を「矢板」といいますが、数万本の矢板をつくって打ち込んだと考えられます。

灌漑と排水、大量の矢板づくり…これはもう、たくさんの人たちが力をあわせてそれぞれの仕事をしなければなりませんね。「高度な集団労働が必要とされた」と言っていいと思います。優秀な指導者も必要でしょう。

こうして、人間関係が変わり、社会が変わっていったんだと思います。

水稲農耕が広まっていったことは社会の変化をもたらしましたが、水稲農耕が広まるのには「そうせざるをえなかった理由」があったと思います。次に、そのことを考えてみたいと思います。では、ここで問題です。

縄文文化は日本中に広まりますが、弥生文化はそうなりませんでした。日本のどこが、弥生文化を受け入れなかったでしょうか？　また、それはどうしてでしょうか？

？？？？

弥生文化は、北海道と、沖縄などの南西諸島には広まりませんでした。なぜでしょうか。おそらく、「その必要がなかった」ということでしょう。「狩猟・採集・漁労だけで十分生活できるよ」ということだったんじゃないでしょうか。

…と、いうことはですよ。逆に言うと、「北海道や南西諸島以外は、弥生文化を受け入れる必要があった」ということになりませんか？　それをちょっと考えてみましょう。

先ほど、縄文時代は「どんどん生活が豊かになり、どんどん人口も増えていったようです」(→p.10)と書きました。例えば、私は東京都の多摩（たま）市(私が中学校に入学する前まで多摩村)で生まれ育ちましたが、そこには縄文時代の多摩ニュータウン遺跡があって、東京都の埋蔵文化財センターがあります。そこで聞いた話ですが、やはり、縄文時代にどんどん人口が増えていったそうです。ところがギッチョン、ある時期から人口が減っていく。日本各地の縄文遺跡でも、だいたい同じ傾向だそうです(逆に東北の、青森県の亀ヶ岡（かめがおか）遺跡あたりでは、ほかの地域が減っていく時期に増えていくそうですが)。これって、何を意味しているんでしょう？

本当のことは分かりませんが、私がいま一番納得している説は次のようなものです。

縄文時代の生業(生きていくための営み)は狩猟・採集・漁労といった、「自然にあるものをとって生活する」(採集経済と言います)ものだった。これだと自然の方が変化して、例えば急にめちゃ寒くなったりして、動物が急減してしまったり、魚が寄ってこなくなったりしたらどうなりますか。「増えすぎた人口」は、かえって食糧が不足して自滅の道に追いやられてしまいますよね。それに対して、水稲農耕は、自然からの影響はゼロではないけれども、まだ工夫しだいで何とかなる(生産経済と言います)可能性があったんじゃないでしょうか。

こうして、本州各地で、採集経済にこだわった人たちは衰え、生産経済を取り入れた人たちが生き残っていったんではないか？　それに対して、北海道や南西諸島は自然の恵みが豊かで、生産経済に移行しなくても生き延びられたのではないか。…いまのところ、私はこう考えています。

縄文時代の話を最後にもう１つ。採集経済で、自然の恵みに頼るしかなかった縄文時代の人々の心は、どういうものだったでしょうか。平均寿命が30歳前後だった、という説もあります。

手足を折り曲げて葬(ほうむ)る「屈葬(くっそう)」という風習は、なぜそういうことをしたのか、まだ完全には解明されていません(弥生時代には、手足を伸ばして葬るのがふつうです)。私が本でみた縄文時代の人骨は、手足を折り曲げられて埋められた上に、大きな石まで乗っけられていました。埋められた人は、「くっそー！」と思ったんじゃないかなあ、と感じました(死んでるけど)。どんな気持ちで、屈葬をしたんでしょうか？…こんな風に、縄文時代当時の人々の気持ちも、いろいろ想像してみましょう。ところで、縄文時代から存在した、アニミズムって知ってますか？　あらゆる自然物や自然現象に霊威が存在すると考えることです。例えば「カミナリ」も、昔の人は「神様が怒ってる！」、だから「神鳴り」と名づけたんだそうです。…こういう発想って、いまも残っている気がしませんか？　映画『となりのトトロ』で、引っ越してきたメイちゃんたち一家が、大きな木に向かって、「よろしくお願いします」と両手をあわせるシーンがありましたよね。ああいう感覚、私たちにもあります。縄文時代から！って考えると、なんかすごくないですか？　ほ

▲屈葬(くっそー！、イメージ)

かにも、そういうことって、私たちの生活のまわりにありませんか？

弥生時代の社会の変化——科学的に歴史をみる

さて、弥生時代の話に戻ります。先ほど「水稲農耕は高度な集団労働を必要とした」「優秀な指導者が必要だ」「こうして、人間関係、そして社会が変わっていった」とお話ししました(→p.14)。この社会の変化、とてつもないものでした。では問題です。

農耕の開始をきっかけに起こる社会の変化は何でしょうか？

？？？？

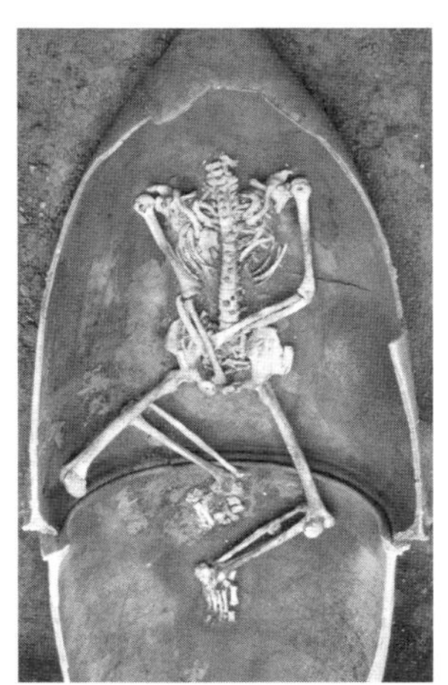

▲首のない人骨

誰だって、お米づくりに適した土地に住みたいですよね。生活に余裕が出てくると、「アイツらの住んでるとこ、いいなぁ」と嫉妬心(しっとしん)も芽ばえてきたんじゃないでしょうか。この頃から、人々は戦争をさかんにおこなうようになります。そのことが、どうして分かるのか。弥生時代の途中から、写真にあるように、首なしの人骨とか、石鏃(せきぞく)(石でつくった矢じり)が突き刺さったままの人骨とか、そういうのが増えてきます。矢じりとは、弓で射る矢の、突き刺さる部分です。この写真の人骨は、吉野ヶ里遺跡(佐賀県)で発掘されたものですが、この遺跡は２重の濠(ほり)で囲まれています。また、別の遺跡ですが、高地性集落と言って山の上につくられた遺構も目立ちます。集落の周りを濠で囲んだり(敵の来襲に備えて水でいっぱいにする)、せっかく日当たりのいい低地に住んだのに、わざわざ小高い山の上に集落をつくったり(見張りをして、敵が攻めてきたらのろしを上げたりしたのかな)するようになったのは、みんな戦争のためだった、と考えられています。

農耕や牧畜で生産力(ものをつくる力)が上がってくると、人々はさかんにムラどうしで戦争をするようになり、勝ったムラは負けたムラを従えてさらに争い、周囲の村々を従えたムラは貢物を持ってこさせるようになる、とか、奴隷の存在のような身分の差が生まれて王らしき人も現れる…いやぁ、弥生時代の途中で起こった社会の変化、おそるべし！

「身分の差が生まれて王らしき人も現れる」…ということは、旧石器時代から弥生時代の初め頃までは「身分の差がなかった」ことになります。

ざっくり言って、「それどころじゃなかった」ということじゃないかな。生きていくのにやっとで、だいたいいつも飢えていてお腹はペコペコ、たまに狩猟で獲物がとれたとしても、次にいつとれるか分からない。「うわーい、ごちそうだ！」と、そこで全部食べちゃうような群れは、すぐ次の獲物がとれる、なんてラッキーなことが起こらないかぎりは、お腹がすいて力も入らず、獲物がとれなくて死に絶えてしまう、そんなシビアな状態だったのではないでしょうか。縄文時代の人骨には、栄養不足で骨の成長が一時的に止まってしまったことを表す「飢餓線」がみられるものがある、という説もあります。そういった状態で身分の差が当時はなかったと考えられます。この当時の社会を「原始社会」と呼んでいます。

いま、「農耕や牧畜で生産力が上がったら戦争をさかんにするようになった」(→ p.17〜18)とお話ししました。じゃ、原始社会では戦争はしなかったか、というと、それはそうとも言えないようです。群れと群れで争い、そこで勝ち負けがついたとして、勝った群れは負けた連中をどうしたと思いますか？

「食べちゃった」という説があります。日本の縄文時代のちゃんとした研究のスタートは、明治時代の1877年に来日して大森貝塚を発見した人から始まります。誰だか知っていますか？　そう、モースですね。彼はそこで発見した人骨は「食べられたものだ」と考えました。彼によると、「骨がバラバラに散らばっていて、よくみると、大昔の人々が動物の肉を生で食べたり炙って食べたりした骨を捨てたのと同じような形で骨が捨てられていた。また、食べ方に一定の方法があったようで、骨を中央で折ったものが多かった」ということなどが理由だそうです。

さて、ここで問題です。

原始社会(旧石器時代から弥生時代初めまで)に「身分の差がなかった」ことは、いま、どうして分かるのでしょうか？

これは逆を考えた方が分かりやすいかな。つまり、弥生時代の途中から、いま残っている「あるもの」が変化して、それをみた私たちが「あ、身分の差が出てきた」「王さまじゃね？」とか考えるわけです。さぁ、何をみているんでしょう？

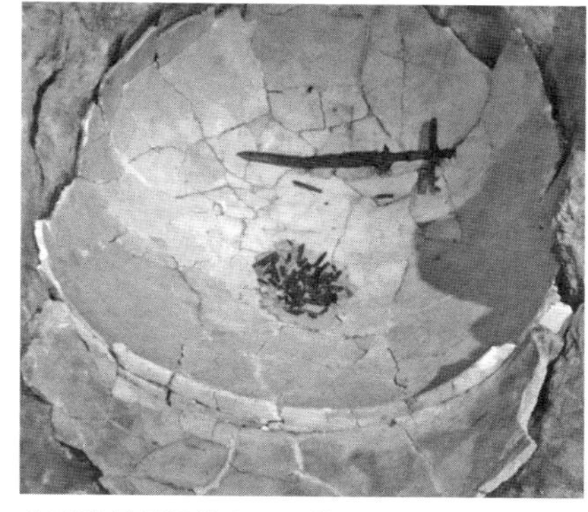

▲副葬品が埋葬された墓

正解は「お墓」です。弥生時代の途中から、多数の、なんにも副葬品(死体といっしょに埋めるもの)がないお墓と、ほんの一部、当時は貴重品だった銅剣などが副葬されたお墓(上の写真)の区別が明確にみられるようになります。多数のお墓の方をみると「あ、一般ピープルだな」、ほんの一部のお墓の方をみると「身分が高い人だろうな」などと考えるわけです。なかには、「墳丘墓(ふんきゅうぼ)」といって人工的に小高い部分をつくって、銅剣だけでなく、超貴重品だった銅鏡なども副葬されているお墓も現れはじめて、「王さまじゃないか」と考えられたりするわけです。

こういう、ムラどうしの戦いで勝ったムラには王さまがいて、まわりのムラを従えているような初期の国家を「都市国家」と呼びます。実は、ここまで話してきたような社会の変化は、世界各地で共通に起こったことでした。それ以前の、身分の差がなかった社会を原始社会と呼び、国家がつくられるようになってからこんにちまでを文明社会と呼びます。そして、その文明社会のトップバッターを古代社会と呼んでいます。

さて、日本の弥生時代の、こうした都市国家の様子や名前は、どうやって分かるでしょうか？

これは「掘る」しかないんですけど、どこでもむやみやたらに掘れないですよね。だいたい家とか建っちゃっているし。「このへんに国家があった」と特定するには、やっぱり文字の記録が必要でしょう。ところがギッチョン、残念ながら、「当時の日本には文字がなかった」と考えられています。そこで、お隣の中国の記録に頼ることになります。

こぼれ話 弥生時代の日本の都市国家

「魏志」倭人伝には、朝鮮半島にあった「帯方郡（たいほうぐん）」というところから「倭」への道のりが書いてあり、３世紀頃の日本の小国を確認できます。かいつまんで紹介しましょう。「魏志」倭人伝は石原道博編訳『新訂　魏志倭人伝・後漢書倭伝・宋書倭国伝・隋書倭国伝』（岩波文庫、1985年）で読むことができます。

まず「対馬国」が登場します。皆さんもご存知ですよね、いまでも長崎県に対馬（つしま）という島があります。国王の墓らしきものも発見されており、ここが「対馬国」で間違いないでしょう。海を渡って、次は「一大国」。これは「一支国」の書き間違い、と考えられています。昔は印刷なんかなくて書き写し→書き写し、の連続です。ほかの史料でも「書き間違い」はたくさん発生しています。一の旧字体（古い字）は壱、支は岐の省略形と考えると、対馬と九州の間にある「壱岐（いき）」といまでもある島が、この「一支国」のあったところでしょう。原（はる）の辻（つじ）遺跡が「一支国」のあった場所と考えられています。そして、また海を渡ると…と続きます。実際の地形とぴったりですね。そして、九州に上陸します。

次の「末盧国（まつらこく）」、「伊都国（いとこく）」はそれぞれ佐賀県松浦（まつうら）地方、福岡県糸島（いとしま）平野、で間違いなさそうです。王のお墓らしきものも出土しています。その次の「奴（な）国」はドンピシャの地名はいま残っていませんが、福岡県須玖岡本（すぐおかもと）遺跡のあたりは、江戸時代くらいまでは「那珂（なか）郡」という地名でした。

ここまでは誰しも見解が一致しているのですが、この先の「不弥国」「投馬国」の候補地はいくつかあり、確定できないと私は考えています。その次、女王卑弥呼（ひみこ）の邪馬台国となると、この道のり通りだと、九州のはるか南の海のかなたになってしまいます。「魏志」倭人伝には、邪馬台国の「さらに南に狗奴（くな）国があった」と書いてあります。どう考えたらいいのでしょう？

邪馬台国の話はまた別にするとして、ここで問題です。日本列島のことが中国の記録に出てくる、最初の確実なものは『漢書』にある「夫（そ）れ楽浪海中に倭人有り、分れて百余国と為（な）る。……」という有名な一節ですが、その次に『後漢書』に記録があります。その中に「帥（すい）（師）升（そっしょう）等」とありますね。これをよくみて、考えてください。

『後漢書』東夷伝

建武中元二年、倭の奴国、貢を奉じて朝賀す。使人自ら大夫と称す。倭国の極南界なり。光武、賜ふに印綬を以てす。

安帝の永初元年、倭の国王帥(師)升等、生口百六十人を献じ、請見を願ふ。

桓霊の間、倭国大いに乱れ、更相攻伐して歴年主なし。

〔現代語訳〕

建武中元２(57)年、倭の奴国が朝貢のために訪れた。使者は自分自身を大夫と名のった。奴国は倭の最も南にある国である。光武帝は、奴国の王に印綬を授与した。

安帝の永初元(107)年、倭の国王帥(師)升等が、奴隷160人を献上し、お目にかかりたいと願った。

桓帝と霊帝の時代(147～189年)には倭の国内に大乱が起こり、長い間戦いが続き、治める者がいなかった。

「帥(師)升等」という３文字は、２通りの読み方ができます。どういう読み方と、どういう読み方でしょう？　そして、それぞれで、当時の「倭」の様子は、どう変わってしまうでしょうか？

ちょっと難しかったかな。それでは正解です。

「帥(師)升　等」という風に帥(師)升と等を分ける読み方と、分けない読み方の２つ可能です。もし分けると、「帥(師)升たち」と主語は複数になります。分けないと、「帥(師)升等」という名前の、１人の王さまということになります。これに、どんな意味があるでしょうか。

そのあとを読むと「(後漢の皇帝に)生口百六十人を献じ」とありますから、「生口」を奴隷と考えて、「倭の国王が奴隷160人を後漢の皇帝に献上した」という記録であるわけです。そこで「帥(師)升たち」が献上した、と読むと、当時の「倭」には王さまたち何人かの連合体があって献上した、ということになるし、そうでない方は、「帥(師)升等」という王さまが１人で献上した、ということになります。どっちなんでしょう？　私の考えを言いますね。

献上した国は、同じ史料に出てくる「奴国」のような小国(あるいは、その連合体)だろうと考えられます。「奴国」が出てくる「建武中元二年」は西暦57

年つまり１世紀、「生口百六十人」を献上した「安帝の永初元年」は西暦107年つまり２世紀ですが、この頃の国と比べて、さっき「こぼれ話」でみた邪馬台国は３世紀、そちらの方が１世紀や２世紀の国と比べて、もっと大きいか、強い国だったと考えられます（３世紀の倭を記した「魏志」倭人伝の記述でも、邪馬台国は奴国より大きくて強そうです）。その邪馬台国が魏に献上した「生口」は「男四人女六人」と書いてあります（「男四人女六人」の部分は教科書や史料集には載っていないことが多いです）。

…ということは、さすがに当時１人の王が「百六十人」を献上する、というのは多すぎなんじゃないかな、と考えるわけです。そこで、ここは「帥（師）升　等」と読んで、当時の「倭」に国家連合ができていた、とすると、『漢書』『後漢書』と「魏志」倭人伝をつなげて、こんな「流れ」がみえてきます。

『漢書』に書かれた頃（紀元前１世紀頃）、中国に使者を送っていた国が100余りあった。『後漢書』によれば、西暦107年頃、「倭」の国々は国家連合を組んで奴隷を献上した。ところがギッチョン、『後漢書』の続きを読むと、西暦147～189年頃、「倭国は大いに乱れた」。そのことは「魏志」倭人伝にも書かれており、そこで諸国は卑弥呼を「共に立てて王となした」。これが３世紀のことだと考えられています。

さて、ここまで私は「科学的に歴史を考えてきた」と考えていますが、皆さんはどう感じましたか。「科学的」というのは、こういうことです。例えば「お墓に差がないから、身分の差がなかったんじゃないか」というように、考古学的な発掘の結果なり、文字の記録なり、そうした根拠に基づいて、「本当はこうだったんじゃないか」と「仮説」をたてる。そしてそれを、ほかのデータも加えて確かめていく、ということです。「仮説」ですから、間違っていることもあり得ます。それを繰り返して、「本当のことが解き明かされていく」ことが歴史学の進歩だ、と私は思っていますし、これからも、そういう姿勢でこの本を書いていこうと思います。つまり、言い換えると、「いまのところ、これが一番本当のことに近そうだ」という考えを述べ、さらに追究し続ける、ということです（実は、教科書だって同じなんです。ですから「疑いもなく覚える」のでは歴史学は進歩しないのです）。

皆さんの中には、こう感じている人もおられるのではないでしょうか。
「歴史を科学的に考えるといわれても、ちょっと違うような気がします。だって、どうとでも言えるし。理科系のものなら『答えは1つに決まる』し、『実験で確かめられる』から科学って気がするけど」。

そう感じるのは分かります。でも、理科系のものは、本当に「答えが1つに決まる」「実験で確かめられる」でしょうか。例えば、宇宙の本当の姿を突き止める、って理科系ですよね。宇宙について、「宇宙はビッグ・バンから始まった。そこからどんどん宇宙は膨張(ぼうちょう)している」と言われています。じゃ、ビッグ・バンの起こる前って、どうなっていたんでしょうか？　それから宇宙は膨張している、って言うけど、「その外側」はどうなっているのかな？

実は理科系も、「仮説をたてて、『本当はこうなんじゃないか』と証明していっている」のだと私は思います（やり方は同じでしょ？）。ガリレオ・ガリレイが「地動説が正しいんじゃないか？」と思ったきっかけを知ってますか？（って、私も最近知ったんですけど）。彼は敬虔(けいけん)なキリスト教徒で、当時の教会が正しいと言っていた天動説を「間違っている」なんて、とても言いそうにない人だったんだそうです。その彼が、どうして？…ここからは、以前NHKで放送されていた、私が大好きだったテレビ番組『その時歴史が動いた』の受け売りです。2006年4月19日の放送でした。

彼は望遠鏡で夜空の金星を観測していて、妙なことに気がついたそうです。月と同じように、金星も満ちたり欠けたり、大きくみえたり小さくみえたり日によって変わるのですが、そこで、「満ちている時には小さく、欠けている時には大きくみえる。これは変だ」と思って、必死にああでもない、こうでもない、と考えたそうです。どうしても、納得のいく説明が見つからない、と悩んでいた彼は、ある時気がついたんだそうです。「地球が太陽のまわりをまわっている、と考えると説明がつく！」と（どうしてそうなのか、それは私には聞かないでください。こういうの、苦手なんです、ごめんなさい）。

「本当はこうなんじゃないか」「本当はこうだったんじゃないか」ということを、「仮説」をたてて証明していく…。ね、理科系も、歴史も、同じでしょ？

邪馬台国を考えるうえで一番大事なことは何か

教科書って限界があると思います。例えば「こんな説もある、あんな説もある」などと紹介して、歴史的思考力を刺激したいと思っても、「受験に出るワードは必ず載せないと」というプレッシャーから、そういった「夢のような教科書」は、たぶんできないでしょう。でも、「歴史を学ぶ」ということは、「受験に出るワードを覚える」こととは違うはずだと思います。

この本を書いていて、つくづく思うのですが、「みんながよく知っているつもりになっている」語句や人名ほど、「実はよく分かっていない」ことが多い気がします。「言葉で知っている」というのと「本質的なこと、大事なことがつかめている」こととは違うのですね。そのいい例の1つが、邪馬台国ではないでしょうか。なんか「分かったような気になる」のは、あの「魏志」倭人伝、正確に言うと『魏書』東夷伝倭人の条が、すごく詳しい書き方をしていますよね。まずは、あれが事実なのかどうか、から疑わなければなりません。でもそうすると、「一歩も前に進めない」ですよね。「考える手がかり」はいろいろあるはずです。

私が気になっていることは2つあります。「魏志」倭人伝には「邪馬台国」とは書いていない、邪馬壹(い、いち)国と書いてある、というのが1つ。そしてもっと気になるのは、「『古事記』『日本書紀』に邪馬台国のことが出てこない」ということです。このくらいは教科書に書いてあってもいいと思うのですが…。あなたならどう考えますか？

なぜ、邪馬台国のことが『古事記』『日本書紀』に載っていないのか？

? ? ? ?

さぁ、どう考えますか？

邪馬台国の所在について、近畿説と九州説があるのはご存知でしょうか。近畿説ならば、3世紀の邪馬台国はのちに成立するヤマト政権につながる。九州説ならば、その後のヤマト政権は「それとは別」か、「邪馬台国の勢力が東遷し」たことになる。…うーん、おもしろい！

私は、例えば『古事記』に書かれていることが、かりに荒唐無稽(こうとうむけい)な“神話”だとしても、「まったく意味がない」とは思いません。はるか遠い昔の、何らかの事実の反映ではないか、と考えます。そこで、ずっと思っていたことをお話ししましょう。「神武天皇東征(じんむとうせい)」というお話があります。『古事記』『日本書紀』によれば、初代神武天皇は九州から東に向かい、手向かう敵を征伐して、いまの奈良県で天皇に即位するというものです。「これって、九州にあった邪馬台国勢力が、いまの奈良県方面に東征して、支配した記憶の反映ではないか」という気がしてなりませんでした。

でも、そうしたら変だと思いませんか？　その「邪馬台国による東征」の物語こそ、『古事記』『日本書紀』に派手に書かれてしかるべき、ではないでしょうか。

『日本書紀』には次のように記されています。

三十九年、この年太歳己未(つちのとひつじ)。——魏志倭人伝によると、明帝の景初三年六月に、倭の女王は大夫難斗米❶らを遣(つか)わして帯方(たいほう)郡に至り、洛陽の天子にお目にかかりたいといって貢をもってきた。太守の鄧夏は役人をつき添わせて、洛陽に行かせた。

四十年、——魏志にいう。正始元年、建忠校尉梯携(けんちゅうこういていけい)らを遣わして詔書や印綬をもたせ、倭国に行かせた。

四十三年、——魏志にいう。正始四年、倭王はまた使者の大夫伊声者掖耶ら、八人を遣わして献上品を届けた。

❶「魏志」倭人伝では難升米(なしめ)と記す。　（宇治谷孟『日本書紀　全現代語訳　上』）

…邪馬台国関連の記述は、これだけなんです。ツッコミ所満載ではありませんか？

まず、三十九年などと書いてあるのは、前後の関係から神功皇后(じんぐうこうごう)（14代目の天皇とされる仲哀(ちゅうあい)天皇の皇后で、三韓征伐を成(な)し遂(と)げた、と言われる神話上の人物）が即位せず摂政として政権を治めていた、その年号です。

しかし、そのあとの「倭の女王」とは誰でしょうか。…もちろん、「魏志」倭人伝なら卑弥呼でしょうね。すると、神功皇后たちとは別に「倭」とされる政権があったのか。これが神功皇后のことなら、そう書けばいいだけの話ですよね。

だいたい、その前後の『日本書紀』の記述はふつうに詳しく、神功皇后が皇太子(のちの仁徳天皇とされる)のために大宴会を催して酒の盃をささげて歌ったとか、四十六年に使者を朝鮮半島の国に遣わしたとか、ほかの場所と同様の記述が延々と続いています。それが、この３年分だけ、まったく違った、そっけない記述。しかも「魏志倭人伝によると」「魏志にいう」とは、まるで、「私たちは知らないけど」といった言い方ではないでしょうか。しかも「邪馬台国」の名前は、まったく出てこないのです。

…このことを丁寧に説明するには、この本１冊分のスペースが必要だと思います。いくつか考えるための手がかりと、いまのところの私の仮説を紹介するにとどめましょう。

邪馬台国(あるいは邪馬壹国)は、「魏志」倭人伝の記述が詳しいことからして確かに存在した、と言っていいと思います。それを、なぜ『日本書紀』は書かないのでしょう。「書きたくなかった」と考えてみます。そこには、何らかの事実が隠されている、と仮定してみましょう。

するとここで、『古事記』『日本書紀』で不自然なくらい、出雲(いまの島根県東部から鳥取県中西部を当時こう呼んだ)を意識した記述があることが重要な意味を持ってくる気がします。『古事記』の神話のかなりの部分は、出雲が舞台なのです。『古事記』『日本書紀』はヤマト政権による日本国支配の正統性を主張するものだったと考えられますが、なぜその重要な神話のかなりの部分で出雲が登場するのでしょうか。「出雲を重視している」ということは、「出雲に気をつかっている」とも考えられないでしょうか。…邪馬台国は出雲の勢力で、それをヤマトの勢力が支配権を奪った、と考えると、それが大国主命から天照大神への「国譲り神話」となっていることにつながる気がします。その支配権の奪取は凄惨な形をとったから、その事実は書かず、国譲り神話という形で残したのではないでしょうか。当時の出雲は非常に豊かだったということについては、考古学的な発掘があいついでいます。これから、いろいろ明らかになってくるかもしれません。

「あれ？　さっきは『根拠に基づいて仮説を立てて証明していく』だから歴史も科学だ、って話だったけど、突然『根拠もない話』になってしまったよ」と感じられましたか？

そうですね。これで終わりでしたら、そう感じられて当然だと思います。根拠は、決定的ではありませんが、あります。

それは、当時の出雲の国があったあたり、現在の島根県荒神谷(こうじんだに)遺跡です。かつて私たちは、「弥生時代には、出土状況から、銅鐸(どうたく)が近畿地方周辺で用いられ、銅剣・銅矛(どうほこ)が九州から瀬戸内海地方で用いられ、それぞれ別の文化圏があったことが想定される」と教わったものです。荒神谷遺跡から1984年に358本の銅剣、翌年に九州北部産の16本の銅矛と近畿産の6個の銅鐸が出土した時、ビックリしました。それまで、銅剣は日本全国で300本余りしか出土していませんでした。また、銅矛と銅鐸がいっしょに発見されたことはなかったのです。しかも「きれいに、そろえて」埋められていたのですね。まだ、「なぜ埋められたのか」「なぜ出雲に集めて埋められたのか」は分かっていませんが、私などは、「これまで銅製品を祭器に用いていた集団が、別の集団に屈服した証(あかし)としておこなったものではないか」と考えていて、「出雲の勢力からヤマト勢力が権力を奪った」傍証(ぼうしょう)になるのではないか、と考えています。…もちろん、仮説ですけど。あと、お墓も、ある時期までは山陰地方特有の「四隅突出型(よすみとっしゅつ)」ばかりだったものが、3世紀後半くらいからそれはつくられなくなって、近畿地方由来の「前方後円墳」に代わってしまう、というのも傍証の1つです。

ですから、仮に邪馬台国が近畿にあったとしても、従来の近畿説とは違って「出雲勢力が近畿に邪馬台国をつくっていて、それを別の勢力(神武東征を活(い)かせば九州出身？)が倒した、ということになります。邪馬台国が九州にあったとすれば、やはりそれを別の勢力が倒して近畿に進出した、ということになると思います。

弥生時代の話の最後に2つのことをお話ししたいと思います。

1つは「邪馬台国は近畿か九州か」に関連して、1986年からおこなわれた発掘で当時大センセーションをまき起こした吉野ヶ里遺跡(佐賀県)について。何しろ、「魏志」倭人伝の邪馬台国の記述に出てくる宮室(きゅうしつ)(宮殿)・楼観(ろうかん)(物見櫓(ものみやぐら))・城柵(じょうさく)らしきものの痕跡(こんせき)が見つかり、「邪馬台国が見つかった！」と大騒ぎになりました。その後の調査で「最盛期は卑弥呼の時代より前」とされ、近畿地方からも同様の痕跡が見つかって、いまでは「吉野ヶ里は邪馬台国ではない」という説が有力です。でも、当時としては強大な国があったことは間違いないと思います。

もう１つ、近畿や九州ばかりが注目されますが、実は２世紀で最大規模の墳丘墓は、当時吉備と呼ばれた地方にある楯築墳丘墓（岡山県）なのです。この地方特有の特殊器台と呼ばれる大型土器は、のちに全国の古墳で出土する円筒埴輪のルーツと考えられています。私がお話しした出雲や、丹後（京都府の一部）と呼ばれた地方と並んで、吉備は『日本書紀』にも数多く登場します。２世紀頃の日本列島の姿についての説明は、いまから何年かあとにはいま考えられているイメージとすっかり変わっているかもしれません。

第3章 弥生時代から古墳時代へ
古墳時代は謎だらけ

古墳時代までの流れ

さぁ、「**時代の違いをつかむと、動きや流れがみえてくる**」「**歴史は、流れが命**」でしたよね。(→p.11〜12)それに慣れてくると、アラ不思議。教科書に書かれている歴史的事象や、登場人物が「単なる文字記号」ではなくて、「血の通(かよ)った、動いているもの」にみえてきますよ。

いままで旧石器時代→縄文時代→弥生時代とみてきましたが、今度は古墳時代です。３世紀の中頃に古墳が現れ、５世紀には巨大なものがつくられます。旧石器時代から５世紀までで、どんな「動き」「流れ」がみえてくるでしょうか。それでは、ここで問題です。

旧石器時代から古墳時代の５世紀頃まで、どんな「時代の動き」「流れ」が感じられるか、各時代１つずつ例を挙(あ)げて、説明してみましょう。

？？？？

打製石器を使って移動生活をしていた旧石器時代から、土器が発明されて生活が格段に豊かになり、人々が定住した縄文時代。その後、日本列島の多くの場所では、自然にあるものに頼る採集経済から、水稲農耕という生産経済の弥生時代に移行した。それは大きく社会を変え、身分の差が現れた。その身分の差を表すものは墓であって、その身分の差が大きくなったものとして、やがて古墳がつくられるようになり、その時代は古墳時代と呼ばれる。古墳が葬(ほうむ)られている人の権威や権力を示すものだとすると、５世紀にかけて、上に立つ者の権力は大きくなっていった。

▲大仙陵古墳

こんな感じかな。先ほど「原始社会と文明社会」「文明社会は古代社会から」

という話をしましたが(→p.19)、いま、古代社会に入って、古墳がつくられた頃をみているわけですね。さぁ、その頃の日本、どんな社会だったのでしょうか？

歴史って(とくにテスト勉強では)、つい細かいところが気になってしまいますが、先ほどお話ししたように(→p.8)これは**盲点**、**陥穽**の１つだと思います。必死に覚えて、でもテストが終わったらすっかり忘れてしまった、という経験は誰にもあることではないでしょうか。

「**俯瞰する**」という言葉をご存知ですか？　鳥の目で空からみるというのがもとの意味です。そうすると、視野が広がって、あちこちの違いが目に入ることでしょう。歴史をみるとき、いまやってきたように**俯瞰**して、ざっくりとみると、違いがよく分かり、「動き」「流れ」がみえてくるものです。これからも、やっていきましょう。

いまの教科書にはどう書かれているか

古墳時代は、とても謎の多い時代だと思います。あれこれお話しするとごっちゃになりそうなので、まず、教科書の内容のポイントをおさえておきましょう。

・３世紀中頃につくられた箸墓古墳(現在の奈良県桜井市)が出現期のものとして最大の前方後円墳。古墳時代中期には中国地方や九州地方などにも大きな古墳がみられ、大和地方を中心に政治連合を形成していたと考えられる。この政治連合をヤマト政権と呼ぶ。

・朝鮮半島南部の鉄資源を求めて、ヤマト政権は加耶諸国や百済と関係を持ち、４世紀には高句麗と戦ったりした(地図参照)。５世紀には当時中国が南北に分かれていたうちの南朝に貢物を持って行った「倭の五王」が中国の歴史書に登場する。「倭の五王」のうち武王は雄略天皇であり、讃王・珍王の候補の１人である仁徳天皇のお墓が、世界最大級の大仙陵古墳(→p.29)である。

・５世紀後半から６世紀にかけて、ヤマト政権は東北地方南部から九州まで支配した。

・主として朝鮮半島からの渡来人によって、先進技術や漢字・儒教・仏教などが伝えられた。６世紀には、群集墳がつくられ、大きな前方後円墳はしだいにつくられなくなっていった。

▲箸墓古墳

これがざっくりとしたあらすじですが、私はまだまだ教科書の記述が変わるかもしれない、と考えています。次の飛鳥（あすか）時代の「聖徳太子」ほどのインパクトはないかもしれませんが、歴史に興味を持っている者にとって、「古墳時代はいま熱い！」と言えるでしょう。

いくつか、そのおもなポイントを挙げてみましょう。この順番にお話ししたいと思います。

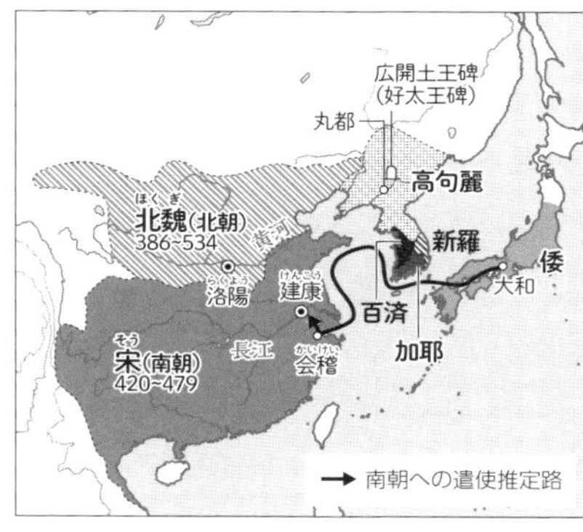

▲4～5世紀の東アジア

・邪馬台国論争に決着がつくか？　邪馬台国とヤマト政権の関係は？　そして、「空白の４世紀」の実像は？
・朝鮮半島諸国との関係など、近畿以外の地域はどうだったのか？
・５世紀の「倭の五王」とは誰か？
・そもそも、『日本書紀』に書かれていることをどうみるか？
・６世紀の日本列島の様子と、飛鳥時代の政治改革との関係は？

先ほどの「教科書の内容のポイント」を適宜（てきぎ）参照してくださいね。

邪馬台国論争と「空白の４世紀」

私が高校生の頃は、「ヤマト政権」でなく「大和朝廷」と教わりました。これは、「ヤマト政権」と呼んだ方がいいと思います。まず奈良時代や平安時代は、律令制度で二官八省（にかんはっしょう）が整（ととの）えられて「朝廷」と呼ぶのにふさわしいという感じがしますが、古墳時代ではそこまで整備されていない、というのが理由の１つ。それから、もう１つ理由があります。

「大和」と書くと奈良県の昔の国名ですが、あの、日本どころか世界最大級の大仙陵古墳(→p.29)、どこにあるかご存知ですか？　それから、二番目に大きい古墳、誉田御廟山（こんだごびょうやま）古墳はどこにあるでしょうか？

？？？？

前者はかつての和泉国、後者は河内国、両方ともいまの大阪府にあります。だから「大和」より、昔の「倭」の読み方である「ヤマト」というのを用いるのがいいと思います。近畿地方に最大の古墳があり、同じ鋳型からつくられた青銅鏡が各地から出ていることから「大和地方を中心とした政治連合があった」と考えていいでしょう。それをヤマト政権と呼ぶことに、私も納得します。

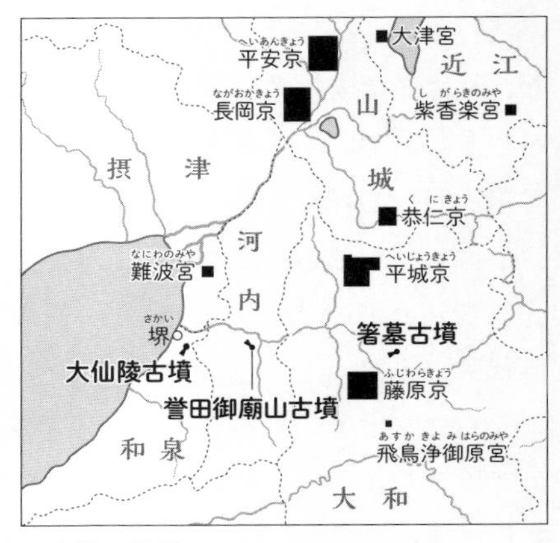

▲古墳の位置

さて、奈良県にある箸墓古墳(→p.30)はいま大注目です。昔から一部で「卑弥呼の墓ではないか」と言われてきましたが、「時期があわない」とされてきました。卑弥呼が亡くなったのは３世紀の中頃と考えられ、一方、箸墓はそれよりあとと考えられてきたのです。ところがギッチョン、発掘や研究が進むと「箸墓がつくられたのは３世紀中頃」ということになり、「時期があうじゃん！」、おまけにすぐ近くの纒向遺跡から2009年に大型建物の柱穴が見つかり「卑弥呼の居館跡ではないか」、と色めき立っているわけです。早晩、「邪馬台国＝近畿」で決着がつくのでしょうか？　そして、邪馬台国とヤマト政権の関係は？

弥生時代では、重要な手がかりとなる文字資料（史料）がありましたね。中国の歴史書である『漢書』、『後漢書』、「魏志」倭人伝(→p.22)でした。

その後、魏のあと一時中国を統一した晋に倭の女王（卑弥呼のあとの壱与か。台与とする説もある）が266年に使者を送った、という記載が『晋書』にあります。しかしそれを最後に、約150年間日本列島についての記事がなくなってしまうのです。…このために「邪馬台国とヤマト政権との関係」などを知る手がかりがないのですね。実は中国に北方の匈奴などが入ってきて「五胡十六国時代」という、中国がシッチャカメッチャカの状態になり、「倭人どころじゃなくなった」わけです。これを歴史学界では「空白の４世紀」と呼んでいます。

▲好太王碑

４世紀の文字資料として唯一存在する、とされているのが「高句麗の好太王碑文」です。先ほどの「教科書の内容のポイント」で「４世紀には高句麗と戦ったりした」というのは、これに基づいています。ただ、いま碑文を読もうと思っても、長年の風雨にさらされて読めません。じゃあなんで歴史の資料になっているかというと、「拓本」(紙をあてて、鉛筆などで文字などを写し取ったもの)が残っているのです。この拓本には「1880年代に日本の軍人が石灰を塗って彫り直した」という説があります。この碑文のほかに史料や遺物が発見されるのを期待したい、と私は考えています。

近畿地方以外の地域と、朝鮮半島との関係

「教科書の内容のポイント」で「中国地方や九州地方などにも大きな古墳がみられ」と書きました。大きさが日本で第４位の造山古墳はいまの岡山県にあります。教科書はどうしても「あれやこれや」書けませんから、古墳時代はヤマト政権からみた記述になりがちですが、ほかの地域はどうなっていたのでしょうか。

まず、私が26ページで注目した出雲です。『古事記』の神話の部分で、高天原から天照大神が穀物のよく実っている下界をみて「あそこを私の子に治めさせたい」と考え、使者を遣わした先が出雲でした。古墳時代に入る前の弥生時代、出雲地方は「四隅突出型墳丘墓」の中心地帯で、遠く北陸地方までその墓の形は広がっていました。当時は鉄資源がとても重要だったと考えられますが、出雲は鉄製品だけでなく、ほかに類をみないガラス製の勾玉や、当時貴重な水銀朱の顔料なども出土しています。これらは、おそらく朝鮮半島由来で、どうやら手漕ぎ舟で往来していたようです(海流の関係で、約400km離れた朝鮮半島と出雲地方は、往来が可能だったようです)。『古事記』の神話では、出雲について、ほかにどんなお話があるでしょう？

高天原を治める天照大神と出雲を治めていた大国主命との間に「国譲り」

の交渉が成立し、その代わりに大きな社がつくられた、という話があります。

伝承では、その建物は高さ48m（現在の建築で16階建てに相当）とされ、「それはさすがに話を盛っているだろう」とみられてきました。ところが…。

いま出雲大社に、当時の建物の様子を描いた絵図が残されているのですが、2000年に、その絵図通りの「直径３メートルの、３本の丸太をまとめてつくった巨大な柱」が出雲大社の境内から発見されて大センセーションをまき起こしました。本当に、当時巨大な建物がつくられていたらしいのです。では、神話をどう考えたらいいでしょうか？

26～27ページでもお話ししましたが、以下のような仮説がたてられるのではないでしょうか。弥生時代に出雲は非常に栄えていたのですが、ヤマト政権につながる勢力と戦って屈服した。３世紀中頃までつくられていた四隅突出型墳丘墓はつくられなくなり、そうした「出雲勢力の屈服」が「国譲り神話」となって残されている。その代わり、何らかの理由でヤマト政権は巨大な建物をつくった…。

出雲以外でも、先ほど「大きさが日本第４位の古墳がある」と紹介した、いまの岡山県にあたる吉備地方も気になります。28ページで「２世紀には国内最大の墳丘墓がある」とお話しした、あの吉備地方です。「桃太郎伝説」は、ヤマト政権の吉備征服の記憶の反映ではないか、という説もあります。

もう１つ、６世紀に即位したとされる継体天皇（当時は天皇でなく大王と呼ばれていたらしい）に関わるお話があります。彼の父親は近江（いまの滋賀県）出身で、彼が越前（いまの福井県）にいたところを、大王候補がいなくて困ったヤマト政権に呼ばれた、と『日本書紀』に書いてあります。この近江や越前でも、鉄製品の遺物や朝鮮半島由来の先進的なものが次々に出土しています。

▲出雲大社で発見された柱

出雲、吉備、近江、越前などと近畿地方との関係は、これからもっと明らかになっていくと思います。また、当時の日本海沿岸地域と朝鮮半島諸国との関係も、もっともっと豊かに明らかになると思います。では、ここで問題です。

西暦527年、朝鮮半島にあった国と結んで、ある人がヤマト政権に反乱を起こしたといわれています。なんという事件でしょう？

？？？？

これは、筑紫国造磐井の乱と言われる事件ですね。国造とは、地方を治める当時の役職です。現地の豪族ですが、新羅と結びついていた、と言われています。

この事件を聞いて、「日本人なのに、朝鮮半島の国と結んで反乱を起こすなんて、ひどい話だなぁ」と感じた人（実は高校生の頃の私も）、ちょっと待った！

筑紫というのは、ざっくり言っていまの福岡県を中心とした地域、と考えていいと思いますが、そのあたりに住んでいた人々にとっては、実は朝鮮半島の人々の方が、近畿地方の人々より「身近」だったかもしれません。次の写真は、磐井の墓とされる岩戸山古墳にある石人・石馬と言われるものですが、こういったものは近畿地方にはみられない、独特の文化です。まだ「日本」という国が成立していなかった頃のお話です。「いま現在の国境線で考えてはならない」と思います。

もっと言うと、『日本書紀』には、東日本に蝦夷（えみし）や粛慎、西日本に熊襲や隼人と呼ばれる人々が登場し、ざっくり言えば、彼らはヤマト政権に征服されていったと考えられますが、これらの人々はどんな生活をして、どんな文化を持っていたのでしょうか（蝦夷は、もう少しあとまで出てきますね）。土蜘蛛なんていう人々も出てきますよ。

▲岩戸山古墳の石人

5世紀の「倭の五王」とは誰か？

先ほど「空白の4世紀」の話をしましたが、5世紀に入ると、中国の歴史書の日本列島関係の記事が復活します。それが「倭の五王」です。

中国の『宋書』倭国伝という書物に、「421年と425年、倭の讃が貢物を献上してきた」「讃が死んで弟の珍が即位した」「443年、倭国王済が使いを遣わした」「済が死んで、跡継ぎの興が貢物を献上してきた」「興が死んで弟の武が即位した」などとあり、その後、有名な「武の上表文」の記事が出てきます。

武の上表文

順帝の昇明二年、使を遣して上表して曰く、「封国は偏遠にして、藩を外に作す。昔より祖禰躬ら甲冑を擐き、山川を跋渉して寧処に遑あらず。東は毛人を征すること五十五国、西は衆夷を服すること六十六国、渡りて海北を平ぐること九十五国……」と。詔して武を使持節都督倭・新羅・任那・加羅・秦韓・慕韓六国諸軍事安東大将軍倭王に除す。

（『宋書』倭国伝）

これによれば、武王は「私の祖先は東に西に、海を渡って北に、休む間もなく国土を平定した」と言っているわけです。『日本書紀』には「ヤマトタケルが熊襲などを討伐し、さらに東方を征伐した」という話が出てきます。これが、「蝦夷」「熊襲」「隼人」といった、日本列島に当時生活していて、ヤマト政権に従わなかった人々を征服する話などと一致する感じがします。この武王について、『日本書紀』で雄略天皇が「大泊瀬幼武」という名前で出てくるから同一人物だ、という説は古くから有力なものとして唱えられていました。それが一挙にヒートアップしたのは、1978年に劣化が激しかった埼玉県稲荷山古墳出土の鉄剣に彫られた銘文が解読された時でした。私は当時埼玉県の高校の教員をしていたので、昨日のことのように思い出されます。

レントゲン写真を撮ってみたところ、「ヲワケの臣である私は、ワカタケル大王が天下を治めるのを補佐した」という意味のことが書かれていることが分かったのです。なにしろ、5世紀に日本列島で書かれたものの存在が明らかになり、しかもそこには「ワカタケル」と読める文字があった！　この衝撃で、それ以前に発見されていた熊本県江田船山古墳出土の鉄刀に彫られた文字が、読めない部分が多い中、それまでは「たじひのみやみずはのおおきみ」と読んで反正天皇のことだとされていたのが、これも「ワカタケル」と読もう、と読み方が一挙に変わりました。そしてそれは「大泊瀬幼武」につながるから、「雄略天皇の頃のヤマト政権は東北地方南部から九州中部まで支配していた」などと教科書に書かれるようになったのです。

倭王武＝雄略天皇ということになっていますが、ほかの４人の倭王については、まだ決着がついていません。私はもう一度冷静になって、「倭の五王」とは誰なのか、考えていく必要があると思っています。以下、そう思う理由をお話ししましょう。

まず第一に、「倭の五王」候補の天皇について、『日本書紀』(以下、『紀』と書きます)の記述が、どうも「それらしく」ないこと。第二に、『紀』に中国に遣使した記事がないこと。第三に、『宋書』に記される「倭の五王」の父子・兄弟関係が『紀』のそれと完全にぴったりとはあわないこと(系図参照)。

第一点を中心に説明しましょう。例えば、候補の中でおそらく一番有名な仁徳天皇ですが、「高台から眺めたら民の家々から煙がのぼっていないので課税をやめ、自らも質素な暮らしをしたら、煙がさかんに上がるようになった」という話があります。確かに『紀』にその記事はあり、ほかにも川の流れを変えたり堤防をつくったりした、という記事もあります。でも「いい話」はそれぐらいです。あとは、「女官の１人を気に入って召したいが、皇后の嫉妬が強くてできない」とか「妃としたい女性がいたが皇后に反対され、皇后が不在の時に召したら皇后が恨んで会おうとしてくれない。皇后が死んだので、その妃を皇后にした」「気に入った女性を弟にとられたので、恨んで弟を殺す」といった話が延々と続くのです。対外関係では、朝鮮半島のことはちょくちょく出てきますが、中国のことはまったく出てきません。

ほかの「倭の五王」候補である履中・反正・允恭・安康の各天皇についても、『紀』を読んでいただければ分かりますが、「さえない」話ばかりです。36ページの史料にみえるように、倭王武の上表文には「私の祖先は自ら武装して山川をかけめぐり…」とあったわけですけど、そうした記事は、もう１人の候補である応神も含めて“一切”『紀』にはありません(36ページでお話したヤマトタケルの征服など、もっと古い時代にはあります)。

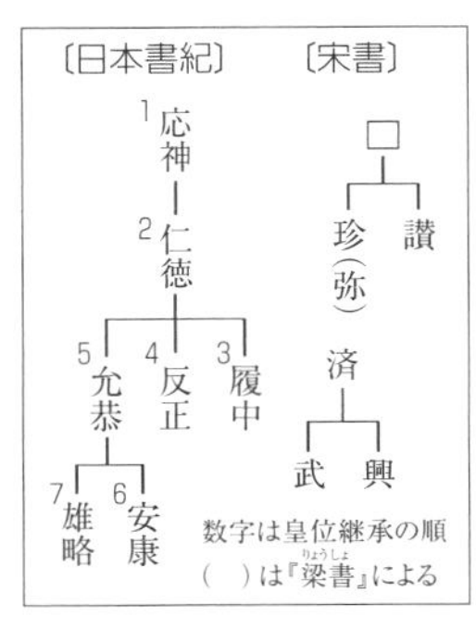

▲倭の五王と天皇

きわめつけは、武だとされる雄略天皇についての『紀』の記事です。「乱暴で気まぐれに人を殺し、疑っては兄弟を次々と殺し、百済の女性を宮中に入れようとしたが、ほかの男性と夫婦になったので夫妻とも焼き殺した」、人望がなく「群臣に『歌詠(よ)みせよ』と言っても誰も詠まない」「そば近くに従う部下を殺して皇后に諫(いさ)められた」、そんな記事が目立ちます。彼は次々に兄弟たちなどを殺してしまった、という記事がありますが、このために天皇（当時は大王）の後継候補がいなくなり、継体天皇になる人を越前から呼び出すことになるのです。もちろん、中国に遣使した記事などありません。

本当に「倭の五王」はヤマト政権の王なんでしょうか？　私が、これ以上強く言えないのは、「では、どこの王なのか」、例えば九州とか出雲とか、ほかの地域の王だ、と言える根拠がいまのところないからです。江戸時代の本居(もとおり)宣長(のりなが)は「九州の王であろう」と言ったそうですが、「決着済み」としないでもっと考えていきたいと思っています。

ここでの最後に古墳について。各天皇の古墳とされる中には、「これは違うんじゃないか」と言われているものがあります。一番有名なのは、６世紀に即位したとされる継体天皇のお墓とされる古墳です。いま宮内庁が指定しているのは、大阪府にある太田茶臼山(おおたちゃうすやま)古墳ですが、周辺の発掘調査などから、この古墳の築造は５世紀中頃、という説が有力です。…ということは、時代があわないですよね。研究者たちの間では、そこから1.5kmほど離れた今城塚(いましろづか)古墳で間違いないだろう、とされています。…なんか「もやもや」しますよね。宮内庁が「天皇陵は発掘できない」としており、ときおり周辺の発掘が認められることはありますが、とことん発掘してハッキリさせる、ということができないのです。逆に言うと、今城塚古墳は天皇陵の指定を受けていないため、と

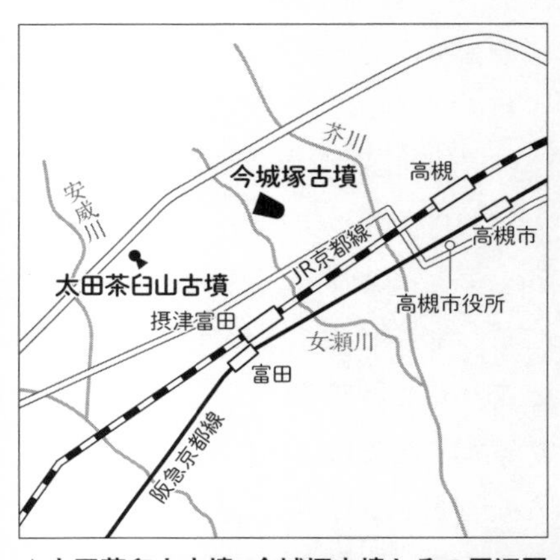

▲太田茶臼山古墳・今城塚古墳とその周辺図

ことん発掘ができて、その結果、「継体天皇のお墓で間違いないだろう」と言われているわけです。

「古墳時代は謎だらけ」「教科書の記述が変わるかもしれない」とお話ししてきた私の気持ち、お分かりいただけましたか？

『日本書紀』をどうみるか

仁徳天皇とか継体天皇、雄略天皇などは、我が国最古の史書『日本書紀』に出てきます。この『日本書紀』(『紀』)は、西暦720年、時代区分でいうと奈良時代に完成したとされています。やれうれしや、これまで中国の歴史書しか文字はなかったのに、自前の歴史書が使える！と言いたいところなんですが、この本、読みはじめてしばらくすると「ん？」と感じてしまいます。

まず初めに天地開闢(かいびゃく)、続いて国生み…どこの国でも「神話」はつきもの。高天原を追放された、素戔嗚尊(すさのをのみこと)(天照大神の弟)が降(くだ)ったのが出雲の国であることに注目したいところです。その子大己貴神(おおなむちのかみ)、別名大国主神がつくった国を譲ってもらう交渉が成立し、天照大神は孫ニニギを地上に降ろすが、そこは(→p.26)なぜか九州日向(ひゅうが)の高千穂(たかちほ)の峰。ニニギのひ孫にあたるカムヤマトイワレビコノミコトが東征に出発するが、ニニギの降臨から3代しかたっていないのに、その3代で179万2470余年たっている、と書いてあって絶句。このカムヤマトイワレビコノミコトが現在の奈良県の橿原(かしはら)で即位して神武天皇となるが、彼は127歳で亡くなった、とあります。

こぼれ話　神武天皇は縄文時代に即位した？

この神武天皇の即位年について『紀』は「辛酉(かのととり)の年の1月1日」と書いてあります。これが古くから紀元前660年とされてきましたが、なぜその年とされたのでしょうか。「辛酉の年には革命が起こる」という言い伝えと、「聖徳太子が『天皇記』『国記』をつくったとされる西暦601年が辛酉の年で、1260年ごとに大革命が起こる」という言い伝えから、「601年を1260年遡(さかのぼ)らせた西暦紀元前660年が神武天皇即位の年とされた」としたのが明治時代の那珂通世(なかみちよ)という学者です。戦前にはB.C.660年を基準とする「皇紀」が使われました。この神武天皇即位の日を太陽暦に直したとして2月11日が、こんにち「建国記念の日」として国民の祝日になっているのです。
しかし、これですと縄文時代に即位したということになります。すでにお話ししたように、いまのところ、当時は身分の差がなかったと考えられています。

人間という生き物は、どんなに頑張っても120年くらいしか生きられないそうで(そういわれてみれば、よく「世界最高齢の人が亡くなった」というニュースで没年齢をみると、そのあたり！)、いくらなんでも(当時の栄養状態からしても)127歳が没年齢とは信じられないので、まず、「神武天皇は実在の人物ではない」としていいと思われます。

以下、「ではいったい、いつ頃から実在の人物と考えられるか」と考えていくと、まず10代天皇の崇神天皇を称えて送られた名前が、ハツクニシラススメラミコト(初めて国を治めた天皇という意味)であることが注目されます。実は、崇神天皇についての『紀』の記述の中に出てくるヤマトトトヒモモソヒメという人物の墓が箸墓古墳とされることから、ヤマトトトヒモモソヒメ=卑弥呼とする説も有力です(→p.32)。しかし崇神天皇も120歳で崩御したとあり、次の11代垂仁天皇も140歳で崩御と、とても「科学的な根拠とする」ことはできません。

と、ここまで文句ばかりつけてきましたが、「では、神話はまったく意味がないのか」というと、私は違うと思います。先ほどもお話ししましたが(→p.24〜25)、私は「神話も、過去の記憶の何らかの反映」として参考にした方がいい、と思っています。実は太平洋戦争で負ける前は、学校で神話を「国史」として教えてきました。それが軍国主義や天皇の神格化につながった、という反省から、戦後はかなり「価値がない」ものとされてきた感じがします。…このことはあとでも触れますが、ある時代に「通説」とされてきたものの反対の見方が「はやる」傾向があります。それでいうと、戦後「嘘だ」とされてきた『紀』について、最近は「いや、『紀』に書いてあることが本当だった」という発見が注目される傾向にあると思います。34ページでお話した「出雲大社はやっぱり非常に高い建築物だった」という発見など、いい例ですよね。また、かつては「法隆寺は創建当時のままか、それとも再建されたのか」という論争がありました。『紀』には「(西暦670年に)法隆寺に災けり。一屋も余ること無し」と書いてありますが、ホントかな？と疑われていました。ところがギッチョン、1939年に「旧法隆寺」とみられる建物の跡が見つかり、いま残る法隆寺よりも古い飛鳥時代の建築様式で、しかも焼けたとみられる箇所もあり、『紀』の記述は事実だったという説が有力になりました。この建物の跡は「若草伽藍（がらん）跡」と呼ばれています。

一方で、神話の部分は、いまお話しした天皇の没年齢をはじめ、「そのまま信じる」ことはできません。それ以外でも、あとでみるように（→p.50〜51）、「明らかに後世（こうせい）に改変された」という箇所もあります。

まとめますと、神話を「全否定する」「全肯定する」のではなくて、「ありのままの、当時のリアルを追及する参考にする」というのが、いいのではないでしょうか。

前の疑問に戻って、「いつ頃から、確実に実在した天皇（当時の呼称は大王（おおきみ）（→p.34））か」ということで言うと、私は６世紀の継体天皇あたりからではないか、と「感じて」いますが、正直言って確証はありません。その前の、例えば５世紀と考えられる仁徳天皇や雄略天皇などについては、先ほどお話しした「倭の五王」ともからめて、引き続き追究していきたい、と思っています。なお、初代神武天皇から始まって、「歴代の天皇についてコンパクトな説明を読みたい」と思われた方には、笠原英彦（かさはらひでひこ）氏の『歴代天皇総覧』（中公新書、2001年）をお勧めしたいと思います。また、『紀』については、宇治谷孟（うじたにつとむ）氏の『日本書紀　全現代語訳』上・下（講談社学術文庫、1988年）がお勧めです。私がここでお話ししてきたこと、次の飛鳥時代でお話しすることなどと照らしあわせて、これらの書物も参考にぜひ「ご自分の考え」を創造してください。

私が一番『紀』を読んで感じたのは、37〜38ページでお話ししたような「天皇についての悪いこと」も書かれているのは、どうしてだろう、ということです。こういう歴史書って、天皇の権威を高めるためにつくるのではないでしょうか？　「おおらか」ということなのか？　考え続けています。

６世紀はヤマト政権の危機の時代

さて、６世紀に入ると、古墳に明らかな変化がみられます。「群集墳」といって、１つの場所に密集してつくられることが目立ってきます。おそらく、それまで古墳などには縁（えん）がなかった、有力農民層などがつくったのでしょう。それでは問題です。

古墳は被葬者の権威を表すものだとしたら、群集墳がつくられたらどうなるでしょう？

巨大な古墳が、あたりを睥睨（へいげい）するように存在していたら、「身分の高い人の権威の象徴」として意味がありますが、群集墳がつくられるとその意味が薄れますよね。そのためなのかどうか、大王の古墳も前方後円墳から八角墳（はっかくふん）に形を変え、しだいにつくられなくなっていきます。次の７世紀は飛鳥時代ですが、身分の高い人の権威の象徴は寺院などになっていったと考えられます。

私が注目するのは、当時貴重品だった鉄製農具などの鉄製品が、この群集墳の被葬者に副葬されていることです。30ページでお話ししたように、ヤマト政権は鉄資源を求めて朝鮮半島諸国と関係を持ちました。鉄は、支配のカギを握るものだったでしょう。おそらく３～４世紀には「鉄製品を独占する」ことがヤマト政権の権力の源泉だったでしょうから、それが一般ピープルのお墓にまで現れてきた、ということは、「身分の差が縮まった」とみていいのではないでしょうか。

この６世紀、筑紫国造磐井の乱(→ p.35)のように、ヤマト政権に対する地方の有力者（豪族とよく表現されます）の反乱も起こります。しかも朝鮮半島では新羅などの力が強まり、ヤマト政権が鉄資源を求めて深い関係を持っていた加耶諸国が滅ぼされます。おまけにヤマト政権でそれまで力を持っていた大伴氏（おおとも）が失脚すると、それに代わる物部氏（もののべ）と、新興勢力の蘇我氏（そが）という政権の２トップが権力争いを始め、ついに戦争にまで至ります。蘇我氏は、崇峻天皇（すしゅん）までも暗殺してしまいます。…こうみると、私は「６世紀にヤマト政権は危機に陥（おちい）っていた」とみた方がいいと思います。それに対しておこなわれるのが、７世紀の飛鳥時代の政治改革――蘇我馬子（うまこ）や厩戸王（うまやとおう）たちによるもの、中大兄皇子（なかのおおえのみこ）や中臣鎌足（なかとみのかまたり）たちによるもの、天武天皇（てんむ）や持統天皇（じとう）によるもの

――と考えると、「動き」「流れ」がよくつかめると思います。

最後に、５世紀から６世紀にかけてヤマト政権がつくり上げていった、支配の仕組みである氏姓制度について述べておきましょう。先ほど出てきた豪族と呼ばれた一族を、血縁関係を基礎に「氏」と呼ばれる組織に編成し（物部氏、蘇我氏、というのがその例です）、それに「姓」を与えて職務を分担させたりランクづけをおこなったりしました。姓をみれば、その豪族のヤマト政権内での序列が分かるわけです。この姓は世襲（親から子に受け継がれる）されたとみられ、先進技術をもたらしてくれた渡来人たちも、その中に位置づけたと考えられます。また、この頃は豪族たちは「田荘」と呼ばれる私有地や、「部曲」と呼ばれる私有民を領有していました。ヤマト政権も、各地に「屯倉」と呼ばれる直轄領や、「名代・子代の部」と呼ばれる直轄民を領有していました。この辺は、のちの飛鳥時代の政治改革のお話の時に比較してみたいところなので、頭に置いておいてください。

古墳時代から飛鳥時代へ

古墳からお寺へ　飛鳥時代も謎だらけ

飛鳥時代ってどんなことがあったでしょう？

過去に習ったことを思い出したりして、飛鳥時代の出来事、大事な登場人物、外交、文化などを挙げてみてください。そして、日本の古代で飛鳥時代が占めている位置、日本史全体で占めている位置について考えてみましょう。

？？？？

いかがですか？　これまでの各時代と比べて、自力でパッと思いついたり、イメージが湧いたりしにくかった方が多いのではないでしょうか。旧石器時代だったらまぁ打製石器で狩猟、縄文時代なら土器、弥生時代は稲作、古墳時代は古墳、と時代のイメージについて想像がつく感じがすると思います。

▲聖徳太子二王子像

ところがギッチョン、飛鳥時代だったらどうでしょうか。人物なら右の絵の中央に描かれている聖徳太子、あと法隆寺かなぁ。でもそれらは、飛鳥時代の初期にあたるものだけです。飛鳥時代は、世紀でいうと７世紀から、710年平城京遷都まで。ざっと挙げても、年表のような歴史的な事象があります。

飛鳥時代年表	
603	冠位十二階
604	憲法十七条
607	遣隋使
630	遣唐使
645	乙巳の変
646	改新の詔
663	白村江の戦い
672	壬申の乱
694	藤原京遷都
701	大宝律令制定

実は、「日本」という国号や「天皇」という呼称も、この時代から、と考えられています。壬申の乱は「古代最大の内乱」と呼ばれます。仏教文化は、この時代から始まって、その後の日本の文化の基調となります。とてつもなく大事な時代、って気がしませんか？　それから、「６世紀にヤ

マト政権は危機に陥っていた」(→p.42)とお話ししましたが、それを克服して、日本列島各地に支配を広げていき、現在につながる時期、とも言えます。でも、いまみた「聖徳太子の絵」をはじめ、謎が非常に多い時代でもあるんです。

「聖徳太子」はいなかった！？

この本の「はじめに」で、私が蘇我馬子・入鹿の名前に疑問を持った話をしましたね。さらに、こんなことも思いました。馬子の子で入鹿の父にあたる人の名前は蝦夷とされていますが、「蝦夷と言えば、当時は一段低くみられていた辺境の民のことではないか。これもおかしいなあ」。そして、「いまから1,400年くらい前の、そんな昔の人の名前がどうして分かるんだろう？」と考えました。するとそれは『日本書紀』に書かれているものだと分かり、さらにその書物は、645年の乙巳の変で入鹿を暗殺した天皇家の一族がつくらせたものだと知り、「だから変な名前をつけたのかな？」と思ったのですが…。

その後さらに勉強していたら、「馬や鹿という動物の名前は、当時よくつけられていた」し、「『馬鹿』が悪い意味で使われるようになるのは鎌倉時代から」という有力な説があることが分かりました。「蝦夷」にも「強そう」というイメージもあったらしいことが分かりました。…というわけで、高校生時代の私の疑問は「はずれ」だったのかも知れません。その後、私の関心は聖徳太子に移りました。

先ほどの有名な絵も「赤外線を当ててみたら、ヒゲはあとからつけ加えられたものだと分かった」「着ている服装が、太子が生きていた時代よりあとの時代である」などといったことが指摘されています。

数年前にテレビの番組でタモリさんが「みんな知ってる？　いま教科書で、聖徳太子って出てこないんだよ！」とコメントして、居並ぶゲストのタレントさんたちが「ええっ！」とのけぞっていたのが印象的でした。私が高校生の頃は、聖徳太子が政治改革の中心人物で蘇我馬子は協力者、という位置づけでしたが、いまの教科書では蘇我馬子の方が先に書いてあって、そのあとに廐戸王(聖徳太子)という形で登場します。ちょっと引用してみましょうか。

まず、1969年発行の『詳説日本史　改訂版』から。

聖徳太子 太子は大臣の蘇我馬子とともに国家体制を充実させてこの困難❶を打開しようとした。冠位十二階の制を定め、憲法十七条をつくったのもそのためである。

❶本書 p.42に書いたような、政権内部の抗争、朝鮮半島での勢力後退など。　(p.27)

これに対して現在の教科書では、こう書いてあります。

国際的な緊張のもとで蘇我馬子や推古天皇の甥(おい)の厩戸王(聖徳太子)らが協力して国家組織の形成を進めた。603年には冠位十二階、翌604年には憲法十七条が定められた。　(㊥p.33)

憲法十七条

一に曰く、和を以(もっ)て貴(たっと)しとなし、忤(さか)ふること無きを宗(むね)とせよ。

三に曰く、詔を承りては必ず謹め。君をば則(すなわ)ち天(あめ)とす、臣をば則ち地(つち)とす。

(『日本書紀』)

冠位十二階・憲法十七条が政治改革の例として挙げられているのは同じですね。では、これらの改革のねらいは、何だったのでしょうか？　よく大学入試でも出題されますが、例えば憲法十七条でいうと、「国民向け」ではないのですね。主として豪族向け、という感じです。そこで私が注目するのは、右の史料の「三に曰(いわ)く」です。「詔(みことのり)を承(うけたまわ)りては必ず謹(つつし)め」。詔とは、天皇(当時はまだ「大王(おおきみ)」(→ p.34))の言葉や命令、と考えていいでしょう。つまり「天皇の言葉や命令には絶対に従え」という意味でしょう。

「新しい豪族たちのランキングを表す」ものとしての冠位十二階はどうでしょうか。これは5～6世紀の氏姓制度の「姓」が「氏」に与えられて世襲されたのと比べて、「個人の才能・功績に対して与えられる」ものという点に違いがありますが、その冠位を与える人は誰でしょうか？　もちろん天皇ですね。…みんないい冠位が欲しいでしょうから、しぜんに「天皇に従う」ことになりそうですね。

そう考えてくると、607年の遣隋使(けんずいし)の有名な「日出づる処の天子……」の文章も、「隋の皇帝に、『ため口』以上の口調で伝える」天皇の権威を国内の豪族たちに見せつけるものだったかもしれません。

さて、以上が「蘇我馬子や厩戸王たちによる政治改革」のシナリオで、一言で言うと「天皇中心の中央集権国家を目指した」ということだと思います。これで６世紀の危機を克服しようとした、として話が終われば「スッキリ」だと思うのですが、なかなかそうはいきません。

まず引っかかるのは、607年の遣隋使についての『隋書』倭国伝の記事です。こう書いてあります。

遣隋使の派遣

大業三年❶、其の王多利思比孤、使を遣して朝貢す。使者曰く、「聞くならく、海西の菩薩天子❷、重ねて仏法を興すと。故、遣して朝拝せしめ、兼ねて沙門❸数十人、来りて仏法を学ぶ」と。其の国書に曰く、「日出づる処の天子、書を日没する処の天子に致す。恙無きや、云云」と。帝、之を覧て悦ばず、鴻臚卿❹に謂ひて曰く、「蛮夷の書、無礼なる有らば、復た以て聞する勿れ」と。

❶607年。❷当時の隋の皇帝であった煬帝のこと。❸僧侶。❹隋で外交に当たる役人。

（『隋書』倭国伝）

「大業三年、其の王多利思比孤、使を遣して朝貢す」とありますが、多利思比孤というのは「タリシヒコ」と読めます。教科書でも述べられていますが、「タリシヒコ」「タラシヒコ」というのは男性の天皇につけられる呼び名であって、「どの天皇を指すか不明」というしかありません。だって、…お分かりですか。当時の推古天皇（大王）は女性だったのです。

さらに気になるのは、『隋書』倭国伝には、西暦600年にも「倭王」からの使者がきた、と書いてある点です。その「倭王」について、「姓は阿毎、字は多利思比孤」とあり、また「多利思比孤」が出てきます。そして、この600年の使者派遣については、『紀』に書いてありません。

こうしてみると、厩戸王（聖徳太子）という人は、私がよく歴史を勉強していて思う、「みんながよく知っているつもりになっている」語句や人名ほど「実はよく分かっていない」(→ p.24)ということや、「『通説』とされてきたものの反対の見方が『はやる』」(→ p.40)といったことが当てはまる、いい例のような気がします。

私は、「聖徳太子」というのは、のちの時代に絵で美化されて描かれたように、「奈良時代の頃につけられた美称」であって、飛鳥時代には、厩戸王はいても、「聖徳太子」と「その時代に」呼ばれた人はいなかったのではないか、と考えています。それから、蘇我馬子と厩戸王の関係については「蘇我馬子の方が力関係は上だったのではないか」と思っています。馬子が崇峻（すしゅん）天皇を殺しても、入鹿が聖徳太子の子どもで有力な皇位継承者だった山背大兄王（やましろのおおえのおう）を殺しても、何のお咎（とが）めも受けていないことがその証拠だと思います。ひょっとして「多利思比孤」が指していたのは馬子だったかもしれない（まだ証拠は出てきていませんが）、その可能性もゼロとは言えない、と考えています。

乙巳の変、蘇我入鹿、中大兄皇子――謎が謎を呼ぶ

ここでの疑問で、まず皆さんにも考えていただきたいのは、次のことです。

蘇我氏は「悪いヤツ」だったのか？　乙巳の変は、その「悪い」蘇我入鹿をやっつけた、中大兄皇子（なかのおおえのみこ）や中臣鎌足（なかとみのかまたり）らの「正義の戦い」だったのか？

？？？？

いつもお話ししているように「**流れが命**」です。これまで話題にしていた、「蘇我馬子や厩戸王らの政治改革」の一番のねらいは「天皇中心の中央集権国家の建設」ということではないか、と一応考えてみました。一方、「なぜ蘇我入鹿は殺されたのか」という視点で『紀』を読むと、「入鹿と、父親の蝦夷（馬子の子、つまり入鹿は馬子の孫）が天皇をないがしろにしている」「これでは、中国の唐のような中央集権国家はできない」ということだと読めます。でも、馬子も、天皇を中心とする国家づくりをやろうとしていたのではなかったんでしたっけ？　まぁそれは「馬子はまともだったが、蝦夷や入鹿が暴走した」という説明も可能です。

ここで『紀』の記述をすんなり受け入れられない原因の１つは、「後世に加えられた、記述の作為性」です。それが間違いなく分かるのは、646年に出されたとされる「改新の詔」です。これについては、あとで触れましょう(→p.50)。また、「入鹿たちが天皇をないがしろにしている」例として書かれていることが、

『史記』などの中国の文献と酷似しているのも信憑性に「?」がつくところです。

では、Q2については、どう考えたらいいのでしょうか。私は、「どちらが悪で、どちらが正義か」という見方をやめて、シンプルに「権力争い」と考えた方がいいのではないか、と思います。

かつて古墳時代に仏教が百済から伝わってきた時、「崇仏論争」と呼ばれる対立が起こった、と『紀』にあります。現代語訳でみてみましょう。

「崇仏論争」を伝える史料

(欽明天皇が)群臣一人一人に問いかけられた。「百済から献上された仏像の顔だちは端正で美しい。これまで見たことがないものである。礼拝すべきかどうか」と。

大臣の蘇我稲目が申し上げた。「西の諸国ではすべて礼拝しています。どうして日本だけがそむけましょうか」と。

大連の物部尾輿と中臣鎌子が同じように申し上げた。「わが国で天下を支配されている天皇は、常に天地の多くの神々を春夏秋冬お祭りされることをつとめとしています。今、それを改めて外国の神を拝まれるならば、おそらく我が国の神の怒りをまねくことになりましょう」と。

(『日本書紀』、現代語訳)

崇仏、つまり「仏像を拝みましょう」といったのが蘇我馬子の父親の蘇我稲目。それに対して排仏、つまり「拝むのをやめましょう」といったのが物部尾輿と中臣鎌子(鎌足の父親)とされています。蘇我稲目の子の馬子と、物部尾輿の子の守屋はその後、戦争まで起こして馬子が勝利していることが伝えられています(この時、厩戸王も蘇我氏側について戦った、とあります)。つまり、中臣鎌足にとって、蘇我入鹿は憎き「父の仇」のひ孫にあたるわけです。

これはシンプルに権力争いと考えるとスッキリします。入鹿を暗殺した乙巳の変では中大兄皇子や中臣鎌足に味方した蘇我倉山田石川麻呂も、その後滅ぼされていること(→p.60)、乙巳の変で即位した孝徳天皇が憤死した(その事情はあとで)のち、その子の有間皇子が殺されていること、などが続いていることも「権力争いの続き」と考えると分かりやすいと思います。

こぼれ話 有間皇子の悲劇

孝徳天皇が中大兄皇子たちに憤って死んだ、ということは、有間皇子は中大兄皇子たちを恨む思いが生じるでしょうし、中大兄皇子たちにとっては「危険人物」ということになりますよね。逆に言えば、有間皇子はそうみられて、「いつか殺されるのではないか」と思っていたのではないでしょうか。「狂人のふりをしていた」という伝承もあります。

そういう有間皇子のところに蘇我赤兄というヤマト政権の高官がやってきました。ちょうど、中大兄皇子は斉明天皇(皇極天皇が重祚)(→p.51)らとともに和歌山県の方の温泉に行っているところでした。赤兄は、斉明天皇の3つの失政を挙げます。有間皇子は喜んで、「我が生涯で初めて兵を用いるべき時がきたのだ」と言ってしまいました。すると赤兄はその2日後の夜中に有間皇子の家を囲み、天皇に奏上しました。

捕らえられて天皇たちの保養先に送られた皇子は、中大兄皇子に「どんな理由で謀反を図ったのか」と問われて、「天と赤兄が知っているでしょう。私はまったく分かりません」と答えました。このあと皇子は、藤白坂で絞首刑に処されました。ここで護送される皇子が詠んだとされる歌が有名です。

家にあれば　笥に盛る飯を　草枕　旅にしあれば　椎の葉に盛る

笥とは食器。「いま自分は旅の途中だから」と詠んでいますが、死を覚悟した護送途中で詠んだと思うと、その思いが聞く人の胸に迫ってきます。

乙巳の変についてのお話はこれくらいにして、「改新の詔」には、「明らかに後世の改変が加わっている」と考えられる部分があります。これはもう、誰も否定できないと思います。「其の二に曰く」で始まる部分に、当時は使われていなかった文字が使われているのです。

改新の詔

其の一に曰く、昔在の天皇等の立てたまへる子代の民、処々の屯倉、及び、別には臣・連・伴造・国造・村首の所有る部曲の民、処々の田荘を罷めよ。仍りて食封を大夫より以上に賜ふこと、各差あらむ。降りて布帛を以て、官人・百姓に賜ふこと、差あらむ。……

其の二に曰く、初めて京師を修め、畿内・国司・郡司・関塞・斥候・防人・駅馬・伝馬を置き、及び鈴契を造り、山河を定めよ。

(『日本書紀』)

この史料には「国司・郡司」とありますね。この「郡」の字が、「改新の詔」の頃には使われていなかった、使われていたのは「評（こおり）」という字だったのではないか、という指摘が以前からあって、教科書にも「郡評論争（ぐんぴょうろんそう）」として長い間書かれていました。いまでは、教科書に「郡評論争」の文字はありません。決着がついてしまったのです。どうしてだと思いますか？

庚子年（七〇〇）四月
若佐国小丹生（おにう）評
木ツ里秦人申二斗

▲藤原京出土木簡

発掘された資料が、完膚（かんぷ）なきまでに明らかにしました。これこそ「科学的な証明」ですね。

それは、地方から藤原京という、平城京の前の都に運ばれた税の品物などに付けられた木簡（もっかん）というものに書かれていた文字が証明してくれたのです。写真をみてください。701年以前の木簡では、武蔵（むさし）とか大和とかいう国の下の行政区画は例外なく「評」の字が使われており、701年以後の木簡には「郡」の字が使われていました。

「改新の詔」は乙巳の変の翌年、646年の正月に出されたとされていますから、「郡」の字を使うのはありえないわけです。

こうして、「改新の詔」の文章には後世の改変が加わっていることが明らかになりました。そうすると、「其の一に曰く」の部分で私有地私有民の廃止、つまり有名な「公地公民の原則」がうたわれているのも、「本当にこの時期におこなったのか」疑問になってきます。…私がどう考えているかは、もう少しあとで「**俯瞰（ふかん）して**」お話ししたいと思います。

次の質問です。

「中大兄皇子が、不自然に天皇に即位しなかった」と言われています。どういうことでしょう？

？？？？

これは、教科書などにすべては書いてありません。乙巳の変で皇極天皇(中大兄皇子の母)から孝徳天皇に代わり、中大兄皇子は皇太子になります。

孝徳天皇が亡くなった時、皇極天皇が再び即位して、のちに斉明天皇と呼ばれます。「同じ人が再び天皇の位につく」ことを重祚と呼びますが、日本史上で初めてであり、この時斉明天皇は60歳前後だったとみられ、失礼ながら当時でいうとかなりの「おばあちゃん」です。「皇太子」だった中大兄皇子は、なぜこのタイミングで即位しなかったのか？…でも、まぁこれは、彼の年齢(数え年でも30歳未満と考えられる)から、「まだ早い」と言われれば納得です。

問題はそのあと。661年に斉明天皇が亡くなっても、まだ即位しないのです。そして称制（しょうせい）といって、「天皇に即位せずに天皇の仕事をする」という、とてもめんどくさいことをするのです。もちろん日本で初めてのことです。数えで35歳を超え、すでに政治の実務経験もあり、十分に即位の資格はあると思われるのですが…。これが「不自然」とされる内容です。

もちろん、私も本当のことは分かりません。気になっている説をご紹介します。

謎を解くヒントは孝徳天皇在世時にあった、という説です。以下、『紀』の記述に沿ってお話しします。乙巳の変が起こったあと、変の舞台となった飛鳥板蓋宮（あすかいたぶきのみや）から、大王の宮は難波長柄豊碕宮（なにわながらのとよさきのみや）に移されます。いまの奈良県から、いまの大阪府に移ったのですね。ところがギッチョン、中大兄皇子は「飛鳥に戻ろう」と言い出し、孝徳天皇はそれに反対しました。そこで何が起こったかというと、中大兄皇子は飛鳥に戻ってしまうのですが、なんと、前の皇極天皇ばかりか、孝徳天皇の皇后である間人皇女（はしひとのひめみこ）まで、飛鳥に戻ってしまいました。孝徳天皇は恨んで位を去ろうと思ったりして、翌年亡くなってしまいました。

これが49ページで「孝徳天皇が憤死した」とお話しした事情です。さて、このことをふまえて、私が気になっている説は、「中大兄皇子は、自分と同じく皇極前天皇の子、つまり同母妹の間人皇女と愛し合っていたのではないか」「天皇として即位したら、正妻を決めなければならなくなるが、当時、異母兄妹の結婚はOKでも、同母兄妹では恋愛すらタブーだったので、即位しなかった」と謎解きします。

中大兄皇子　年表	
626	誕生
645	皇太子になる
654	孝徳天皇没
655	斉明天皇即位 （皇極天皇の重祚）
661	斉明天皇没 →中大兄皇子の称制
668	即位

「確かに、そうかもしれない」と思ってしまうのは、『紀』によれば、間人皇女が亡くなった際に330人を出家させ、その翌年に「やっと」即位した、とあるのです。

…この辺、「貴人のゴシップ」ということではなくて、当時のリアルに迫る１つのエピソードとして、気にかかるのですが、いかがですか。

乙巳の変のあとの重大事としては、唐と新羅(しらぎ)が結んで、ヤマト政権と仲の良かった百済(くだら)を滅ぼしたことがあります。古墳時代以来、朝鮮半島や中国との関係はとても重要でしたよね。旧百済勢力からの応援依頼を受けて、斉明天皇は自ら九州に大軍を率いて赴(おもむ)きますが、そこで亡くなります。663年、白村江(はくそんこう)の戦いで唐・新羅連合軍に大敗し、「このまま攻めてこられるかもしれない」と中大兄皇子たちは本気で心配して、朝鮮式山城をつくったりします(近江大津宮(おうみおおつのみや)に移ったのもその関係か)。「**豪族領有民を確認**」(㊙p.38)したという記述が教科書にありますが、これもその関係かと思われます(詳しくはあとで)。天智(てんじ)天皇として即位してからは、庚午年籍(こうごねんじゃく)と呼ばれる戸籍を初めてつくったということも重要です。

古代最大の内乱、壬申の乱は天皇の後継争い

昔から、天智天皇(中大兄皇子)と、その弟大海人皇子(おおあまのみこ)(のちの天武(てんむ)天皇)の関係は、何とも言えないくらい微妙だったと言われています。

天智天皇は、初め大海人皇子を後継者に指名していました。ところがギッチョン、やがて息子の大友皇子(おおとものみこ)が成長してくると、「この子こそ、我が跡継(あとつ)ぎ」と思うようになったのではないかと考えられています。

『紀』の記述を読んでいると、大海人皇子が「大皇弟」と呼ばれて、宇治谷氏の本ではそれに「ひつぎのみこ」(つまり「日継ぎの皇子」、皇太子という意味)(→ p.41)の振(ふ)り仮名(がな)が振られていたりしますし、大友皇子が太政大臣(だいじょうだいじん)になった、といった記事もあります。そのうち、「東宮太皇弟(ひつぎのみこ)(大海人皇子)が詔して、──ある本には、大友皇子が宣命(みことのり)すとある」などという記事が出てきて、「どっちなんだよ？」とツッコミを入れたくなります。

天智天皇の心の変化、弟の大海人皇子も感づいていたことでしょう。『紀』によると、病が重くなった天智天皇は、大海人皇子を呼び出します。ここでも、大海人皇子は「東宮（とうぐう）」と記されています。「東宮」とは皇太子のことです。そのあとが、有名なエピソードです。天智天皇の事績を記述した部分（天智紀）と、天武天皇（大海人皇子）の事績を記述した部分（天武紀）の双方に出てきますが、ここでは天武紀の方を紹介します。

> 天皇は病臥（びょうが）されて重態であった。蘇我臣安麻呂（やすまろ）を遣わして、東宮を呼び寄せられ、寝所に引き入れられた。安麻呂は元から東宮に好かれていた。ひそかに東宮を顧（かえり）みて、「よく注意してお答えください」といった。東宮は隠された謀（たばかり）があるかも知れないと疑って、用心された。天皇は東宮に皇位を譲りたいといわれた。そこで辞退して、「私は不幸にして、元から多病で、とても国家を保つことはできません。願わくば陛下（へいか）は、皇后に天下を託して下さい。そして大友皇子を立てて、皇太子として下さい。私は今日にも出家して、陛下のため仏事を修行することを望みます」といわれた。天皇はそれを許された。……ある人が言った。「虎に翼をつけて野に放つようなものだ」と。
>
> （宇治谷孟『日本書紀　全現代語訳　下』）

この時大海人皇子の頭に、50ページでお話しした有間皇子と蘇我赤兄のことが浮かんだかもしれませんね。

さて、このあと吉野（よしの）に向かった大海人皇子ですが、『紀』によると、大友皇子側が戦（いくさ）の準備をしている、という情報を得て、東国の兵を集めに吉野を脱出します。『紀』は天武天皇が編纂（へんさん）を指示して始まります。「自分から戦いを始めたわけではない。これは、売られたケンカなんだ」と説明しているのですが、ホントのところはどうだったのでしょうか？

こぼれ話　大友皇子は即位したのか

『紀』でみるかぎり、大友皇子が「即位した」という記載はありません。…ということは「歴代天皇に数えられない」のでしょうか。ここで、いま記した、「『紀』は天武天皇が編纂を命じた」ということが重要です。大友皇子が即位したとすれば、大友皇子側との戦いである壬申の乱に勝利した天武天皇（大海人皇子）は「権力の簒奪者（さんだつしゃ）」つまり、クーデタの張本人ということになりますね。ふつうに考えて、大友皇子は即位したでしょうから、天武天皇は立派な簒奪者なんだろうと思います。「その汚名を恐れて、『紀』には大友皇子の天皇即位の記載をしなかったのではないか」と考えるのがふつうだと思います。

江戸時代初期に徳川光圀（あの水戸の黄門さん）の命を受けて始まり、明治時代になって完成したというオニのような本、『大日本史』では、大友皇子は即位したとして、弘文天皇という諡号（亡くなった天皇におくる、おくり名）をおくっています。笠原英彦氏の『歴代天皇総覧』でも、鎌倉時代の歴史書『水鏡』などには「天智天皇の崩御の２日後に皇位を継いだ」と書かれていることが指摘されています。おそらく、その辺がホントのことではないでしょうか。

こぼれ話　絶世の美女（？）歌姫をめぐる兄弟のさや当て？

『紀』の記述のお話で「おおらか、ということかもしれない」という意味のことをお話ししましたが（→p.41）、間違いなく「おおらか」といえるのは『万葉集』です。私は、根がシンプルなせいか、『万葉集』が大好きです。ぜひ一度、触れてみてください。

ここでは、中大兄皇子・大海人皇子の２人が愛したと言われる絶世の美女（？）歌姫のお話をします。その人の名は額田王。彼女は、初め大海人皇子と愛し合っていて、それがどんな理由か、今度は中大兄皇子の、たくさんいる奥さんの１人になってしまいました。その彼女と、それにこたえて大海人皇子が詠んだとされる歌が載っています。

まず、額田王。

あかねさす　紫野行き　標野行き　野守は見ずや　君が袖振る

当時の貴人のレジャーで、野原に草摘みに行ったようです。「あかねさす」は紫にかかる枕詞。野守は、行った先の野原の番人。「番人は見ないだろうか。貴方が袖を振っているのを」。袖振る、というのは求愛表現のようです。

それに対して、大海人皇子。

むらさきの　にほへる妹を　憎くあらば　人妻ゆゑに　我恋ひめやも

紫の草のように美しい貴方が憎かったならば、貴方は人妻なんだから私が恋しましょうか（貴女があんまり素敵だから、人妻だけど恋しているんですよ）。

まぁなんという、アブナイ歌でしょうか。でも冷静になって考えてみると、これってみんながいるところで歌われて、しかも本になって中大兄皇子だってみているわけですよね。…大人の対応をしたけど、心中穏やかではなかったのかな？

これで日本も唐並みに！　飛鳥時代の謎も解けた？

壬申の乱の結果について、教科書にはこう書いてあります。

乱の結果、近江朝廷側❶についた有力中央豪族が没落し、強大な権力を手にした天武天皇を中心に中央集権国家の形成が進んだ。

❶大友皇子側。

（㊍p.38）

そしてさらに、「それまでの大王にかわって『天皇』という称号が用いられるのは、……この頃のこととする説がある」（㊍p.38）とあります。

ここで、天武天皇の時に造営が始まり、次の持統（じとう）天皇（天武天皇の皇后）の時に完成し、694年に遷都先になった藤原京が、シンボルとして重要だと思います。

ここで問題です。

藤原京以前の、政治の中心地の呼ばれ方は、藤原京とどう違うでしょうか？

？ ？ ？ ？

52ページに出てきた飛鳥板蓋宮、難波長柄豊碕宮…というように、それまでは「宮」が最後についていたのですね。今度は「京」です。それまでは大王の住まいを中心として政治がおこなわれる場所を「宮」と呼び、「宮」は大王が変われば移る、場合によっては一代の大王がいくつも宮を建設して移り住む、といった状態でした。それがここで、条坊（じょうぼう）制を持つ「京」が設けられて、有力な王族や中央豪族が集住し、半永久的な「都」がつくられたわけです。このお手本になったのは？…もちろん中国、

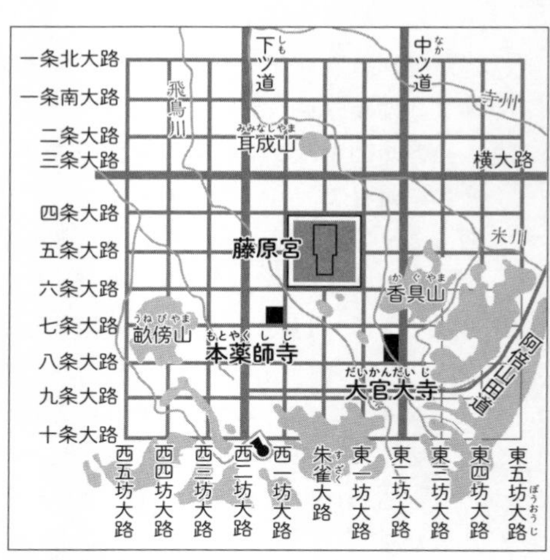

▲藤原京条坊復元図

そして当時世界ナンバーワンと言ってもいいハイレベルな状態にあった唐王朝の都長安だったのです。

続いて問題です。

「中央集権国家の形成」とは、具体的にはどういうことでしょうか？ また、天武・持統両天皇の時には「完成」までいかず、のちの時代になって完成したものには、どういうものがあったでしょうか？

？？？？

私は、よく上のようなことを高校生たちに問いかけます。「中央集権国家の形成が進んだ」と教科書で読むと、「なんとなく分かったつもり」になってしまいますが、教科書というのは、ページ数などの制約があって、どうしても「まとめた」書き方になってしまうものです。こうやって疑問を持つことで、初めて「リアルにつかめる」「重要性が分かる」といったことがある、と思います。

こぼれ話 天皇の呼び名

先ほど「それまでの大王にかわって『天皇』という称号が用いられるのも、この頃とされる説がある」というお話をしました。つまり、天智天皇も、もっと以前の推古天皇も継体天皇も、本来は天皇とは呼ばれず、大王だったわけです。でも、教科書も「天智天皇」などと書いてありますし、混乱するのもイヤなので、教科書にあわせました。さらに「天武天皇」というのも、彼が生きていた頃にそう呼ばれていたわけではなくて、55ページでお話ししたような諡号です。注意してください。

中央集権の逆は「地方分権」でしょうか。「権力が中央に集まっている」ということは、とりあえず「上に立つ人の権力が抜きんでていて、すみずみまで実情をつかんでいる」という感じかな。

まず注目されるのは「天武天皇は、675年に豪族に与えた部曲を廃止し」(㊎p.38)ということです。「あれ？」と思い出した方、素晴らしい！　天智天皇のところで「豪族領有民を確認した」(→p.53)というのがありましたね。あの真逆の政策です。豪族にとっては、どっちが嫌(いや)ですか？　「自分たちが領有している民を廃止される」方が嫌ですよね。もっと以前の、「改新の詔」の「其の一に曰く」に書いてあったことを思い出した人、すごい！！　あれは、豪族も皇族も、私有民を廃止して公地公民制をしく、というものでしたね。

…ということは、私有民廃止（「改新の詔」）→私有民承認（天智天皇）→私有民廃止（天武天皇）ですね。ここで、天智天皇が特別に豪族に優（やさ）しかったのではなくて、あの時は「新羅が攻めてくるかもしれない」非常事態で、豪族たちに妥協して協力を求めた、いわゆる「宥和（ゆうわ）」政策と考えると分かりやすいのではないでしょうか。豪族が私有民とか私有地を持っていたら、知らないところで力を伸ばすかもしれません。廃止の方が中央集権だ、って分かりますね。

「684年には八色（やくさ）の姓（かばね）を定めて豪族たちを天皇を中心とした新しい身分秩序に編成した」（教p.38）というのも、「皇族や皇族に関係が深い者が地位の高い姓をもらえる」内容なので、皇族、ひいては天皇の権威を高める政策です。これも中央集権に役立ちます。そして持統天皇の時の戸籍の作成、これもすでに天智天皇の時にあったし、「一人ひとりの民衆まで把握する」、まさに中央集権だと思います。

完成が天武・持統両天皇の時にはできなかった大切なもの。それも、教科書にちゃんと書いてあります。天武天皇のところで、**「律令・国史の編纂」**（教p.38）を始めたとあるのがそれです。実は律と令とは別のもので、持統天皇の時に令だけ完成したものが飛鳥浄御原令（あすかきよみはらりょう）と言われます。律と令がそろった完成形は、持統天皇の次の文武（もんむ）天皇の時、701年に「大宝律令」として実現します。もう１つ、国史の関連では、奈良時代に入って、文武天皇の次、平城京に遷都した元明（げんめい）天皇の時に『古事記』が、そして元明天皇の次の元正（げんしょう）天皇の時に『日本書紀』がつくられて実現します。

律令制度というのは、まさに唐王朝が完成させたものでした。618年に唐が建国され、ヤマト政権は630年に遣唐使を初めて遣わします。その後、「船の２隻に１隻は帰ってこない」と言われるほどの危険を冒（おか）して、唐の進んだ制度や文物を吸収しようとした努力には、頭が下がりますね。

こうして「ついに唐並みの国づくりを成し遂げた！」「さぁ、その歩みを歴史書にしよう」とした時に、「かつても、天皇中心の中央集権制度をつくろうとした、優（すぐ）れた方がおられた」「公地公民を唱（とな）え、国司・郡司などの制度を整えようとした試みが、以前にもあった」と、過去を美化したくなる気持ちになることは、十分に考えられます。「聖徳太子というスーパースターがいた」「改新の詔という、時代を先取りしたアピールがなされた」というお話をつくってしまったため、様々な謎が生まれた、という可能性もゼロではないのではないか、と私は考えていますが、皆さん、いかがですか？

なお、大宝律令が制定された頃、「日本」という国号も使われるようになった、と考えられています。

文化はその時代の政治や社会の反映

蘇我馬子たちの頃の文化を飛鳥文化、天武・持統両天皇の頃の文化を白鳳(はくほう)文化と呼んでいます。文化遺産として現在まで残っているものは、それをつくった(あるいはつくらせた)人の思い、考え方などが影響していると考えられます。

旧石器時代、縄文時代、弥生時代は当時の生活そのものが文化だったでしょうが、身分の差が生まれ、とくにこれまでみてきた古墳時代や飛鳥時代では、文化は「上に立つ人たちの政治や思いを反映したもの」と言っていいと思います。それでは問題です。

古墳文化、飛鳥文化、白鳳文化の特徴を、当時の「上に立つ人たち」の政治や思いから説明してみましょう。

? ? ? ?

古墳文化は、漢字や仏教・儒教などをヤマト政権が独占した文化でした。

飛鳥文化は、「古墳に代わる権威の象徴」として寺院などの建築(→p.42)がおこなわれて、「日本初の仏教文化」となりました。法隆寺はのちに再建されましたが、それでも内部のいくつかの建築物は木造として世界最古です。世界遺産にふさわしいですね。

白鳳文化は、「ついに念願の、『唐並みの国家』がつくられた！」という思いでテンションが上がった天武天皇など

▲興福寺仏頭

の気分を反映して、「生気ある」仏教文化になった、と考えられます。

その代表例は、興福寺仏頭です。こうした「生気ある、若々しい表情が好まれた」ということだと思います。また、高松塚古墳壁画の人物の顔つきや服装、四神・星宿図などには、唐や高句麗の影響がはっきり認められますね。

こぼれ話　興福寺仏頭がたどった道すじ

いまみた興福寺仏頭ですが、もとは山田寺というお寺にありました。山田寺というと、1982年に連子窓などの木造の遺物が見つかり、「再建された法隆寺よりも古い建物の一部が見つかった！」とセンセーションを、まき起こしました。もともと、誰にちなんだ寺か、見当がつきますか？　これまでに登場して、政争に敗れた人ですよ。

そうです。蘇我倉山田石川麻呂(→p.49)です。その山田寺の薬師如来像の一部でした。彼は悲劇的な末路を迎えます(『紀』によると、死んだあとで「無実の罪」であることが分かり、中大兄皇子は「深く後悔し悲しみ嘆くことがやまなかった」とあります)が、彼の霊を弔うためにつくられたというこの仏像も、劣らずに悲惨な運命をたどります。興福寺の僧兵(→p.93)に強奪されて、興福寺に持ってこられ、頭部より下は失われてしまいました。彼とこの仏頭とがたどった運命、いたましいものを感じてしまいます。

飛鳥時代から奈良時代へ
律令制度、ってどうよ

その後の日本に与えた影響

律令制度、いつまで続いたでしょうか？

？？？？

古代の日本は、第４章でお話ししたように、遣隋使（けんずいし）や遣唐使で中国から学んで、律令制度を国全体のシステムとして導入しました。ずばり言えば、「天皇と、それを支える貴族を中心とした国家」と言っていいと思います。このシステムは、いつまで続いたでしょう？　幕府ができる前までだから平安時代まで？…いえいえ！　じゃ、さすがに戦国時代で武士が各地を支配して、江戸時代の前にはボツ？…いえいえ！

考えてみてください。江戸幕府のトップは何という地位でしたか？　将軍ですよね。正確に言うと…？　そう、征夷大将軍ですね。この地位は令外官（りょうげのかん）(→p.82)といって律令そのものに規定はありませんが、でも「関白」も令外官ですし、ざっくり言えば「朝廷の一役職」であるわけです。つまり、鎌倉・室町幕府はもちろん、江戸幕府も律令制度を前提に成り立っている、と言っていいと思います。では、その終わりは？

1885年の内閣制度で、正式に律令制度は終わります。…と、いうことはですよ、701年の大宝律令から数えて1184年間続いたわけです。その一方、内閣制度ができてから現代まで、まだ百数十年しかたっていません！…そう考えると、いまの私たちの社会にも、大きな影響を及ぼしている、ということが想像できますよね。さぁ、それはどういう影響なんでしょうか？

なお、本家の唐だけでなく、朝鮮半島を統一した新羅（しらぎ）、中国東北部にあった渤海（ぼっかい）も律令制度の国でした。それらは、どうなっていくでしょうか？

貴族と民衆の差がハンパない！

吉良上野介、大岡越前守の「介」「守」って何のことか分かりますか？

？？？？

日本を国という単位で分けて、その中の上野（いまの群馬県）や越前（いまの福井県）といった国を治める国司という役職がありました。１人ではありません。その中の一番上を守、二番目を介と呼んだのです。いまで言うと上野介は群馬県副知事、越前守は福井県知事ということになるわけです。なお、彼らが生きていた江戸時代には国司の役職は形骸化していて、彼らが本当に上野や越前に行って、国司としての仕事をしたわけではありません。でも逆に言うと、江戸時代にも、いわば名誉職みたいな感じで、律令の規定が使われていた、と言えると思います。

全国は畿内（当時の首都圏）・七道（東海道など）に分けられ、その中に国があり、国の中は郡に分けられ、郡はいくつもの里からなっていました。そして国司の下に郡司という地方官僚がいて、里には里長がいて50戸を束ねる役割を果たしていました。国司がいたところは国府と呼ばれ、いまも「府中」といった地名で残っています。例えば、甲斐国の府中で「甲斐府中」、そこから「甲府」という地名になったわけです。

国司や郡司はどういう人たちが選ばれたでしょうか？　政府が決めた命令は、テレビも携帯電話もない時代に、どうやって一軒一軒にまで伝わったでしょうか？

？？？？

国司は中央の貴族（あとで説明します）がだいたい４年の任期で選ばれ、郡司はもとの国造（→p.35）などの地方豪族が終身で選ばれました。中央政府の命令などは、国司に伝えられ、国司は任命された国で郡司を集めて伝え、郡司は里長を集めて伝えれば里長から一軒一軒にまで伝わるわけです。６年ごとにつくる戸籍で一人ひとりまで把握することとあわせ、中央集権的ですね。

位階＼官職			神祇官	太政官	中務省	中務以外の７省	衛府	大宰府 弾正台	国司
貴族	正一位 従一位			太政大臣					
	正二位 従二位			左右大臣 内大臣					
	正三位			大納言					
	従三位			中納言			大将	帥	
	正四位	上			卿				
		下		参議		卿			
	従四位	上		左右大弁				尹	
		下	伯				中将		
	正五位	上		左右中弁	大輔		衛門督	大弐	
		下		左右少弁		大輔 大判事	少将	弼	
	従五位	上			少輔		兵衛督		大国守
		下	大副	少納言	侍従	少輔	衛門佐	少弐	上国守

▲官位相当の制（一部）

位階が五位以上の人たちを貴族と呼びます(位階についてはあとで)。

貴族たちの出世コースは、位階をもらい、それが上昇していくことでした。表にあるように、一番上が正一位(しょういちい)、次が従一位(じゅいちい)、次が正二位、従二位、と続いて、その位階によって官職につきます(官位相当(そうとう)の制といいます)。そして貴族は、位階・官職のそれぞれで収入を受け取ります(正一位の人の年間収入は約３億455万円、という試算があります)。それでいて調(ちょう)・庸(よう)・雑徭(ぞうよう)などの税負担は免除です。さらにビックリするのは、貴族の子(三位以上の公卿(くぎょう)の場合は孫も)は自動的に父(祖父)の位階に応じた位階を与えられる、ということです(蔭位(おんい)の制)。当時、一般ピープルの家に生まれて貴族になるにはどうしたか、そういう人は何人くらいいたか、ちょっと見当をつけてみてください。

こぼれ話　たいへんな秀才も…

一般ピープルが位階をもらうにはどうしたか。当時は都に１つしかない大学に入らなければなりません。それにはまず各地にあった国学(こくがく)に役人の推薦を受けて入り、大学に定員の余裕ができた時、厳しい入試を受けて合格する必要があります。そこから先について、かつて読んだ本に以下のように書かれていました。やっと大学に入っても、『孝経』など儒教の経典をつめ込まれます。大学には10日に1日の休みがあり、休みの前日には必ず試験。それも「経典の一部を1,000字抜粋し、1カ所3字を隠し、それはどこかを答えさせる」といったシロモノだったということです。

1年の終わりのテストは8問中3問以下は「下」とされ、3回「下」をとれば退学でした。こうしてようやく役人の試験を受けることのできた人は10問中8問できなければならず、その成績抜群の人を秀才と呼んだそうです。それが、二百数十年でわずか65人、実に4年に1人という、まさに気の遠くなるような秀才ですが、この人が卒業してもらう位階が正八位の上。それに比べて上級貴族の子弟は、どんなに才能がなくても（?）、21歳になると表にある位階をゲットできたということです。

父祖の位階	嫡子（ちゃくし）	庶子（しょし）
一位	従五位下	正六位上
二位	正六位下	従六位上
三位	従六位上	従六位下
正四位	正七位下	従七位上
従四位	従七位上	従七位下
正五位	正八位下	従八位上
従五位	従八位上	従八位下

▲蔭位の制

さて、ここで問題です。

中国の役人の任用制度で有名なものを、日本は採用しませんでした。それは何でしょう？　それは、日本史にどういう影響を与えたでしょうか？

？？？？

これは「科挙（かきょ）」ですね。中国では、「科挙に合格した人は誰でも役人になれた」わけです。日本はどうでしょうか？…蔭位の制もありましたし、出世する階層は固定されそうですよね。これは、なんとなくいまでも「家柄」「血すじ」などを気にしてしまうことに、つながっているような気がします。どういう人が貴族になったでしょう？

律令制度のスタートでいえば、ヤマト政権を支えていた畿内の豪族たち（藤原、蘇我など。蘇我氏は入鹿たちの一族が滅んだだけで、乙巳の変に協力した「蘇我倉」の一族もいるし、壬申の乱で活躍した一族は石川と名乗って貴族になりました）や皇族から始まります。かつての国造たちが、私有地・私有民の拡大による成長を断念して、国の官僚機構の末端に自分を位置づけたことも、「家柄」「血すじ」重視につながるのではないでしょうか。

さぁ、今度は一般ピープルに課せられた負担のお話です。これも教科書に沿って、内容をおさえましょう。

区分		負担者		
		正丁（21～60歳）	次丁(老丁)（61～65歳）	中男(少丁)（17～20歳）
租		田地にかかる租税。田１段につき２束２把の稲を納入（収穫の約３％）		
課役	調	絹・布や地域の特産品	正丁の½	正丁の¼
課役	庸（歳役）	京での労役（歳役）年間10日にかえて布（麻布）２丈６尺（約7.9m）を納入	正丁の½	——
課役	雑徭	年間60日を限度とする労役（国府の雑用や国内の土木工事など）	正丁の½	正丁の¼
兵役		正丁３人に１人（国内の正丁の３分の１）を徴集 軍団兵士（諸国の常備軍）：10番交代で勤務（毎番10日） 衛士（宮城の警備）：１年間 防人（九州沿岸の警備）：３年間	——	——

▲税と兵役の負担の表（おもなもの）

口分田は「貸し与えられるもの」で、死んだら取り上げられます。その代わりに表のような負担が課せられました。それでは、ここで問題です。

負担のうち、重かったものはどれでしょうか？

？？？？

まず、男女両方にかかる租は、ほかと比べてたいしたことはありません。自分が住んでいる国の国司がいる役所、つまり国衙（いまで言うと都道府県庁かな）に、だいたい収穫の３％くらいを納めれば終わりです。

しかし、17歳から65歳までの男子にかけられた調と、同じく21歳から65歳までの男子にかけられた庸は都まで運ばなくてはなりません。教科書はさり気なく「**都まで運ぶ運脚の義務もあった**」(㊊p.41)と書いてありますが、車なんて存在していない当時、歩いて都まで荷物を運ぶのは相当の負担です。運ぶのは当番で割り当てられたようですが、運んでいる人に向かって、「あぁ、調・庸を運ぶ運脚ですか。ご苦労さま！」「ちょうよう！」(そうよ、のつもり)なんてシャレを言ってる暇はなかったのではないでしょうか。

もう１つ重かった負担として挙げられるのは、兵役です。21歳から60歳の男性３～４人に１人の割合で徴発され、諸国の軍団で訓練を受け、一部は都の警備にあたる衛士を１年間つとめました。そして東国からは防人という、大宰府など北九州の防備に３年間あたる兵が出されました。兵士の武器や食料は自弁が原則です。「防人を１人出したらその家は滅びる」という言葉が残っていますが、これも「シャレにならない」話ですよね。なぜ、わざわざ遠い東国から出させたんでしょうか。これは推測の域を出ませんが、大宰府のある北九州周辺の農民に武器を持たせて、そこを拠点にして反乱でも起こされたら困る、ということだったのかもしれません。

こぼれ話『万葉集』に残る防人の歌

これはもう、その率直な思いが胸をうちます。どうして、こういうものが残っているのでしょうか。東国から大宰府つまりいまの福岡県まで、長旅ですよね(もちろん、自動車も新幹線もありません。自分の足だけです…運脚も同じですが)。途中途中で小休止をとり、焚火を囲んで、兵士にとられた人は思いを歌にのせて歌い、付いている役人が書きとどめたのでしょうか。忘れられない歌があります。

韓衣　裾にとりつき　泣く子らを　置きてそ来ぬや　母なしにして

子どもたちが「お父さん行かないで！」と父親の服の裾にとりついて泣いていたのに、置いてきてしまったよ。あの子たちにはお母さんがいないのに。

そんな事情があるのなら、辞退すればいいのに…それができないのが、公地公民。土地も民も国家のもの、その人個人のものではないのです。

調・庸を運ぶ運脚の負担といい、「防人を１人出したらその家は滅びる」負担といい、こんなの、「うまくいく」わけがありませんよね。『続日本紀』には、平城京での労役を終えた人が帰り道で力尽きたのか、道端の溝に死骸が転がり落ちているありさまが記されています。そういえば、教科書に必ず出てくる『貧窮問答歌』(筑前守〈筑前はいまの福岡県の一部〉だった山上憶良の作品)も思い出されますね。なお、『続日本紀』は、『日本書紀』の次につくられた国史です。

アジア諸国との関係、平城京

奈良時代の日本とアジア諸国とはどのような関係だったでしょうか？　どんな特徴が感じられますか？

？？？？

まずは中国、唐王朝との関係です。中国との関係で長いスパンでおさえておきたいのは、冊封(さくほう)ということです。中国は中華思想といって、「我こそが世界の中心」という自意識が強く、朝鮮半島の国々など、「中国が認めた王がその国の王である」という形で関係を持っていました。これが冊封です。…いや、日本列島の国々も偉(えら)そうなことは言えません。弥生時代の、九州北部の小国はもちろん、邪馬台国の卑弥呼だって、「親魏倭王」というハンコをもらっていたわけです。つまり「倭王」と認めてもらっていたわけですね。それが変わってくるのが、まだ謎に包まれている遣隋使のあたりからで、「対等外交」の感じがしますよね。遣唐使も、もちろん唐の方が進んでいることは間違いないですが、「王として認めてもらおう」などという姿勢ではないわけです。…このことは、もっとずっとあとに、「日本国王」と認めてもらう、という人が現れてきますので、頭の隅に置いておいてくださいね。

ほかのアジア諸国、具体的には新羅と渤海ですが、渤海とは基本的に友好的ですけれども、新羅とはしばしば関係が緊張します。この辺の両国との関係は、教科書にも、こんな感じで書かれていますね。

渤海は、唐・新羅との対立関係から727(神亀(じんき)4)年に日本に使節を派遣して国交を求め、従属するかたちをとり、日本と友好的に通交した。　(㊍p.42)

唐で安史(あんし)の乱(755～763)がおこり混乱が広がると、渤海が唐・新羅に進出する動きに応じて藤原仲麻呂(なかまろ)は新羅攻撃を計画したが、実現しなかった。

(㊍p.42)

「なぜ新羅を攻撃しようと考えたのか」これはリアルに考えたいテーマですね。

続いて、平城京の貴族の生活、人々の日頃の思いや祈りについて、次のこぼれ話をどうぞ。

こぼれ話　ずいぶんリアルに分かってきた

大宝律令ののち制定された養老令の中で、貴族の服装について細かく規定されています。右の写真をみてください。男性は位袍と呼ばれる上着に袴をはいていました。皮靴をはいているのも面白いですね。女性も上下セパレートで、靴をはいていました。男女とも、衣服には上等な絹を用いていたようです。

▲貴族の服装

食事については、やはり木簡の威力！　有名な長屋王という人がいます(→p.71)が、彼の屋敷跡から1988年に約３万点に及ぶ大量の木簡が出土しました。贄と呼ばれた天皇家の食料に付けられていたとみられる荷札の木簡も含めて再現してみると、以下のような食事を食べていたようです。白米のご飯、鮑・鰹・海老・なまこ・蛸・牡蠣・鮭・鯖などの海産物、鹿・猪・キジなどの肉、海苔やワカメなどの海草、梨・桃・胡桃などの果物、漬物や野菜のゆでもの、汁物に蘇と呼ばれる乳製品など、なかなか豪華だったようです。箸を使う風習もこの頃から、という説もあります。

「日頃の思いや祈り」については、1989年に「発掘30年記念」と銘うって上野の東京国立博物館でおこなわれた、「平城京展」を見に行った際の印象が強烈です(実は平城京は、まだまだ「発掘の途中」で、これからもっといろいろな発見があると思いますから、楽しみにしていましょう)。

1989年の展示で、「まじないや呪いに使われた土器片、木製の人がた」に興味をもった私は、学芸員の方に説明を求めました。その中でいまでも忘れられない「まじないに使われた土器片」のお話があります。そこには、墨で「我　君　念」の３文字が書かれていました。のんきな私は、てっきり「誰かの幸せを願っているのか、恋しい人を思う気持ちを表したものか」と思いました。ところがギッチョン、そこで聞いたのは、こんな説明だったと思います。

「これは道教のまじないで、夫婦が別れられるように、という思いで書かれたものです。『我思う、君の心は離れつる。君も思わじ我も思わじ』と読みます。」

▲まじないに使われた人がた

ある意味、「奈良時代も現代も、そこに生きる人の苦しみは同じなんだな！」といった思いにとらわれました。

あと平城京では、市が注目されます。それでは、ここで問題です。

平城京の市では、どういうものが売り買いされたでしょうか？　また、有名な「和同開珎」はどのくらい使われていたのでしょうか？

？？？？

教科書にはこう書いてあります。

左京・右京には官営の市が設けられ、市司がこれを監督した。市では、地方から貢納された産物、官人に禄として支給された布などが交換された。（㊔p.43）

▲和同開珎

最後に「交換された」とあるのに注目してください。「物々交換」が主だったようですね。そして、708年に鋳造された和同開珎ですが、教科書には、

銭貨は平城京造営で使役された人々に労働の代金として支給され、政府はさらにその流通を目指して711（和銅４）年に蓄銭叙位令を発した。京・畿内では調を銭でおさめさせたが、一般には稲や布などを交換手段とする交易が広くおこなわれていた。（㊔p.43）

とあります。蓄銭叙位令は711年に出されました。

蓄銭叙位令

（和銅四年冬十月甲子）詔して曰く、「夫れ銭の用なるは、財を通して有無を貿易する所以なり。当今、百姓❶なほ習俗に迷ひて未だ其の理を解せず。僅に売買すと雖も、猶ほ銭を蓄ふる者無し。其の多少に随ひて節級して位を授けよ。其れ従六位以下、蓄銭一十貫以上有る者には、位一階を進めて叙せよ。廿（二十）貫以上には二階を進めて叙せよ。

❶貴族・役人や下層民を除いた、一般の人々。（『続日本紀』）

「流通が目的なのに『銭を蓄えよ』かよ！」とツッコミを入れたくなります。この法令は銭貨の死蔵を招いたため、800年に廃止されたとされています。

平城京といえば、「なんと大きな平城京」(遷都した710年の語呂(ごろ)合わせ)。「あをによし」という枕詞(まくらことば)(青い瓦(かわら)と丹(に)塗り柱の異国風の建物から)といい、「美しい都」のイメージがありますが、その一方、『続日本紀』にある、こうした実相も見落とせません。

諸国の役民(えきみん)、造都に労して奔亡(ほんぼう)なほ多し、禁ずといへどもやまず

平城京の造営工事にかり出された人々が次々に逃亡している様子が分かります。

権力争いに勝利するカギは？

教科書の奈良時代の記述をみると、まぁ、なんと権力争いが絶えないことか。その時その時でトップを走っていた人を挙げてみると、藤原不比等(ふひと)、長屋王、不比等の四子、橘諸兄(たちばなのもろえ)、藤原仲麻呂、道鏡(どうきょう)、藤原百川(ももかわ)。

ここで問題です。

Q8　権力争いを制するためのポイントは、何だったのでしょうか？

？？？？

一番分かりやすいのは、仲麻呂から道鏡に変わるところと、道鏡が失脚するところだと思います。系図を参照しながら、権力争いを眺(なが)めてみましょう。

まず藤原不比等ですが、誰の息子ですか？　そう、亡くなる直前に「藤原」の姓をもらった中臣鎌足の息子ですね。彼は持統天皇から絶対の信頼を受けていたと思います。ここで、「天皇の跡継(あとつ)ぎ問題」を考えてみましょう。持統天皇(即位する前の呼ばれ方は、鸕野讃良(うののさらら))が天武天皇の跡継ぎに考えていたのが、自分と天武天皇との間に生まれた草壁皇子(くさかべのみこ)で、そのために有力なライバルである大津皇子は謀反(むほん)の疑いで死に追いやられた、とも考えられています(中大兄皇子以来の権力争い、イヤですね。有間皇子は覚えていますか？(→p.50))。ところがギッチョン、草壁皇子は早くに亡くなってしまいます。草壁皇子には男の子がいましたが、まだ幼い。そこで鸕野讃良は自分がしばらく称制(→p.52)をおこなったのち、持統天皇として即位します。そして草壁皇子の子どもが15歳で即位して文武(もんむ)天皇になるのですが、ここで唐にはない、

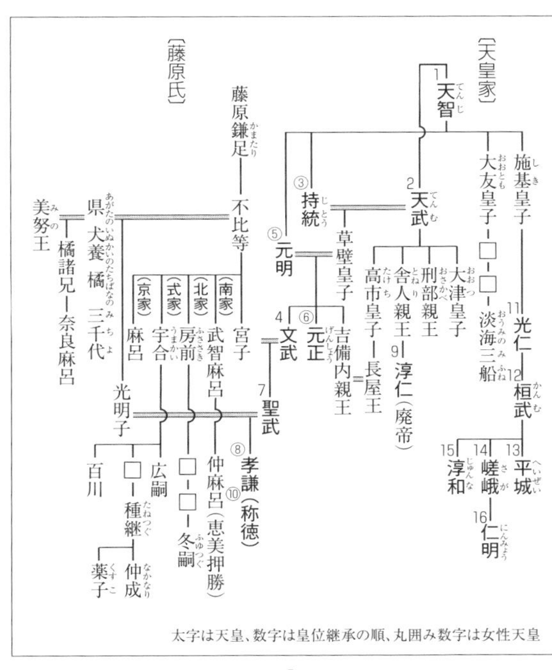

太字は天皇、数字は皇位継承の順、丸囲み数字は女性天皇

▲天皇家と藤原氏の関係系図①

「太上天皇」という「立場」を持統天皇のために創り上げたのが不比等だと考えられています。持統太上天皇の誕生です。不比等は文武天皇に娘の宮子を嫁がせ、2人の間に首皇子(のちの聖武天皇)が生まれます。しかし、このあとたいへんなピンチに見舞われます。それは、まだ若い文武天皇の死です。首皇子はいますが、まだ幼い子どもです。そこで、とんでもない荒業がおこなわれました。…こんなことができるのは不比等しかいないと思います。文武天皇の母親の阿閇皇女を元明天皇として即位させたのです。子から母という前代未聞のこの即位について、その時の詔に「不改常典(改められることのない決まり)」という言葉を使い、その内実としては「皇位継承は先帝の意思による。これは天智天皇の遺したものである」と説明しています。先帝の文武天皇の「意思」は本当にあったのでしょうか。天智天皇の遺志というのも「?」です。この間に不比等は701年大宝律令、710年平城京遷都、712年『古事記』、720年『日本書紀』の完成に心血を注いだと考えられ、『日本書紀』の完成の3カ月後に亡くなっています。

その一方、首皇子には自分の娘の光明子を嫁がせました。…あれ?ですよね。そうです。

首皇子は、自分の母親の宮子の妹、ですからおばさんにあたる女性と結婚したわけです。…当時は珍しいことではありません。

さて、不比等の死後、権力を握ったのは長屋王でしたが、光明子を首皇子の皇后にすることに反対していたと言われています。皇后は、持統天皇の例のように「次期天皇」になる可能性もあり、それまでは皇族に限られていたのです。長屋王は、不比等の子どもたちに「謀反の疑いがある」などとされ、自殺に追い込まれます。光明子はめでたく(?)皇后になりました。皇族以外でなった最初なので、「初の人臣皇后」と言われます。

ところがバチが当たったのか、長屋王を自殺に追い込んだ不比等の子どもたちは、次々に天然痘でこの世を去ってしまいます。

こぼれ話 天然痘の恐怖と「つい最近の撲滅」

奈良時代の頃の日本人にとって、天然痘は恐怖以外の何ものでもなかったでしょう。発疹ができ、高い熱が出たかと思うと、あっという間に亡くなってしまう。奈良時代どころか、「科学的な医療」がおこなわれないうちは、あやしげな祈禱(お祈り)とか、に頼るくらいが関の山でした。世界的にみても、「ワクチンの予防接種」みたいなことは、18世紀にジェンナーが子どもに注射したものに始まるのではないでしょうか。

天然痘は予防接種やいい治療薬の開発のおかげで次々に患者の数が減り、1980年に「WHO(世界保健機関)が天然痘根絶宣言を出した」というニュースを目にして、「やったー!」と快哉を叫びましたが、すぐに「いくつかの国で天然痘のウイルスを保管しているが、それを悪用されないようにすべて死滅させるべきか、それとも将来再発してパンデミックになる事態に備えて保管しておくべきか」という議論のニュースを聞きました。その結果、保管しておくことになり、最近ヨーロッパなどで流行している「サル痘」の予防に、この天然痘のワクチンが効くようです。

その次に権力を握ったのは、さっきの系図にも名前のある橘諸兄で光明子とは異父兄妹にあたります。教科書にもある通り、彼は唐から帰国した吉備真備や玄昉を重用しましたが、とにかく聖武天皇の信頼を勝ち得ていたようです。彼の治世の最中に藤原広嗣の乱が起きますが、この時広嗣は「天災地異が起こるのは時の政治が悪いからだ」という意見書を出したことが記録にあります。前に「律令制度のもとでの民衆の過重な負担」についてお話ししましたが(→p.65〜66)、「けっこう偉い人たち」の目にも、そうしたことが「問題」として映っていたのではないでしょうか。…そういえば、山上憶良が『貧窮問答歌』をつくったのも筑前守の時に見聞したことがもとであったと考えられています。

国司の長官はどんな人でしたっけ？…そう、都の貴族でしたよね。(→p.62)

ところがギッチョン、聖武天皇が光明子との間にできた娘に跡を継がせたあと(聖武天皇の呼ばれ方は？…そう、太上天皇でしたね。その皇后だった光明子は、光明皇太后と呼ばれるようになります)、光明皇太后の絶大な信頼を勝ち得た人が、次の権力者トップになる藤原仲麻呂です。橘諸兄の子どもの奈良麻呂が反乱を起こしました。奈良麻呂は「東大寺の造営で人々が苦しんだ」ことを、乱を起こした理由にしていたと記録にあります。藤原広嗣と似ていますね。仲麻呂は聖武天皇の次の孝謙天皇に代えて淳仁天皇を即位させます。

さぁ、その仲麻呂も、光明皇太后が亡くなると、その地位が微妙になってきます。折しも孝謙太上天皇の信頼(というか愛情？)を勝ち得てめきめきと頭角を現してきた僧の道鏡が権力を振るうようになると、仲麻呂は挙兵して滅ぼされてしまいます。淳仁天皇はやめさせられて淡路(兵庫県の一部)に流され、孝謙太上天皇が再び皇位について(何と言いましたか？…そう、重祚ですね)(→p.51)称徳天皇になります。

そうすると道鏡の天下！　称徳天皇は太政大臣禅師などの呼称を創設して彼に与え、彼はなんと天皇になろうとした、というのは有名な話ですよね。

こぼれ話　エロ坊主道鏡？？

このタイトルは、私が受験生の時につけたもの。孝謙太上天皇が病気になって、いま風に言うとマッサージみたいな治療をしたら惚れられて…というエピソードがあり、それを聞いてひらめきました。ホントはどうか分かりません。とにかくイケメンで宮中で道鏡が通ると女官たちがみんな振り返ったとか、そんなエピソードもあります。

いまの大分県にある宇佐八幡宮から「道鏡を皇位につけよ」という神様のお告げが出た、という知らせを受けたあとのてんまつをご存知ですか。そのお告げがホントか和気清麻呂という人が確かめに行きました。この人すごい硬骨漢だと思います。帰京して「それは嘘です」と報告します。天皇は怒ったのか、「おまえは明日から別部穢麻呂と名乗れ」と言って流罪にしたというお話が記録されています。

それが称徳天皇(孝謙太上天皇重祚)が亡くなった途端、今度は道鏡が下野(いまの栃木県)のお寺に左遷されてしまうのです。流罪となっていた清麻呂は京に戻されたそうです。

以上をみてきて、Q8の解答、分かりましたか？　「権力争いを制するポイント」は、天皇や皇太后、太上天皇との関係だと思います。

道鏡は称徳天皇の死をきっかけに没落し、ここで藤原百川たちは、それまでの天武天皇系の天皇とは違って、天智天皇の孫である光仁天皇を即位させます(→p71系図)。この時光仁天皇は齢60を超えており、「とても自分は天皇になれないだろう」と思っていたので、自分を推してくれた藤原百川たちに感謝し、彼らを重用したと伝えられます。これにて「奈良時代の権力争い」のお話はめでたく（？）終了！

いかにも日本的な土地政策

さて、先ほどから「律令制度の税や兵役は、民衆にとって過重な負担だった」という話をしてきました。かつて私は、「そこで『公地公民の原則』を早々と諦めた」という説明で、723年の「三世一身法」や743年の「墾田永年私財法」を理解していました。

ところが、どうもそれだとリアルにつかめないのです。例えば、ずっとあとの平安時代末期になっても、国司たちは「公地公民」と言い続けているようなのです。「私有地を認めても、建前は公地公民」。あ、そうか。これは日本の歴史によくみられるヤツだな、と思いました。言葉にするのはちょっと難しいのですが、「原理原則よりも、現実にあわせていく」、良く言えば運用上手、悪く言えば節操がない、そんな特徴です。

こぼれ話　何でも取り入れ、現実にあわせる

英語を勉強していて感じました。「英語って、理屈っぽいなぁ！」。例えば、主語がなくて動詞が先頭にあったら命令文とか。「使い慣れたら、すごく分かりやすいんじゃないか」と思いました。いまだに「使い慣れて」いませんけど。

それに比べて、日本語は融通無碍というか、いいかげんというか…。例えば「ヤバい」という同じ言葉でも、まったく意味が反対になったりしますよね（それは英語でもありそうですが）。

「神仏習合」ってありますが、敬虔なキリスト教徒やイスラム教徒の人たちなんか、絶対に理解できないんじゃないでしょうか。お寺に鳥居があったり、神様のかっこうをした仏像があったり、それでいてクリスマスを祝ったり…。何でも「良い」ものは取り入れる。

話を戻すと、「公地公民」と「私有化」は矛盾しないのですね、この国では。教科書にもありますが、「**政府の掌握する田地を墾田にまで拡大することにより土地支配の強化をはかる積極的な政策**」(㊙p.48)だったわけです。しかし世の流れとしては、教科書にあるように大寺社などに国司や郡司が協力して初期荘園をつくったり、有力農民が税負担を逃れながら経営を拡大したり、まぁ簡単に言えば「けっこうみんな勝手なことをする」雰囲気になっていったことは否めないと思います。この「けっこうみんな勝手なことをする」流れは、次の平安時代をみていく時に重要になるので、頭の隅に置いておいてください。農民の浮浪・逃亡も増えていき、「税や兵士が集まらなくなる」という点で、ものすごく深刻な事態も進行していました。

仏教文化が頂点に――天平文化

先ほど権力争いをみた時に、藤原広嗣の乱ってありましたね。あれで、ときの聖武天皇は、ほとほと参ってしまったようです。乱が起こったのが740年。聖武天皇にとっては、不比等の四子すら次々に犠牲になったように猛威を振るう天然痘の脅威、飢饉の続発などが重なって、都を転々と移しました。恭仁京、難波宮、紫香楽宮です。「奈良時代は、すべて平城京」ではないのですね。そして天皇は、「仏教にすがる」思いを強めていったようです。

741年、日本中の諸国に国分寺・国分尼寺をつくらせ、743年には大仏造立の詔を発します。

文化は政治・社会の反映で、まだまだこの頃の文化遺産は為政者が号令をかけたりしてつくらせたものが多いですから、文化の代表作も、どうしても仏教関係のものが目立ちます。あと、「国家意識の高まり」。これは白鳳文化(→p.60)

の延長ですね。『古事記』『日本書紀』『風土記』がつくられました。さらに唐をお手本にし、貴族・豪族たちには漢詩文が流行しますから、現存最古の漢詩集である『懐風藻(かいふうそう)』も完成します。漢詩は絶句(ぜっく)と律詩(りっし)、五言(ごごん)や七言(しちごん)でつくられますが、和歌も、おなじみの五・七・五・七・七の短歌以外にも長歌など、いくつかのパターンが確立してきて『万葉集』がつくられます。

こぼれ話 弾圧されたが、最後は頭を下げさせた行基(ぎょうき)

行基というお坊さんは、当時仏教を統制しようとした朝廷にさからって、民衆に布教し、あわせて用水施設や救済施設などをつくり、民衆の熱狂的な支持を受けたと言われています。

東大寺の大仏づくりがうまくいかなくて、ついに朝廷は行基の人気に頼らざるを得なくなります。行基に朝廷が頼ったということは、逆に、おそらく大仏づくりに一般ピープルを動員しようとしても思うように集まらなかったり、集まっても逃げ出したりしたんでしょうね。

最後に、天平(てんぴょう)文化の仏教彫刻の特徴について。これは一言「リアルな描写」、これに尽きます。有名な鑑真(がんじん)像の写実的な迫力はどうでしょう。ただ単に「似ている」といったレベルを超えて、内面まで描いている感じがしませんか。これこそ「写実」ということなんでしょうね。

あと私が「なんかユーモラス」と感じて好きなのが、写真の東大寺戒壇堂(かいだんどう)の四天王(してんのう)像(ぞう)の足元の邪鬼(じゃき)と呼ばれる連中です。仏教における守護神である四天王に踏みしめられていますが、どこか憎(にく)めない感じを受けるのは、私だけでしょうか。

▲東大寺戒壇堂四天王像(持国天(じこくてん))

第6章 奈良時代から平安時代へ
古代から中世への転換期　実は不安時代

とっても長い平安時代——東アジア全体の激動の時代

ある大学生に「平安時代って、江戸時代より長いんですね」と言われて、あっと声をあげそうになりました。ホントだ…。

これまで、皆さんに偉(えら)そうに「**盲点**、**陥穽**(かんせい)がありますよ」などと言ってきましたが、「平安時代は江戸時代よりも長い」というのは、ぶっちゃけ、私の盲点でした。「時間の長さで考える」というのは、歴史をみる場合にとても大切です。

こぼれ話 人類は地球の新参者

「地球の歴史を24時間のフィルムの映画にしたら、人類はいつ頃登場するか」という問いがあります。ちょっとやってみましょうか。

地球の歴史は46億年と言われています。これを24時間として、人類の登場が700万年前として、これをXとする。そうすると、

4600000000：24時間＝7000000：X

を解けばいいわけです。計算しようとすると分かりますが、24のままではXが小さくなりすぎるので、24時間を秒の単位にしましょう。

1時間が60分だから、24×60＝1440分、1分が60秒だから1440×60＝86400秒。ということは、4600000000：86400＝7000000：Xで、86400×7000000＝4600000000Xとなります。Xを求めるのに、両辺同じ数で割れますから、同じ数だけ0を消すと、864×7＝46Xです。X＝(864×7)÷46でXはだいたい65.7秒。

つまり、地球の歴史を24時間の映画にしたら、人類はラスト1分くらいで登場するわけです。皆さんは、このことから、どんなことを考えますか？地球の新参者の人類は、地球上の生物で初めて意識的に環境に手を加え、ものすごく豊かな生活を手にしましたが、その一方、環境破壊という大きな問題もそのラスト1分で生じさせているのです。

さて、「江戸時代は約260年も続いた。どうしてだろう？」という問いは大切だと思います。あとで考えてみましょうね。それは徳川氏という一族が

日本をそれだけ支配した、という点で「日本史上ほかに類をみない」ので大切なわけです。平安時代は「同じ一族が…」というわけではありません。だから江戸時代とは質が違いますが、それでも「長く続いた」ということは、日本の歴史にある程度の影響は与えた、と思います。どういうことでしょうか？例えば、次の鎌倉時代からずっと、それこそ江戸時代まで、「日本の首都」と言うべきだったのは、どこでしょう？　それは、朝廷が存在し、御所のあった京都だったのではないでしょうか。

その一方、平安時代は「武士」が登場した時代でもあります。これまでの流れをざっくり振り返ると、身分の差がなかった原始社会から、身分の差が生まれ、古代社会に入りました。唐にならって「天皇中心の中央集権国家体制の形成」がみられて、一応の完成をみるわけです。その社会の中で、武士が登場することをどうみるか？　その後、武士はどうなるのか？　朝廷と幕府との関係は？　日本の平安時代の途中に唐も滅びます。その後、中国はどんな国をつくり、それと日本はどんな関係を結ぶのか？

いやいや、東アジア全体に目を広げてみましょう。唐だけでなく、唐にならって律令制度を導入した(日本と同じですね)新羅(しらぎ)や渤海(ぼっかい)(→p.61)は、滅んでいるんです。なんという激動の時代でしょうか。

いろいろ重要なテーマがありそうですね。ごちゃごちゃしそうになったら、どうするんでしたっけ？

そう、そういう時こそ「**俯瞰**(ふかん)」の視点が大切です。教科書も、そういう視点でみると、３つの時期に分けています。

⑴平安京に遷都(せんと)して、天皇を中心として律令制の再建に取り組んだ平安時代初期、⑵摂関政治に代表される平安時代半ば(ここで武士の存在が目立ってきます)、⑶院政に代表され、最後に平氏政権の誕生をみる平安時代末期。

平安時代末期からは、古代社会に代わって「中世社会」とネーミングされます。そうです。平安時代はざっくりみると、「古代から中世への転換期」と言っていいと思います。一言で言って、激動の時代なんです。**「平安」な時代じゃない**んです。

怨霊を恐れる時代――平安時代初期 その1

「平安京遷都の前に、別の遷都プランがあった」と聞くと、ビックリされる方も多いのではないでしょうか。

でも教科書には、こう書いてあります。

光仁天皇❶の政策を受け継いだ桓武天皇は、仏教政治の弊害を改め、天皇権力を強化するために、784(延暦3)年に平城京から山背国の長岡京に遷都した。

❶本書 p.74参照。

(教p.55)

このままだったら、奈良時代の次は長岡時代だったかもしれません。「なくよウグイス平安京」というのは語呂合わせとしていいけど、「なはよ」って、語呂合わせになりませんね。

こぼれ話 早良親王の祟り

桓武天皇は、もと山部親王といって、皇太子ではありませんでした。もとは光仁天皇と皇后である井上内親王(聖武天皇の娘)との間の子どもである他戸親王が皇太子でしたが、井上内親王と他戸親王は光仁天皇を呪ったとして排除され、山部親王が皇太子になりました。山部親王の母親である高野新笠が百済系渡来人の出身であったことから反対の声もあったようです。…桓武天皇の生母が百済系の人だったことは、かつて現在の太上天皇(前天皇)が2001年の記者会見で言及されて、「歴史をよく勉強されている!」と感動したものでした。それは、翌2002年にサッカーのワールドカップが、日韓共同で開催されることにちなんだ質問に答えられたものです。

さて、長岡京遷都の準備が進む中で、その建設責任者だった藤原種継が何者かに暗殺され、桓武天皇の弟で、当時皇太子だった早良親王たちが逮捕されます。早良親王は無実を訴えて絶食し、亡くなってしまいますが、その直後から高野新笠や桓武天皇の皇后、夫人が次々に発病するなどしてこの世を去り、新しい皇太子(のちの平城天皇)も体調がすぐれず、陰陽師に占わせたところ「早良親王の祟り」ということでした。桓武天皇は、それから早良親王の祟りにひどくおびえたようで、「崇道天皇」という諡号(→p.55)をおくって霊を慰めました。映画『陰陽師』(2001年)で、真田広之扮する悪役が妖怪の親玉を地上に蘇らせた時、「早良親王さまぁ～」と呼びかけていたのがミョーにリアルでした。

桓武天皇は、初め弟を皇太子にしていたのに、この藤原種継暗殺事件を機に、我が子の安殿(あて)親王を皇太子にしました。…なんか、デジャブ、既視感がありますよね(天智天皇と大海人皇子ですね。結果はあの時と真逆ですが)。まぁ、桓武天皇の本意は分かりませんが。こうして、怨霊(おんりょう)を恐れる時代となりました(奈良時代の藤原広嗣(→p.72)も祟りを恐れる声があったようです)。

建設責任者の藤原種継は暗殺されてしまうし、早良親王の祟りはあるし、ですっかりミソがついた長岡京遷都は取り消しになり、平安京への再遷都が決まります。

為政者はこうあって欲しい　桓武天皇の政治――平安時代初期 その2

なんか冴(さ)えない始まり方をした平安時代ですが、私は「桓武天皇はよくやったんじゃないか」と感じています。ここで問題です。

Q1 桓武天皇の政治について、まとめてみましょう。

? ? ? ?

教科書では最初に、東北で蝦夷(えぞ)が生活している地域への支配の拡大政策が書いてあります。このあとの時代で重要になる「征夷大将軍」という呼称も、漢字をご覧いただけば一目瞭然(いちもくりょうぜん)であるように「蝦夷を征伐する」役目であるわけですね。…私はどうしても「北アメリカ大陸での、インディアン(ネイティブアメリカン)居住地への白人入植者の『侵攻』」を思い浮かべてしまいますが、皆さんはいかがですか？

蝦夷への政策などをめぐって、「徳政(とくせい)の相論(そうろん)」と呼ばれるものがおこなわれます。大学入試の問題でよくみますが、どう出題されていると思われますか？　『続日本紀』の次の国史である『日本後紀(こうき)』をのぞいてみましょう。

徳政の相論

(延暦二十四〈805〉年)……勅有りて、参議右衛士督(うえじのかみ)従四位下藤原朝臣(あそん)緒嗣(おつぐ)と参議左大弁正四位下菅野(すがのの)朝臣真道(まみち)とをして、天下の徳政(良い政治）を相論せしむ。時に緒嗣、議して云く、「方今、天下の苦しむ所は軍事と造作となり。此の両事を停めば百姓安んぜむ」と。真道、異議を確執して（自分の意見にこだわって）肯えて聴かず。帝、緒嗣の議を善しとし、即ち停廃に従ふ。（『日本後紀』）

入試では「軍事と造作とは何か」と聞かれることが多いのですが、教科書にある通り、蝦夷との戦争と平安京造営なんですね。参議というのは、新たに加わった太政官の官職の１つです。

ともあれ、藤原緒嗣の提起を取り入れて、蝦夷征伐と平安京造営は中止されました。…平城京から平安京へ、工事の途中で移動したのですね。そして、このまま平安京は「未完成」のままになってしまいます。

でも桓武天皇は、「天下の百姓が苦しんでいる」ということで、都づくりもやめてしまうのですね。こういった姿勢は、ほかの政治改革にもみられます。教科書には次のように書かれています。

国家財政悪化の原因となった地方政治の緩みをなくそうとし、増えていた定員外の国司や郡司を廃止するとともに、新たに勘解由使を設けて、国司の交替の際の事務引継ぎをきびしく監督させた。軍事面では、……792（延暦11）年に東北や九州などの地域を除いて軍団と兵士を廃止し、かわりに郡司の子弟や有力農民の志願による少数精鋭の健児を採用することにした。

（㊫p.56～57）

どうですか。75ページでお話ししたように、一般ピープルは税や兵役の重い負担に苦しみ、浮浪・逃亡が目立っていたのですよね。…ということは、朝廷にとって大問題です。調・庸は減るし、兵士も思ったように集まらないし。…ここで桓武天皇は、「軍団と兵士を廃止する」わけです。為政者はこうあってほしい、と思うのは私だけでしょうか？

こぼれ話　勘解由使って、変じゃないですか？

教科書に説明がありますが、勘解由使というのは解由状の授受の審査に当たった、ということは、「それが必要になる事情」があったわけです。ざっくり言えば、任期が終わった前国司が不正をしていないことを証明するのが解由状ですから、それがいいかげんだったわけです。こんな感じ？

国司Ａが任期を終え、次の国司Ｂが調べたところ、不正が見つかった。

「これでは解由状は出せません」と言われた国司Aは、解由状をもらわないと次の職務につけませんでしたから、表情をやわらげ、「ま、まぁまぁ、そうカタいことを言わないで。みんな、そうやっているんだから、アンタもうまくやりなよ」。

そう言われたBは「そんなものかな」と思い、つい解由状を発行してしまいます。月日が流れて、Bの任期が終わり、次の国司Cが任命されて現地にきました。Bについて調べると、不正発見！ 「これでは、解由状は出せません」と言われたBは、かつて自分がやられたように、Cに向かって、「ま、まぁまぁ…」と言いますが、どうも様子が変です。いいかげんなBとは違って、Cはカタい人物でした。Bは困って、「ちょっと待ってよ。僕の前任者のAだって、同じことしていたんだよ！」と言いますが、Cは表情一つ変えずに言い放ちます。「だって、あなたは解由状を発行しているじゃないですか」。

…「解由状の授受の審査が必要になった事情」を私なりに想像してみましたが、当時のリアルは、どうだったのでしょうか？

いまでも、高校生でも大人でも、何か悪いことをやったのを見咎(みとが)められると、「僕だけじゃないです」と言ったり、思ったりしますよね。時代を超(こ)えて、人の心は変わらない面もある感じがします。

リアルに迫れたかどうかは分かりませんが、不正があったかどうか調べて発行する解由状を審査しなければならない、って手間も二重だし、変じゃないですか？

さて、「為政者はこうあってほしい」と桓武天皇の政治をお話ししてきましたが、彼の政治の中にも、74ページでお話しした、「原理原則を固守するのではなくて、現実にあわせて対応する」日本的な対処法がみられます。それが「令外官(りょうげのかん)」(→p.61)(律令に規定がない新しい官職)で勘解由使もその1つでしたが、この手法は実は飛鳥時代からありましたし、このあとの平城天皇や嵯峨(さが)天皇にも受け継がれます。

ただ、それらがうまくいったかというと、十分な成果を上げるところまではいかなかったと評価されることが多いです。

律令がうまくいかなくて、桓武天皇らの政治改革も十分には成果を上げられない様子は、教科書にこう書かれています。

8世紀後半から9世紀になると、農民間に貧富の差が拡大し、有力農民も貧窮(ひんきゅう)農民も浮浪・逃亡など様々な手段で負担を逃れようとした。そして戸籍には、兵役・労役・租税を負担する成人男性を避けて、負担の少ない女性などの登録を増やす、偽りの記載(偽籍(ぎせき))が目立つようになった。こうして政府による農民把握は実態とあわなくなり、手続きの煩雑(はんざつ)さもあって、班田収授(はんでんしゅうじゅ)の実施はしだいに困難になっていった。　(㊎p.57～58)

桓武天皇は労役の1つの雑徭(ぞうよう)を年間60日から30日に半減しますが、事態はあまり変わらず、班田(口分田の割当て)が数十年もおこなわれない地域が増えていきます。その一方で朝廷は直営方式の田(官田(かんでん))をつくって財源の確保にも努めますが、

畿内に官田(元慶(がんぎょう)官田)を設け、……官田は諸司田(しょしでん)に分割されて各官庁の独自の財源となり、官人たちもみずからの墾田を増やして国家財政に対する依存を弱めた。天皇にも公費で開墾された勅旨田(ちょくしでん)、皇族にも天皇から与えられた賜田(しでん)があり、それぞれ独自の財源とされた。また、天皇と近い関係にあり、院宮王臣家(いんぐうおうしんけ)と呼ばれた少数の皇族や貴族は、私的に多くの土地を集積し、国家財政を圧迫しつつ勢力をふるうようになった。　(㊎p.58)

という傾向は重大です。平安時代をみるときに大切な視点を、第5章の奈良時代でお話ししましたね(→p.75)。何でしたっけ？　そう、「けっこうみんな勝手なことをする」でしたね。上に立つ天皇やその側近が、まずこういうことをしはじめたわけです。

摂関政治と浄土信仰——平安時代半ば　その1

Q2 摂関政治をおこなった藤原氏、彼らの権力掌握方法のポイントは？

？？？？

実は藤原氏の中にも、ざっくり言って藤原四家と言われるものがあります。あの、天然痘で亡くなった、不比等の四子を始祖とする四家ですね(→p.71の系図)。奈良時代の権力争いを、その四家の視点でもう一度復習すると、京家(きょうけ)はちょっと無視していいとして、まず南家(なんけ)の仲麻呂がトップに立ちました。でも乱を起

こして、南家も弱まります。式家は、広嗣の乱で衰えますが、道鏡を失脚に追い込んで光仁天皇を即位させた百川がいますね。さらに種継もいます。ところがギッチョン、桓武天皇の次の次の嵯峨天皇の時でした。薬子の変という事件の首謀者として仲成・薬子の兄妹が死に追いやられて、式家は衰えます。そして、この薬子の変で嵯峨天皇の信頼をゲットしたのが藤原冬嗣で、彼が属していた北家が藤原氏のトップになります。

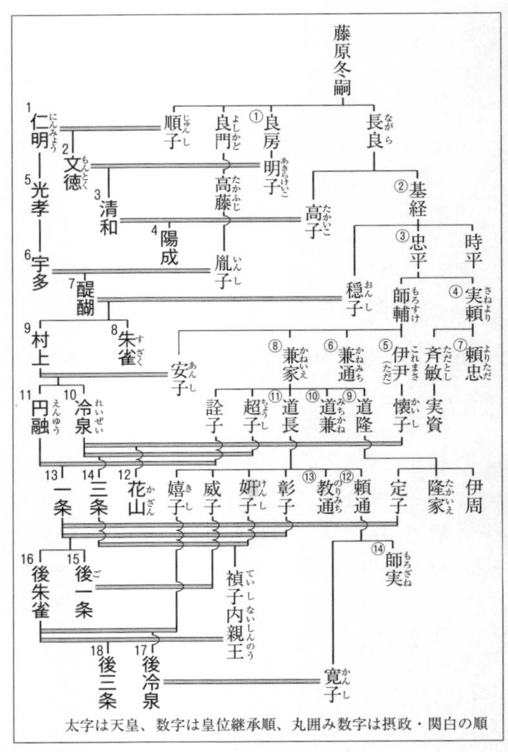

▲天皇家と藤原氏の関係系図②

そこからあとは有名なお話ですね。系図にある通り、冬嗣の子の良房から、ほかの氏族のライバルを次々蹴落とし、娘を天皇に嫁がせ、そこで生まれた男子を皇太子、天皇にして、その補佐役である摂政や関白の地位について権力をふるったわけです。菅原道真を追放し、さらに969年に源高明を左遷すると、もう藤原氏北家にかなう他氏族はいなくなり、むしろ北家内部の争いになります（とくに道長と伊周の叔父・甥の争いに注目！）。

なんでそんなにうまくいったのか？…ここで重要なのは、「天皇に娘を嫁がせて男子が生まれる」ということです。これを、よく覚えていてくださいね。

なぜそれが重要か、教科書にはこう書いてあります。

当時の貴族社会では、結婚した男女は妻側の両親と同居するか、新居を構えて住むのが一般的であった。夫は妻の父の庇護を受け、また子は母方の手で養育されるなど、母方の縁が非常に重く考えられていた。摂政・関白は、天

皇のもっとも身近な外戚❶として、伝統的な天皇の高い権威を利用し、大きな権力を握ったのである。

❶母方の親戚。 （㊔p.63）

ここに、藤原氏権力掌握のポイントがあったのですね。

さて、摂関政治といえば藤原道長です。彼の「この世をば」で始まる和歌は、あまりにも有名ですよね。

藤原氏の栄華

（寛仁二年十月）十六日乙巳、今日、女御藤原威子を以て皇后に立つるの日なり。前太政大臣の第三の娘なり、一家三后を立つること、未だ曾て有らず。……太閤❶、下官❷を招き呼びて云く、「和歌を読まむと欲す。必ず和すべし」者。答へて云く、「何ぞ和し奉らざらむや」。又云ふ、「誇りたる歌になむ有る。但し宿構❸に非ず」者。「此の世をば我が世とぞ思ふ望月の　かけたることも無しと思へば」。余❹申して云く、「御歌優美なり。酬答に方無し、満座只此の御歌を誦すべし。……」と。諸卿、余の言に響応して数度吟詠す。太閤和解して殊に和を責めず。

❶藤原道長。❷この『小右記』という日記の筆者、小野宮右大臣藤原実資の自称。❸前々から準備したもの。❹筆者の自称。 （『小右記』）

ところがギッチョン、もともと彼はノンビリした三男坊で、とても「権力を独り占めにする」タイプではなかったようだ、と言われているのはご存知ですか？　歴史小説の永井路子『この世をば』（新潮文庫、1986年）では、若い頃の平凡で目立たない道長が描かれています。

歴史を勉強していると、「小さい頃は、とてもそんな感じでなかった人が…」といった話に出くわします。私事ですが、私は小さい頃とにかく身体が弱くて、劣等感の塊だったものですから、そういう「へんし〜ん！」話は大好きです。坂本龍馬も…おっと、それはあとのお楽しみ。

こぼれ話　顔で笑って心で泣いて

先の有名な史料は、藤原実資という人が書いた『小右記』です。小野宮右大臣と呼ばれていた実資は、実は道長に批判的な目を持っていました。先のエピソードの7年後の記述には「天下の地、悉く一家の領となり、公領は立錐の地も無き歟。悲しむべきの世なり。」とあり、摂政・関白を独占する道長ら（当時摂関家と呼ばれた）に対する嘆きが記されています。

…ということは？　もう一度先の史料をみてください。「この世をば」の歌を聞いた実資は、「いやなんと優美な御歌でしょう。とても返歌などつくれません。皆さん、この歌を吟じようではありませんか」と言っているわけですが、顔で笑って心で泣いて…心にもないお追従（ご機嫌とり）を言っている光景が目に浮かびませんか。

さて、藤原道長は日記を残しています。彼は法成寺という壮麗な寺をつくり（いまは残っていません）、それにちなんで「御堂関白」と呼ばれた（ただし、彼は摂政にはなっていますが関白にはなっていません。これは大学入試の○×問題に出るポイントの１つです）ので、彼の日記は『御堂関白記』と呼ばれます。「この世をば」の歌を詠んだのが1018年。ということは、いまからほぼ1,000年前の為政者の日記が残っている（しかも自筆と考えられています！）ことになります。これって、すごくないですか。

『御堂関白記』は世界記憶遺産に登録されましたが、それも当然だと思います。『御堂関白記』には行事・儀礼の詳細が記されていて貴重な史料ですが、彼の本音までは分かりません。ここで、なかなか表面に出てこない、当時の貴族たちのリアルに迫ってみたいと思います。

私が注目しているのは、出世争いで「呪詛」が出てくることです。例えば、先ほどチラッと触れた、道長と出世争いをした甥の伊周についてです。彼は、道長を引き立てる、道長の姉の東三条院詮子を呪詛している、と疑いをかけられていたことが、当時を描いた『栄花（華）物語』に出てきます。ライバルから呪われたり、菅原道真の怨霊の祟りにおびえたりしていた、ということが当時のリアルな一面だったと思います。何の本で読んだか思い出せないのですが、こんなエピソードが心に残っています。伊周は道長との出世争いに敗れ、失意のうちに世を去りました。そうすると、今度は道長が、真昼間から伊周の亡霊におびえて寝込んでしまう、という話がありました。真偽のほどは定かではありませんが、「ありそうな話」だと感じます。この平安時代の半ばに平将門たちが反乱を起こしますが、その際に貴族たちは密教（→p.96）の僧侶に頼んで将門たちを呪詛したのです。

そう言えば、平安時代初期に、すでに呪詛事件があり、怨霊におびえる時

代となっていましたね。(→p.79)

こぼれ話 菅原道真の祟り、伊周・道長の争いと清少納言たち

　摂関政治が長く続く中で、例外的に摂政・関白が置かれずに天皇(醍醐・村上)が親政(自ら政治をおこなうこと)をおこなった時期を、当時の元号をもとに「延喜・天暦の治」と呼びます。菅原道真は、その醍醐天皇の前の宇多天皇に信任されましたが、宇多天皇が亡くなって醍醐天皇が即位すると、「道真は娘が嫁いだ斉世親王を天皇につけようとしている」というチクリが入り、道真は遠く九州の大宰府に左遷されてしまい、その地で亡くなります。するとあろうことか、右大臣の道真を左遷に追いやった左大臣の藤原時平が39歳で急死、道真のあとがまの右大臣も急死、醍醐天皇の子で皇太子が21歳で急死、その皇太子と時平の娘の間にできた子も急死、さらには落雷があって複数の貴族が死ぬ、と続きました。醍醐天皇も落雷の3カ月後には亡くなってしまいます。これらが道真の祟りとされ、神様としてまつったのは、「どうか祟らないでおくれ」という考えからでしょうね。

　伊周の父親である藤原道隆は一条天皇に娘の定子を嫁がせていましたが、道隆の弟である道長も、一条天皇に娘の彰子を嫁がせました。その争いのために、道隆は定子に、道長は彰子に女官をつけましたが、それがそれぞれ清少納言と紫式部だった、というのはご存知ですか？　道隆は亡くなって、その子どもで道長には甥にあたる伊周と道長が争うことになるわけです。

　あとで文化でも触れますが、当時「浄土信仰」というのがはやります。末法思想という、「この世はもう末だ」という考えが広まり、「せめて、あの世、つまり死んだら極楽浄土に行きたい」という人々に「南無阿弥陀仏の念仏を唱えれば、極楽に行ける」と説いたものです。これが、当時の庶民から貴族までの心をとらえました。ここに、この平安時代半ばという時期をリアルにつかむポイントがある、と思います。もちろん藤原道長も例外ではなく、晩年は糖尿病などに苦しみ、法成寺(→p.86)の阿弥陀堂で9体の阿弥陀如来像(極楽に連れて行ってくれると信じられた。だから念仏は「なむ！　あみだぶつ」)と自分の手を5色の糸で結んで62歳の生涯を終えた、と言われています。そして、道長の息子でやはり栄華の極みを味わったと思われる藤原頼通が宇治の別荘を寺に変えたのが平等院鳳凰堂で、そこには阿弥陀如来像が置かれました。お堂の美しい様子は「極楽を再現した」ように感じられます。

こぼれ話　平等院鳳凰堂が完成した年は？

「平等院鳳凰堂、みんなが持っているものに描かれているよ」と高校生たちに言って10円玉に注目させるのですが、この建物が完成した年も、末法思想に関係があります。お釈迦様が亡くなってから、その教え・修行する者・悟りがそろう正法と言われる時期が1000年続き、その次の1000年間は悟りが欠ける像法の世が続き、次に修行する者も欠ける末法の世がくるという説で、災いと戦乱により世界は滅ぶとされました。

頼通の別荘が平等院とされたのは、その末法の世に入るとされた1052年で、鳳凰堂が完成したのは翌1053年だったのです。

先ほど、醍醐天皇が親政をおこなった、とお話ししました。それは「延喜の治」と呼ばれますが、その中で902年におこなわれた班田が、最後のものになったのです。実は班田収授という、口分田を割り当てる作業の前には、国家がきちんと耕地を開墾していたのです。当時、それは可能だったでしょうか？　戸籍の土地から、農民の浮浪・逃亡が目立っていましたよね。

一方、天皇やその側近は勝手に私有地を増やそうとし、有力農民もそうした動きを始めていました。「けっこうみんな勝手なことをする」(→p.75)この平安時代半ば、律令の規定は完全に現状とあわなくなっていたのです。

武士が登場した——平安時代半ば　その2

なぜ武士が登場したのか、考えてみましょう。

? ? ? ?

ちょっと考えてみてください。武士って、その名前の通り、武装していますよね。現代で考えてみると、軍隊？　警察？…でも、そういう風に「政府から任命された」という人もいないわけではありませんが、基本、「勝手に武装している」というイメージ、ありませんか？　その中から、軍隊や警察の役目に任命された人もいた、ということだと思います。

もし仮に律令制度がうまくいっていたとしたら、そんな、「勝手に武装している」人たちは、いまで言う凶器準備集合罪（凶器を持って集まっているだけで罪に問われる）で逮捕されるんじゃないでしょうか。

備中国邇摩郷の状況

660年：優秀な兵士２万人を集めた
765年頃：課丁（調庸などを負担する男子）1,900余人
859年頃：課丁70余人
893年：課丁９人
911年：人口ゼロ

（三善清行「意見封事十二箇条」）

902年、朝廷は延喜の荘園整理令を出しました。しかし、同じ年につくられた阿波国（いまの徳島県）の戸籍では５戸435人のうち男59人・女376人というように、とてもまともに班田収授がおこなえる状況ではなくなっていたし、年表にある邇摩郷のように、地方において「成年男子がいない」、つまり「調・庸や兵士がそろわない」状況のところもあったようです（あまりのヒドさ、信じられませんけど）。

902年を最後に、班田を命じる史料はみられなくなります。

そこで朝廷は、ざっくり言って「国司にすべてを委ねる」ことにします。国司の最上席者は受領と呼ばれるようになり、任地を自分の私領のように考えて、「任期中にどれだけ儲けるか」に血道を上げるようになります。そんな人ばかりではなかったかもしれませんが、「受領は倒るるところに土をもつかめ」と言ったという信濃守（いまの長野県知事）藤原陳忠など、強欲さがいまに伝わるような話が残っています。

国司は自分の私利私欲のことしか考えない、そういう中で盗賊も出てくるし、自分の土地を守るために武装する者も出てきました。こういう時代の変わり目を物語るエピソードとして、『類聚三代格』という本に載っている太政官符（太政官が出した文書）の１つを現代語訳で紹介したいと思います。

上野国では、最近、強盗による被害がはげしくなっている。強盗の素性を調べてみると、みな僦馬の党から出ている。東国の富豪層は、馬で物資を輸送するが、その馬はみな掠奪したものである。東山道の物資輸送隊を襲って馬や物資を盗み、東海道でその馬を使って物資を輸送し、東海道で馬を奪って東山道で物資輸送をおこなっている。

（『類聚三代格』、現代語訳）

つまり、かつてはおこなわれていた運脚のシステム（→p.65）が崩壊し、物資の輸送を請け負っている豊かな農民たちが、また別の場所では強盗になっている、というわけです。こういう状況の中で、豊かな農民たち、かつての地方豪族、

国司として中央から地方に行ってそこに土着した者たちなどが武装し、自ら土地を開発するようになりました。彼らを開発領主と呼びますが、彼らは国司と交渉して、税の一部をまけてもらったりしていました。

しかし、ここで考えてみてください。国司は国司で、任期(だいたい4年ということが多かったようです)の間になるべく儲けようとしていましたよね。例えば開発領主は、ある国司とはうまくやれたとしても、任期が終われば別の国司がきますよね。国司は国司で、「その国のことはすべて委ねられている」のをいいことに、開発領主が開発した土地を「そこは公地だから、オレが決めた税を払え」とかなんとか、いちゃもんをつけてきたかもしれません。さからったら、どんな目にあうか分かりません。さぁ、ここで問題です。

Q4 あなたがこの時代の開発領主であったとして、いちゃもんをつけてくる国司に対抗するには、どんな方法があったでしょう？

？ ？ ？ ？

教科書が手元にある人はそれをよく読むと、答えになるものが見つかりますよ。

1つは、「自分が開発した土地を、国司より上の存在に寄進(きしん)する」、つまり「その上の存在の人の土地だということにしてもらう」ことです。そして自分は荘官(しょうかん)という、現場責任者みたいな役につきます。国司も中央貴族でしたよね。自分よりもっと上の貴族に任命されているわけで、そういう人とか、寺社とかの土地にヘタには手を出せないわけです。

もう1つは、国司の下っ端(したっぱ)になっちゃうことです。在庁官人といって、国衙(こくが)(国司のいる役所)の下級役人になり、盗賊をつかまえたりするなど国司の仕事の手伝いをして、点数を稼(かせ)ぐわけです。

でも、両方とも、自分が開発した土地に対する権利は不安定ですよね。

寄進したら、その寄進した相手の土地になってしまうわけで、いつなんどき、その相手から「荘官は、オレの部下にやらせるからおまえはクビだ」なんて言われないともかぎりません。国司に気に入られても、国司には任期がありますから、新しい国司とはウマがあわないかもしれません。

ここで問題です。

そんな武士たちの中には、勝手なことをして私腹を肥やしている国司に対する不満を持つ者もいたでしょう。その国司との対立から、国家への反乱まで起こしてしまった武士がいました。誰でしょう？

？？？？

平将門ですね。彼は東国の大半を占領します。同じ頃、瀬戸内海の海賊を率いて藤原純友という武士も西国で反乱を起こし、政府は大騒ぎになりました。

平将門の乱は、どんな人たちによって鎮圧されたでしょうか？

？？？？

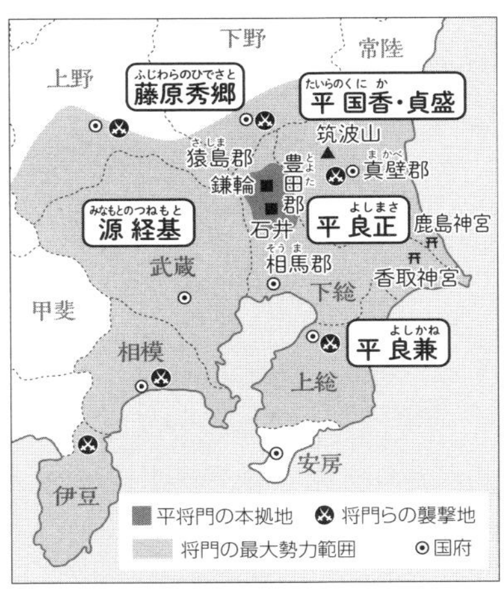

▲平将門・貞盛らの根拠地

同じ東国の武士の、平貞盛や藤原秀郷らによって鎮圧されました。政府の貴族たちは、「将門を呪い殺せ」と密教のお坊さんたちに頼むくらいのことしかできなかったようです。

武士が登場し、その存在が目立ってきたのは10世紀です。日本社会の大きなターニングポイントだと思いますが、この10世紀、律令国家の唐・新羅・渤海があいついで滅んでいます。東アジア全体でみても、大きなターニングポイントの時期だったのですね。

先ほど、「開発領主は土地を寄進して自分は荘官になった」という話をしました。寄進を受けた方は領家と呼ばれます。それが、国司への対抗上などの理由でもっと上の存在に寄進されると、その上の存在は本家と呼ばれました。荘官・領家・本家である権利は親から子に伝えられ、当時「職」という言葉で呼ばれました。荘官職、領家職、本家職といった具合です。また、一国の経営を任された国司は、新たに郡・郷などの地方行政の単位を設けましたが、それを治める郡司・郷司などになる権利も、当時、郡司職・郷司職などと呼ばれました。このことは大切なことなので、覚えておいてくださいね(律令のもともとの郡とは違います)。

院政と中世社会――平安時代末期 その1

まず問題です。

「この世をば」というくらい「我が世の春」を満喫していたはずの藤原道長や頼通による摂関政治は、なぜ終わりを告げたのでしょうか？

？？？？

これは、さっきお話しした「藤原氏の権力掌握方法のポイント」を思い出してもらえれば、分かります。何でしたっけ？

そう、「天皇に娘を嫁がせて男子が生まれる」(→p.84)ことでしたよね。もちろん頼通も娘を天皇に嫁がせましたが、…男の子が、ついに生まれなかったのです！　そんなことで衰えてしまうとは、なんだかむなしいですね。

ときの摂政・関白を外戚(→p.85)としない後三条天皇が即位して親政(意味、覚えてますか(→p.87)？)をおこない、その子白河天皇も親政をおこなったあと、自分の子でまだ幼い堀河天皇に位を譲って上皇(院)となり、院政の道を開きました。上皇とは太上天皇(→p.71)を略したものです。

院政では、「律令制を再建する政治」「自分勝手な政治」のどちらがおこなわれたでしょうか？

？？？？

平安時代の初期には、桓武天皇らによって、律令制を再建しようとする政治がおこなわれましたよね。藤原氏の摂関政治から天皇家に権力が移って、初期のような政治がおこなわれそうなものですが、これが違うんです。白河上皇の「天下三不如意」という話はご存知ですか？

鎌倉時代に書かれた『源平盛衰記』という本に、白河上皇がこう言ったというくだりがあります。「賀茂川の水、双六の賽、山法師、これぞ朕が心に随はぬ者」。当時たびたび氾濫を起こした賀茂川、サイコロを用いた賭博の流行、延暦寺の僧兵(そうへい)、これがオレの思い通りにならない、と言っているわけです。考えようによっては、「この３つ以外はオレの思い通りになる」と言っているともとれますよね。これって、すごくないですか？

▲僧兵

白河上皇たちは莫大(ばくだい)な費用をかけて大寺院をつくったり、熊野詣(くまのもうで)や高野詣(こうやもうで)を繰り返したり、デラックスな離宮を造営したりしましたが、これらの費用は国司の地位を欲しがる貴族から出させたりします。荘園制度が本格的に確立するのもこの時期ですし、一方国司は公地を国衙領(公領)と呼び、その中は荘園とほとんど変わらなくなります。「けっこうみんなが勝手なことをする」のが平安時代、とお話ししてきましたが、天皇だった人が先頭に立ってやっているわけで、国司、荘園領主も私利私欲に走り、そして大寺社は僧兵・神人(じにん)という武力を用いて要求を通そうとする(強訴(ごうそ)と言います)、そんな時代になりました。教科書には、こうあります。

こうして院政期には、私的な土地所有が展開して、院や大寺社・武士が独自の権力を形成するなど、広く権力が分散していくことになり、社会を実力で動かそうとする風潮が強まって、中世社会はここに始まった。　(㊖p.80)

院政期の荘園は領域型荘園と呼ばれます。境界を区切って私有化され、そこには本家――領家――荘官の「職」(→p.91)が体系として確立されました。１つの土地の私的な支配に重層的な権利関係があるというのが、中世社会の大きな特徴です。公領も郡司や郷司(→p.91)などが、あたかも自分の私領のように支配していました。

ついに武士が政府の頂点に！――平安時代末期　その２

まず問題です。

なぜ平氏政権は誕生するのでしょうか？　平将門とどこが違うのでしょうか？

？？？？

きっかけは1156年の保元の乱ですね。これは完全に天皇家と藤原摂関家内部の権力闘争に武士が利用されたもの、と言っていいと思います。しかしこれも見方を変えると、「武士の力を借りなければ解決しない時代」を象徴している、ということですよね。

武士の成り立ちをざっくりみました(→p.89)が、いろいろな武士たちがいた中で、盗賊や強訴する僧兵たちが横行したりしていた都で、権力者たちに「番犬」としてとくに便利づかいされていたのが、平氏と源氏でした。

そして1159年の平治の乱で平清盛が源義朝を倒して頼朝を伊豆に流してしまうと、平氏が武士の実力ナンバー１となったわけです。

そうすると、どうなりますか。例えば清盛が「オレを太政大臣にしろ」と言ったとして、当時院政をおこなっていた後白河上皇は、心の中で「あれ？　おまえは、オレたちの番犬だったはずなのに」と思っても、「ええい、誰かおらぬか？　この無礼者をやっつけてくれ！」と命令できるような（平氏に対抗できるような）武士団は、もう存在していないわけです。平将門が乱を起こしたのが939年ですから、この約200年の間に、どんな変化があったでしょうか？　平将門の乱の時は、まだ武士団のスケールが小さく、政府はほかの武士団を使って鎮圧しました(→p.91)。清盛の頃は、全国各地に家来がいる、ということで武士団のスケールがけた違いに大きくなっていたんですね。

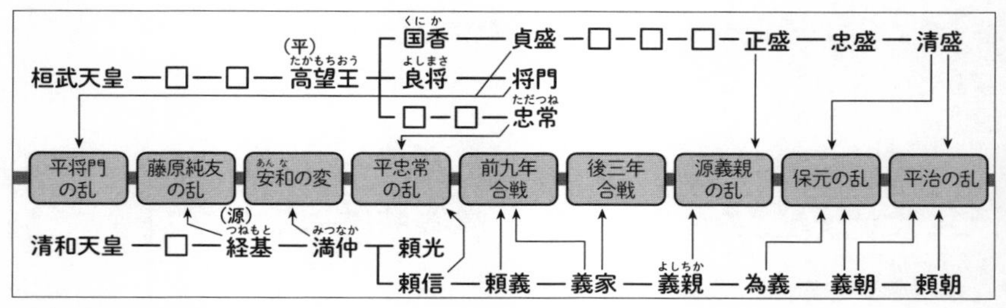

▲平氏と源氏の成長

こぼれ話 後白河上皇と平滋子――歴史のなかの男と女（1）

日本の歴史では、ときおり個性的な天皇が登場します。後白河上皇もその１人で、ふつうは幼少の頃から天皇としての帝王学を身につけていくものですが、彼は今様と呼ばれた、当時の一般ピープルの流行歌に傾倒したりする皇子でした。

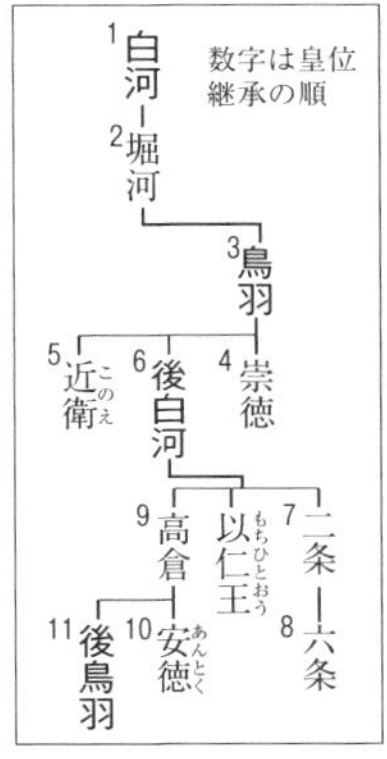

▲天皇家系図

そもそも、父親の鳥羽上皇は孫の守仁親王を、兄の崇徳上皇はわが子の重仁親王を可愛がっていました。崇徳上皇は鳥羽上皇の子ということになっていますが、当時から「実は白河上皇の子」とささやかれていて、そのせいか、鳥羽と崇徳の仲は悪かったようです。当時、上皇は２人以上いても「治天の君」と呼ばれた実質的な最高権力者は１人で、この時の治天の君は鳥羽でした。鳥羽は守仁を皇位につけようとしましたが、その父親の後白河を「飛ばす」わけにはいかず、守仁が成人するまでの「中継ぎ」として後白河が皇位についたようです。

こういう風に、「父親には愛されず」「天皇としては異才で期待されなかった」後白河ですが、治天の君として30年以上君臨します。そして、のちには源頼朝から「日本国第一の大天狗」と呼ばれる政治的パフォーマンスを演じます。(→p.103)

個性的だった後白河は守仁（二条天皇、系図参照）に皇位を譲って上皇になりました。そこで溺愛したのが、平清盛の正室時子の妹、平滋子と言われています。彼女は後白河の政務にも加わり、代行までしていたようで、相当優秀でお気に入りの存在でした。後白河上皇は滋子が生んだ子を高倉天皇として即位させ、その妻には清盛の娘である徳子がなりました。…というわけで、清盛の出世と、後白河との「蜜月関係」も、多分に滋子の果たした役割が大きいと思われます。おそらくそう言って間違いないと思えるのは、1176年に滋子が死んでから、急速に清盛と後白河上皇の関係が悪化するのです。1177年に清盛の排除を後白河の近臣たちが謀議した鹿ケ谷の陰謀事件が起こり、1179年に清盛は後白河を幽閉してしまいます。

男女関係が歴史に大きな影響を与える、と感じられることは多くみられます。これからも、注目していきましょう。

この平氏政権で、とくに注目したいのは日宋貿易と、それによる宋銭の流入です。もともと宋銭は貿易の代金の支払いなどに用いられていたのではなかったと考えられています。では何のために日本に運んだのでしょうか。それは、宋船は陶磁器などを日本に運び、木材や硫黄などをゲットして持ち帰りましたが、このままでは行きと帰りで重さのバランスが悪かった。そこで往路で船を安定させるために重しとして、大量の銅銭を積んできて、日本でおろしたとされています。日本船も、宋に木材などを運んだ帰りに重しとして、銅銭を持ち帰ったようです。この銅銭が「取引に便利だ」と日本の商人の間で流通しはじめ、のちには輸入するようになったのです。

文化を通して平安時代を俯瞰する

３つの時期の文化で、それぞれの特徴、違いをつかんで流れをおさえましょう。

？？？？

平安時代初期の文化を弘仁・貞観文化、半ばは国風文化、末期は院政期の文化と呼んでいます。

特徴や違いをつかんで流れをおさえる、といった時に、この３つの時期だけでなく、それ以前から「**俯瞰**」してみることが大切です。何しろ、ずっと日本は、ある国の文化の影響下にありましたよね。どの国ですか？

そう、中国ですね。そこから考えると、弘仁・貞観文化はどうでしょうか。やっぱり唐風ですよね。当時の文化の担い手は天皇や貴族たちです。例えば天皇が唐風を重んじたり、貴族は子弟に儒教の経典や中国の歴史・漢詩などを学ばせることを「出世の早道」だと考えたりしていましたから、文化遺産にその色彩が強くなることは当然でしょう。ここで、日本最初の勅撰(天皇の名において選ぶ)漢詩集である『凌雲集』がつくられます。書道でも、空海(弘法大師)、橘逸勢など、唐風の書体の「三筆」と呼ばれた３人が有名です。

もう１つ、飛鳥文化以来、日本の文化に大きな位置を占めているものに仏教がありますね。この弘仁・貞観文化では、密教(→p.86)が目立ってきます。密教の僧は山にこもって超能力を身につけ(？)、86ページでみたように、天皇や貴族たちのリクエストにこたえて誰かを呪ったり、現世での幸福を祈ってあげたりしたようです。彫刻や絵画などでも、密教にまつわる作品が目立ちます。写真の観心寺如意輪観音像、これまでの仏像とずいぶん違う感じがしませんか？

▲観心寺如意輪観音像

さぁ、それが平安時代半ばにはどうなりますか。「唐風」から「国風」へ、大きく変化しますよね、最初の勅撰和歌集（平安時代初期は？…勅撰漢詩集でしたね）である『古今和歌集』がつくられ、書道でも小野道風や藤原佐理など、和風の書体の「三跡」と呼ばれた３人が有名です。漢字をもとにかな文字が発達したことは日本人の感情表現などにはかり知れない影響をもたらし、世界的に評価されるレベルの文学作品の傑作が生み出されました。

建物の寝殿造や大和絵も「国風」の例ですね。

第6章
奈良時代から平安時代へ

こぼれ話 ユネスコ「世界の偉人」に最初に選ばれた日本人は？

これをスマホなどで高校生たちに調べさせると、たいていビックリします。紫式部なんですね。『源氏物語』は、それほど評価される傑作だということです。

『枕草子』など、なぜこの時代に女流文学の傑作が生まれたのか？　私は、この頃の作品の著者の名前に注目します。男性は本名で出ていますが、女性はどうでしょうか？　紫式部や和泉式部、清少納言というのは本名ではありません。「紫」「和泉」はニックネームのようなものだと考えられます。清少納言については「この呼び名のどこかで息継ぎをするとしたらどこだと思う？」とたずねて、「まさか、せいしょうな　ごん、っていう人はいないよね。何か、オオカミのような動物みたい」と続けて、「せい　しょうなごん」なんだよ、とよく高校生たちに話したものです。彼女のお父さんは、百人一首にも載っている清原元輔なので、その「清」が使われている。つまり、お父さんの名前しか残っていない。ほかも「藤原道綱の母」「菅原孝標の女」と、息子や父親の名前で残っている、それほど、当時の貴族社会では女性の地位は低かった。だからこそ、当時生きる人々の喜怒哀楽を鋭く描けたのではないか、と私は感じています。

次に仏教ですが、これも87ページで触れました。末法思想と結びついて、浄土信仰（浄土教）が盛んになったのですね。貴族たちにとっては、いつライバルから呪われるか分からない。一般ピープルにとっても、盗賊や疫病、飢饉がさかんに起こった世相は、「末法の世」を実感させるものだったのではないでしょうか。そして彫刻は、なんてったって極楽に連れて行ってくれる阿弥陀さまを彫った阿弥陀如来像、絵画は阿弥陀さまが「極楽にお迎えにきた」姿を描いた聖衆来迎図がつくられるわけです。建築も、例えば平等院鳳凰堂などは、阿弥陀如来像を安置する阿弥陀堂なんですね。入試勉強としては、弘仁・貞観文化は一木造、国風文化は寄木造という仏像の制作方法の違いに注目です。

さて、それが院政期の文化ではどうなるでしょうか。ここでは、平氏政権の説明で「武士団のスケールがけた違いに大きくなった」とお話ししましたね。それを地方武士の方からみると、「保元の乱などの都での戦いに、お弁当をもって参加できるほどの力をつけた」ということではないでしょうか。そうです。これまでは「都の文化」しか目立たなかったのに、この時期には、「地方にハイレベルの文化遺産がつくられる」ことが目立ちます。しかも、そのおもなものは？　やっぱり阿弥陀堂です。…浄土信仰、続いていますね。写真は豊後（いまの大分県の大部分）につくられた富貴寺大堂です。

もう１つは、一般ピープルの登場です。…とはいっても、「文化の担い手」ではなく、あくまで「対象」として、ですが。後白河法皇（出家した上皇を法皇と呼んだ）が編纂した『梁塵秘抄』は庶民に流行していたポップス、当時の言葉で今様を集めたものですし、『伴大納言絵巻』などの絵巻物や、『扇面古写経』の下絵などには、当時の一般ピープルの姿が生き生きと

▲富貴寺大堂

描かれています。田楽(でんがく)などは農民が田植えなどの時に「歌ったり踊ったり」したものですが、貴族の間でも大流行します。『今昔物語集(こんじゃくものがたりしゅう)』『将門記(しょうもんき)』などにも、地方も含めた武士・庶民の姿が描かれています。

平安時代から鎌倉時代へ
武士の政権誕生

すごいぞ、源頼朝

伊豆で源頼朝が挙兵した時、まったく勝ち目のない彼に、平氏だった北条時政は、なんで味方したんでしょうか？

？？？？

いままでお話ししてきた平安時代は、「古代から中世への転換期」として、とても大切な時代だったと思います。ところがギッチョン、これからお話しする時代も、また別の意味でめちゃめちゃ大切な時代だと思います。なんてったって武士の政権が、しかも京都とは別の場所にできちゃったりするわけです。「あれ？　平氏政権は？」と思った方、確かに清盛は武士ですが、太政大臣になったし、結局貴族になった、と思いませんか？

お話ししていませんでしたが、なんと、清盛は娘の徳子を高倉天皇に嫁がせて、生まれた幼児を数え年２歳で即位させています（これが安徳天皇です。数え年とは、誕生日ではなくお正月に歳をとるヤツです）。これ、どこかでみたような…。

そうです。藤原氏と同じですね。

では、それと源頼朝の違いは何だろう？というのが、最初の **Q1** を考えることにもなります。ここでヒント。当時の武士の多くは開発領主といって、自分で土地を開発したりしましたが、その権利って、どうなっていましたっけ？　忘れた人は90ページをみてください。私はここで高校生たちに「今日、学校が終わって家に帰る時、『オレの家あるかなぁ？』と思いながら帰る人、いる？」とたずねるのですが、いまお話ししている時代は、そんな感じだったと思います。見知らぬ悪漢に侵入されても、警察も裁判所もありません。そんな時代だった、ということをヒントにして、考えてみてください。

伊豆に流されていた頼朝が1180年に挙兵した時は、平氏の全盛期で、「平氏にあらずんば人にあらず」の言葉が有名ですね。現在の京都市東山区のあたり、六波羅に邸宅を構えた清盛は「六波羅殿」と呼ばれ、『平家物語』には、着物のえりのあわせ方から烏帽子の折り具合に至るまで、「六波羅様」と言えばみな真似をする、といったありさまが描写されています。一方、頼朝はというと、各地の源氏はみなバラバラで、源氏の中でも「頼朝を倒そう」とする者もいる始末。伊豆の近隣の武士団のリーダーたちに加勢を頼んでも、「あなたが平氏にたてつくなんて、富士山と背比べするようなものだ」といった返事がくる状況でした。

そんな中、頼朝に味方した北条時政って、平氏だったんですよ。ご存知でしたか？

こぼれ話　北条義時のお墓の裏にはなんと書いてあったか

伊豆に北條寺というお寺があります。私は家族旅行で訪れて、ある宿願を果たしました。そこには北条義時夫妻のお墓があるのですが、義時のお墓の裏に「ある文字」が刻まれているとテレビでやっていたので、それを確かめに行ったのです。

失礼してお墓の裏にまわってみると、…ありました！　「平義時」の文字！！

北条義時たちは「平氏」と自分たちを認識していたわけなんですね。

それでも「源氏」に味方するという北条氏の行動がいかに当時非常識だったか、エピソードを１つご紹介しましょう。源頼朝はけっこう伊豆でモテたらしく、のちに妻とする、時政の娘政子とつき合う前に、北条氏と同じ伊豆の武士である伊東祐親の娘とラブラブの関係になったようです。２人の間には男の子が生まれました。平氏のために京都の警備に行っていた祐親は、そのことを知りませんでした。伊豆に帰ってきて、それを聞いた祐親は、どうしたと思いますか？　NHK 大河ドラマ『鎌倉殿の13人』でもやってましたが、その男の子を殺してしまったのです。平氏にバレるのを恐れたのでしょう。残酷な話ですが、これが当時の常識的な行動だったと思います。

北条時政の行動が、いかに非常識か分かっていただけましたか？　ところがギッチョン、もう１人非常識な行動をとった人がいます。平氏の家来の梶原景時という武士です。

「とても勝ち目がなかった」頼朝は、最初の本格的な合戦である石橋山の戦いで、コテンパンに負けてしまい、家来の数人と山の中に隠れます。平氏側は絶好のチャンス、ここで頼朝の首をはねてしまえ、と山狩りをして探します。そこで梶原景時は、頼朝を見つけてしまいますが、なんと、「こっちはいないぞ！　向こうを探せ！」とかなんとか言って、見逃してしまったと言われています。これもまったく理解に苦しむ行動ですよね。

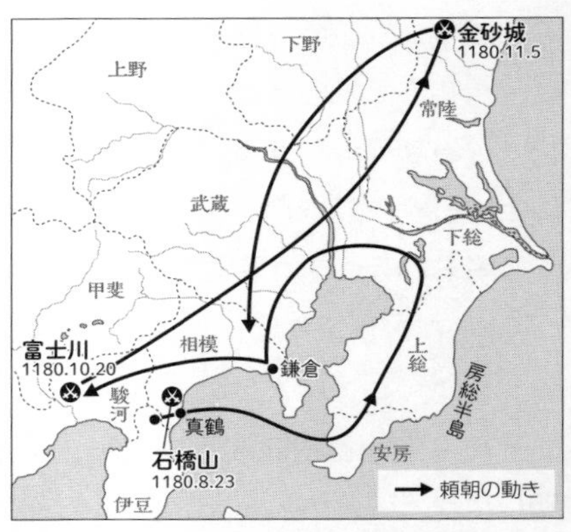

▲伊豆・房総・鎌倉と富士川の関係図

九死に一生を得た頼朝は、真鶴というところから舟に乗って房総半島に渡り、さぁそこから家来を数十倍に増やしていくのですが、その理由と、**Q1**で私が正解だと思うことは同じだと思います。さて…。

この謎を解くカギは、家来を増やした頼朝を討つべく向かった平氏軍をやっつけた、富士川の戦いのあとに彼がとった行動だと思います。

富士川まできたんですから、その勢いで一気に都に向かい、父義朝の仇を討つ、そうしそうなものですが、頼朝はそうはしなかった（そうしたかったけど家来に止められたのが真相かもしれません）。

頼朝は京都に行かずに、自分のおもな家来（御家人ですね）たちがいままで持っていた郡司職・郷司職や下司職（荘官職の一種（→p.91））などの保障をしたり（本領安堵と言います）、敵方の武士のそうした「職」を家来たちに与えたり（新恩給与と言います）しました。御家人たちは涙を流して喜び、一所懸命（これが「一生懸命」になったとか）の奉公を誓った、と言われています。このことを期待して、北条時政や梶原景時は味方したのではないでしょうか？

いままでお話ししたことを私が重視するのは、なぜでしょうか。ちょっと冷静にこの時の頼朝の立ち位置を考えてみてください。この時頼朝は、ときの権力者からみたら、伊豆に流されていた罪人の立場ですよ。もちろん幕府だってまだ開いていないし。そんな頼朝の紙切れ１枚の口約束に、でも御家人たちは涙を流して（この辺は少し盛ってるかもしれませんが）、土地のために命をかけた奉公を誓ったわけです。いかに彼らがそれを望んでいたか…。北条時政や梶原景時が味方した理由もここに期待したのだと思います。

ここで、平安時代の開発領主たちの、土地に対する権利関係を思い出してください。(→p.90)

しかし頼朝がすごいのは、ここからです。まず、後白河法皇にさかんに手紙を送って「皇族や貴族の土地支配は守る」と信頼させて東国の軍事的支配権を勝ち取り(罪人ではなくなった)、やはり法皇のリクエストにこたえる形で、先に都から平氏を追い出して占拠していた源義仲を討ちました。それはほとんど弟の義経の働きで、義経は平氏も滅亡に追い込みます。でも、頼朝の事前の許可なしに検非違使(都の警察にあたる令外官)に任命され、位ももらった義経は頼朝の怒りを買います。(→p.108)このあと、後白河法皇が義経に頼朝追討の命令を出した(義経に頼まれたのか、2人の力を弱めようと考えたのか)ものの、義経に味方する武士がほとんどいなくて義経が平泉に落ちのびる…という状況になります。ここで、後白河法皇は頼朝に対してどんな立場になるでしょうか？

そう、まずい立場になりますよね。法皇のリクエストにこたえてきた自分を追討する命令をなぜ出したのか、と詰問する頼朝に、法皇は「あれは天魔が私にやらせたのだ」と答えます。それに対して頼朝が「あなたは日本国第一の大天狗だ」と書いた手紙が残っています。このタイミングをとらえて頼朝は北条時政を上京させ、いわゆる「守護・地頭の設置」を認めさせます。私は、これを「日本の歴史上初めて、守護・地頭の給料という形で、天皇や貴族が手出しできない武士の土地に対する権利が確立した」「頼朝は、口約束をシステムにした」(→p.102)ととらえています。これがどんなにすごいことか。都でも指折りの頼朝びいきの九条兼実という貴族が、『玉葉』という日記に「凡そ言語の及ぶところに非ず」(言葉で言えないほどひどいことだ)と書いていることからも分かります。守護は国ごとに1人置かれて治安維持などにあたり、地頭は荘園や公領ごとに置かれて年貢の徴収などにあたり、「面積1段あたり5升」の兵粮米が認められました。

ここで問題です。

これまでの歴史の流れと、これからの歴史の流れの中で、頼朝がおこなったことにどんな意義があるか、考えてみましょう。

？？？？

どうですか。すごい**俯瞰**ですね。身分の差がなかった原始社会から国がつくられて古代社会になり、いろいろありましたが、中国にならって天皇中心の中央集権国家がつくられました。

平安時代まで

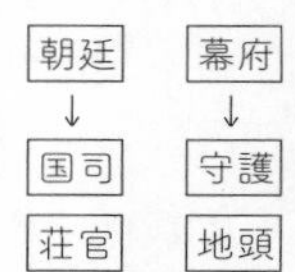

鎌倉時代から

▲土地支配の仕組み

土地という視点でみると、「公地公民」が建前でしたが、その実態は天皇と、取り巻きの貴族たち、寺社などがすべての土地を支配していました。そして律令の班田収授の原則は崩れて荘園など私的な土地所有が広がって、開発領主たちも土地を開発しましたが、彼らの土地所有権は不安定なもので、現地では国司の意のままでした。

それが、頼朝の施策で、幕府が任命する守護・地頭なんてものができたわけです。天皇や荘園領主たち（貴族や寺社）は、例えば地頭が仕事をさぼって年貢を持ってこなかったとしても、自分でやめさせるわけにはいきません。幕府に泣きつくしかないのです。

頼朝の頃、武士たちに認められた土地の権利は、ほんのわずかなものでした。例えば給料（兵粮米）は先ほどお話しした通り「1段あたり5升」と決められていました。しかし、九条兼実の『玉葉』には、「凡そ言語の及ぶところに非ず」の前に、「兵粮米の徴収だけでなく、すべて田地を支配するようになるだろう」と書かれていました。このあとの歴史の流れ、どうなりますか？建武の新政を経て南北朝、室町、戦国、安土桃山、江戸…。

九条兼実が心配していた通りになっていくのですね。最後は、武士がすべての土地を支配してしまう、頼朝はその第一歩を記したのです。ただ、間違えないでいただきたいのは、頼朝の場合、後白河法皇に「皇族や貴族の土地は守る」と手紙を送りましたよね（→p.103）。頼朝の命令に従わず「勝手に貴族の荘園などを武士が侵略する」ことは許していない、ということです。むしろ、それは取り締まりました。「武士たちの権利を保障した」が、「勝手に支配を広げることは許さない」という、頼朝の二面性を覚えておいてください。

頼朝の死後の混乱と承久の乱

あなたが当時の天皇だったとしたら、幕府をどう思いますか？

？？？？

Q3のように高校生たちに聞いてみると、「じゃま」「うざい」といった答えが返ってきます。そうですよね。これまでは全部自分たちで仕切ってきたのに、新しいものができて、余計な心配までしなければならない。そう感じていた後鳥羽上皇にとって、チャンス到来です。頼朝の死後、鎌倉幕府の内部はぎくしゃくしてしまいました。

頼朝の死についても、鎌倉幕府の記録である『吾妻鏡』は、その死の３年前から約３年間の記載がすっぽりと抜け落ちていて、「その間何があったのか」分かりません。彼の死については何年もたってからさりげなく「落馬がもとで亡くなった」と書いてある不自然さです。

皆さんもご存知の通り、頼朝の正統な血すじは絶えてしまい、並行して御家人どうしの権力争いが続いて、北条氏が執権として幕府の実権を握ってしまいます。当時から「２代将軍頼家・３代将軍実朝の殺害の黒幕は北条義時だ」とみられていたくらいです。後鳥羽上皇が「北条義時を討て！」という命令を出して承久の乱を起こした時に、御家人の中で「確かに、オレたちは頼朝さまには恩がある。でも平氏だった北条氏はもともとオレたちと同じ御家人だし、だいたい頼朝さまの血を絶やしたのが北条氏なら、その仇討ちになるのかも？」と動揺が走ったとしても無理はありません。後鳥羽上皇が「鎌倉幕府を滅ぼしたい」という本音は言わずに「北条義時を討て」と言っているわけです。後鳥羽上皇って、とても頭のいい人だったんじゃないかな、と思います。幕府の重要な御家人の１人である三浦義村の弟胤義など、西国にいた御家人の何人かは、上皇方につきます。こうして承久の乱が始まるのですが、東国の御家人たちにも動揺が走ったでしょうし、何しろ「朝廷と戦う」

なんておそれ多い…。この鎌倉幕府のピンチに、「尼将軍」と呼ばれていた北条政子が有名な演説をぶった、と『吾妻鏡』には書かれています。

北条政子の演説

二品❶、家人等を簾❷下に招き、……「皆心を一にして奉るべし。是最期の詞なり。故右大将軍❸朝敵を征罰し、関東を草創してより以降、官位と云ひ、俸禄と云ひ、其の恩既に山岳よりも高く、溟渤❹よりも深し。報謝の志浅からんや。而るに、今逆臣の讒によりて、非義の綸旨❺を下さる。名を惜しむの族は、早く秀康・胤義❻等を討ち取り、三代将軍の遺跡を全うすべし。但し、院中に参ぜんと欲する者は、只今申し切るべし」者、……

❶政子。❷すだれ。❸頼朝。❹海。❺後鳥羽上皇の命令。❻朝廷側に加わった御家人。

（『吾妻鏡』）

すごい迫力！　「これは最後の言葉です」「(私がこんなに言っても理解できずに)上皇の方にはせ参じようとするやからは、いま申し出なさい」。これを聞いた御家人たちは、「すべて命令に従い、あるいは涙があふれて返事もはっきりできず、命をかけて恩に報いようと思った」と書かれています。なぜ涙があふれたのか。…それは、頼朝以前は国司の言いなりになるしかなく、どんなに悔しい思いをしてきたか、思い出したからではないでしょうか。「おまえたち、分からないのか！　『北条義時を討て』と言ってるが、本心は『鎌倉幕府を倒したい』ということなんですよ！」と上皇のねらいを見抜き、御家人たちの心の琴線に触れる言葉だけで、簡潔に訴えているわけですね。

いやぁ、「よくできた」感動的なエピソードですが、「史料は疑ってかかれ」と思っている私には、「出来過ぎ感」が気になります。『吾妻鏡』はもちろん、北条氏が作成の中心になってつくらせたものですしね。本当にこの通りの演説がおこなわれたのか、と思ってしまいますが、この時代の本質を突いたお話だと思います。

さて、承久の乱が鎌倉側の勝利に終わった結果、明らかに「力関係は幕府が上」になります。それはとんでもないことですが、承久の乱の影響を考える前に、こんな問題を考えてみてください。

源頼朝が開いた鎌倉幕府を「乗っ取った」北条氏は「悪いヤツ」でしょうか？　また、その一員として我が子頼家・実朝も冷酷に（？）切り捨てた政子は、かつて言われたように「三大悪女の１人」と呼ばれてもしかたない女性なのでしょうか（ちなみに、「三大悪女」の残り２人は誰でしょう。のちほど登場しますよ）？

？？？？

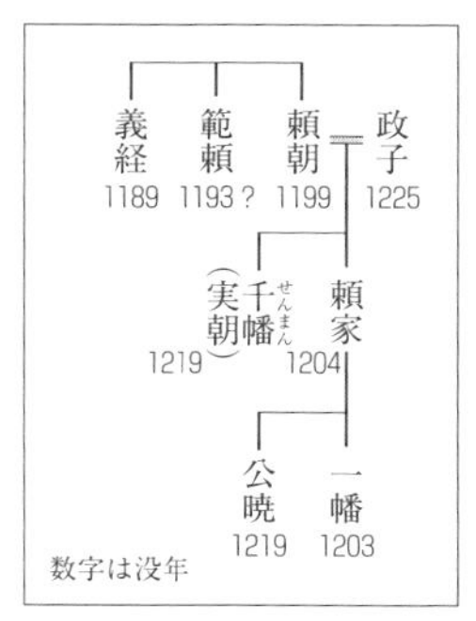

▲源家系図

1199年に頼朝が死んで、長男の頼家が２代将軍に任命されます。しかし彼は独断で政治をおこなうことを停止され、乳母を出した比企氏と結びました。彼が急病になった時、北条氏を中心とした勢力は比企氏を討ち、彼の長男の一幡まで殺してしまいます。頼家の病気はたいへん重いものでした。一幡を生んだ頼家の妻は比企能員の娘です。頼家がこの世を去ると、幼い一幡を養っている比企能員が外祖父（母方の祖父）として幕政は思うがまま（どこかでみたような…そう、藤原氏、平清盛と同じ手口です）。病気で倒れる前、頼家は北条時政と親しかった頼朝の弟を殺しています。頼家・比企氏のラインと北条一族とは抜きさしならない状態にきていました。

乳母が政子の妹だった頼家の弟が３代将軍実朝とされ、病気から奇跡的に回復した頼家は修善寺に幽閉されて何者かに殺されます。実朝は頼家の次男の公暁（こうぎょう、とも）に鶴岡八幡宮で殺され、公暁も殺されて頼朝の直接の血すじは絶えてしまうことになりました。北条氏は執権となり、京都から将軍を迎えて幕府の実権を握るわけです。

さぁ、この経過を、どう考えたらいいのでしょうか？　実は、これを考えることは、「弟の義経を葬った頼朝は冷徹な人だったのか」を考えたり、当時のリアルに迫ったりすることになると思います。

「北条氏は悪いヤツだったか」問題ですが、次々とライバルになりそうな御家人を滅ぼしていったのは事実です。でも、「そうしなかったらみんな仲良くやっていたか」というと、それは違うと思います。当時のリアルで考えると、「頼朝が生きていた時代、周囲の武士が心から彼に服していたわけではない」し、「死後も、そんなに支配は安定していなかった」のだと思います。

滅ぼされた有力御家人

頼朝存命中

1183　上総介広常

頼朝死後

1200　梶原景時

1203　比企能員

1205　畠山重忠

1213　和田義盛

102ページでお話しした、富士川の戦いのあと、なぜ頼朝は上京しなかったのか。もししていたら、常陸(いまの茨城県の一部)にいた佐竹氏という武士団が、鎌倉に攻めてきたかもしれません。佐竹氏は源氏ですが、源義仲の木曽源氏、武田氏の甲斐源氏などと同様、決して「頼朝さまに従う」姿勢ではなかったのです。1192年に征夷大将軍に任命されたのち、頼朝が「後継者は頼家」と示そうとして富士山麓で大規模な巻き狩りをおこなった時、曽我兄弟が親の仇の工藤祐経を討ったと言われています。ところがギッチョン、曽我兄弟は仇討ちのあと、頼朝の寝所に急行していて、どうやら頼朝の命をねらったようです(おそらく、その背後には有力御家人がいたでしょう)。

支配が安定していない状況で頼朝は、家来たちが朝廷に取り込まれることを警戒していました。武士の成り立ち(→p.89)からして、彼らには血すじや家柄への劣等感があったと思います。天皇や上皇たちは、それを利用して、彼らに位をあげるなどして手なずけていたわけです(なかには平清盛のように、効果が効きすぎた例もありましたが)。伊豆に流されるまで都に住んでいた頼朝は、そういう「やり口」がよく分かっていたのだと思います。それを野放しにしていたら、「上皇に仕え忠誠を尽くす」タイプの武士が続出してしまうでしょう。だから、義経が検非違使になったり位をもらったりして頼朝の怒りを買った(→p.103)のです。実は頼朝は「自分の推挙なくそういうことをするな」と御家人たちに言い含めていましたが、それを弟に破られて、さぞ怒り心頭だったことでしょう。

承久の乱以前の幕府初期の段階では、内部の反乱分子が上皇など京都の勢力と結びつくことが多かったのです。1200年に滅ぼされた梶原景時も、その可能性があったようです。3代将軍実朝も、後鳥羽上皇に憧れていたふしがあります。和歌を習うのに当代随一の藤原定家の指導を受けさせてもらったり、高い位をもらって感激したりしています。義経同様、いや将軍であるだけそれ以上に、御家人たちからは「危険人物」とみられていたかもしれません。実朝暗殺の黒幕は北条義時だったかもしれませんが、暗殺されても、幕府が揺らいでいるようにはみえません。ひょっとすると、実朝の暗殺は、有力御家人たちの総意だったのかもしれないのです。

実朝の和歌

(あら磯に浪のよるを見てよめる)
大海(おおうみ)の
磯もとどろに
よする波
われてくだけて
裂けて散るかも　(『金槐(きんかい)和歌集』)

頼朝の死後、北条氏は頼家の子一幡とともに比企氏一族を討ちましたね。しかしその時、頼家は比企氏と結び、北条氏を滅ぼそうとしていた可能性が大です。比企氏を滅ぼさなかったら、北条が滅ぼされていたでしょう。また、同じ北条氏で親子であっても、時政と義時は違う感じです。当時から「清廉(せいれん)潔白(けっぱく)な武士」と名高かった畠山重忠(はたけやましげただ)を時政が滅ぼした時、義時は批判しているようですし、だいたい時政は、後妻の娘婿(むこ)を３代実朝に代えて将軍にしようとして、義時に追放されます。

…というわけで、時政たちがおこなった「ライバル蹴落(けお)とし」の中には、確かに畠山重忠を殺した例のように、眉をひそめたくなるものもあります。しかし、それを除けば、おおむね「頼朝が築いた幕府体制を守る」「やらなければ北条氏がやられた」といった点では、「無理もない」ことが多かったように感じます。「政子が結果的にわが子頼家・実朝を葬ったのではないか」ということについては、私もどう考えたらいいか分からない面もありますが、「幕府体制を守る」という一点ではブレがない、と感じています。頼家は比企氏と結び、政子の言うことは聞かず、北条氏を滅ぼそうとしたと思います。政子と頼家にみられる「親子のすれ違い」、これは現代の、私たちの家族でもよくあることではないでしょうか？

「道理」というキーワード——承久の乱後の幕府と朝廷

承久の乱の影響を考えてみましょう。

？？？？

これは、まず、「幕府と朝廷の力関係が逆転した」ということだと思います。３上皇の配流、そして教科書ではあまり強調されていませんが、後嵯峨天皇の即位が象徴的な事態だったと思います。承久の乱で幕府は３上皇を島流しにし、４歳だった仲恭天皇を退位させます。そして後鳥羽上皇の兄の子を即位させますが、その後その血統も絶えてしまいました。貴族たちは、島流しされた３上皇のうち、反幕府派だった順徳上皇の子を即位させようとします。しかしここで幕府は圧力をかけて、親幕府派だった土御門上皇の子を後嵯峨天皇として即位させたのです。後嵯峨天皇は幕府に感謝したのか、幕府と融和的な姿勢をとりますし、むしろ「皇位の継承を幕府の判断に委ねる」ことも多くなってきます。私は先ほど「あなたが天皇だったら、幕府をどう思うか？」と高校生たちにたずねて、「じゃま」「うざい」といった答えがかえってくるということをお話ししましたが(→p.105)、ここで一度「様変わり」したわけです。

京都には朝廷を監視する六波羅探題が置かれました。そして、それまで朝廷に遠慮して、西国には地頭は置かれてきませんでしたが、ここで全国に置かれます。「東国政権」だった鎌倉幕府が全国政権になったわけです。

それでは、鎌倉幕府は調子に乗って、朝廷や荘園領主(皇族・貴族・寺社)をないがしろにしたでしょうか？

？？？？

これは、そうではありません。まず注目してほしいのは、1221年の承久の乱よりあと、1232年に執権泰時(義時の次の執権)の時に出された、有名な御成敗式目です。これについて、泰時が六波羅探題をつとめる弟の重時に送った手紙が重要です。

式目の制定について、重時宛ての泰時の手紙

さて、この式目を作ったことについては、何をよりどころにして書いたのかと、きっと非難する人もあろうかと思う。確かにこれという典拠によってはいないが、ただ道理のさし示すことを記したのである。……あらかじめ裁判のきまりを定めて、当事者の身分の高い低いを問題にすることなく、公平に裁判することのできるように、細かいことを記録しておくのである。……律令格式は、漢字を知っている者のために書かれているので、……この式目は、かなを知っている者が世の中に多いこともあって、広く人の納得しやすいように定めたもので、武家の人々の便宜になるように定めただけのことである。これによって、朝廷の御裁断や律令の規定が少しも変更されるものではない。

（御成敗式目唯浄裏書（ゆいじょううらがき）、現代語訳）

私は歴史を勉強していて、「時代のキーワードというものがある」とよく感じます。この本でも、これからおいおい登場すると思いますが、例えば幕末の「尊王攘夷（そんのうじょうい）」などは、その１つだと思います。この言葉、例えば鎌倉時代の人間に仮（かり）に言っても「？」でしょうし、現代人に向かって言っても、「？」ですよね。でも、幕末のある時期には、この言葉を聞いただけで武者震（むしゃぶる）いする人もいたでしょう。つまり、「その時代に固有の意味を持ち、その時代のリアルな側面の１つを象徴する言葉」です。いまご紹介した手紙文の中にもありますね。どれでしょうか？

そう、「道理」ですね。史料集の脚注などをみると、「武士社会での慣習・道徳」などと書いてあります。つまり、「（当時の）武士だったら、習慣になっていたり当然わきまえたりしていること」なんですね。それに基づいて、この式目をつくった、と言っているわけで、「別に難しいことを決めたわけではない」し、「貴族の方々には関係ない、この法律はあくまで武士向けのものですよ」と言っているのです。

全体として、分かりやすく、なんか「泰時って実直そう！」って感じがしませんか。実際、荘園領主たちから山のように持ち込まれた訴訟（そしょう）にも、幕府はとても誠実に、荘園領主寄りに裁判を進めた印象を受けます。

御成敗式目でも「守護が国を支配しようとすること」や「地頭が荘園領主に

納めるべき年貢を納めないこと」を厳しく戒(いまし)めています。しかし逆に言うと、こういう式目をつくらなければならないほど、武士と荘園領主、あるいは武士どうしの「土地をめぐる争い」が増えてしまった、ということでもある、と思います。まとめてみると、鎌倉幕府の成立は、荘園制を安定させる面があったといえそうです。源頼朝が後白河法皇に手紙を送って「皇族や貴族の土地支配は守る」と信頼させたことを思い出してください。(→ p.103)

こぼれ話 阿仏尼(あぶつに)『十六夜日記(いざよいにっき)』と下地中分(したじちゅうぶん)

荘園領主が地頭や、そのほかの武士たちとトラブったらどうするか。自分には武力がない場合が多いので、幕府に訴訟を起こすことが多かったようです。ただ、これには例外がありましたが、分かりますか？…そう、比叡山延暦寺や興福寺などは、「僧兵」などの武力を持っていましたね。

貴族の荘園領主は、京都に住んでいた場合が多かったのです。そうすると、裁判のたびに、鎌倉に足を運ばなければなりません。鎌倉時代の日記・紀行文として名高い阿仏尼の『十六夜日記』は、その旅の間が舞台の中心です。阿仏尼は10月16日に京都を出発し、14日目の10月29日に鎌倉に到着しています。

しかし、裁判は1回では終わらないでしょうから、そのたびに京都・鎌倉を往復するのは大変ですよね。そこで教科書に必ず出てくる「地頭請所(うけしょ)」「下地中分」がおこなわれるようになりました。「地頭請所」とは、荘園領主が地頭に荘園の管理を任せて、決められた年貢の納入を請け負わせることです。また、「下地中分」とは現地の土地の相当部分を地頭に分け与え、相互の支配権を認め合うことでした。訴訟の当事者どうしが協議して折り合いをつけること（いま風(ふう)に言えば「示談」）を当時「和与(わよ)」と言ったようですが、幕府も「和与中分」を推奨する場合が多かったようです。…こうなると、「その荘園の半分は武士のもの」！　頼朝の時は「職を保障したり、新たに与えたりする」(→ p.91)ということで、それだけでもたいへんなことだったのに、「武士が支配する土地」がこんなに増えたところもあったのです。これも、鎌倉時代の一面でした。

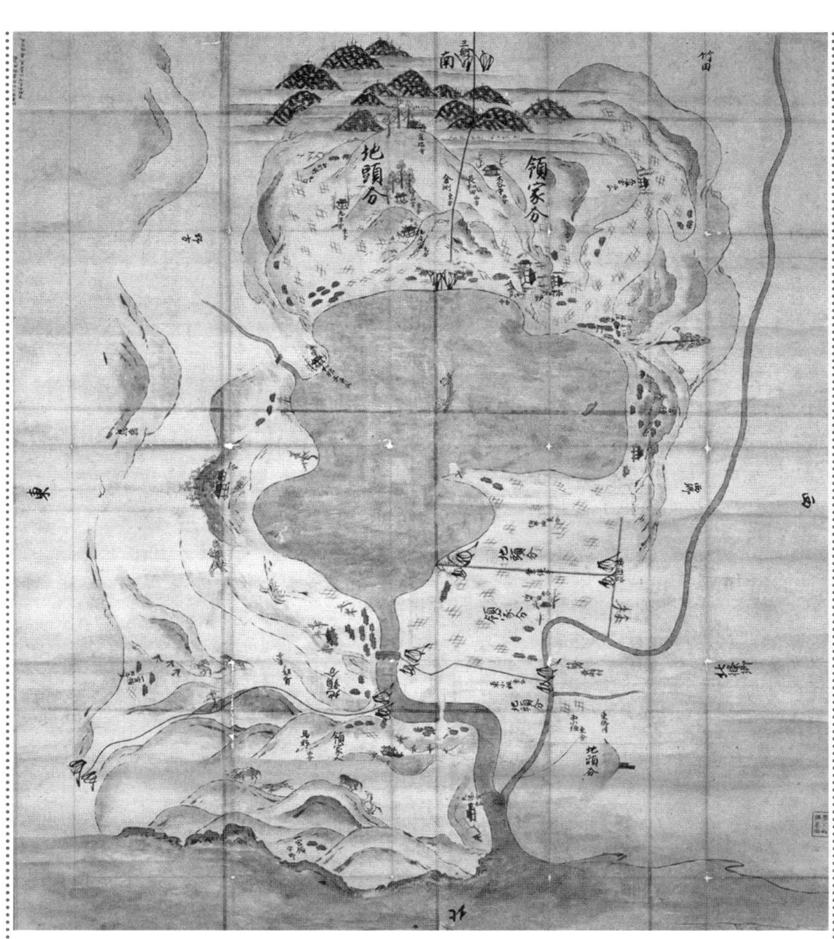

▲伯耆国東郷荘の下地中分図

御成敗式目を出した北条泰時の時に、執権を補佐する連署(れんしょ)が置かれ、さらに執権・連署とともに政務の処理や裁判にあたる十数人の評定衆(ひょうじょうしゅう)が置かれました。これらは合議制によるシステムとして、幕府の支配を安定させたと思います(のちには北条氏一族が多く任命されるようになってしまいますが)。さらに、泰時の孫の執権時頼(ときより)の時、執権・連署・評定衆の会議である評定のもとに引付(ひきつけ)を置き、引付衆(ひきつけしゅう)を任命して御家人の所領の訴訟に当たらせる、という形で充実を図りました。その後は得宗(とくそう)(義時の子孫の嫡流(ちゃくりゅう))以外の執権が２代続いたあと、時頼の子の時宗が18歳で執権になった時、モンゴル襲来の事態を迎えます。

実は、義時・泰時・時頼は「生まれながらのトップ」ではありませんでした。嫡男は別にいたのです。その彼らが、どうしてリーダーになれたのか？　これについては、本郷和人氏の『北条氏の時代』(文春新書、2021年)のご一読をお勧めします。本郷氏は東京大学史料編纂所で『吾妻鏡』(→p.105)を読み込まれました。本郷氏の『承久の乱』(文春新書、2019年)もお勧めです。北条時政が、源頼朝挙兵初期の御家人の中で「下の方のランクの武士だった」ことについて、「『吾妻鏡』では、北条時政を『当国の豪傑』としていますが、これは他に特筆すべきことがないときの常套句です」(『承久の乱』p.64)と書かれています。

『吾妻鏡』を読み込んだ人ならではのリアルな表現だと感じました。

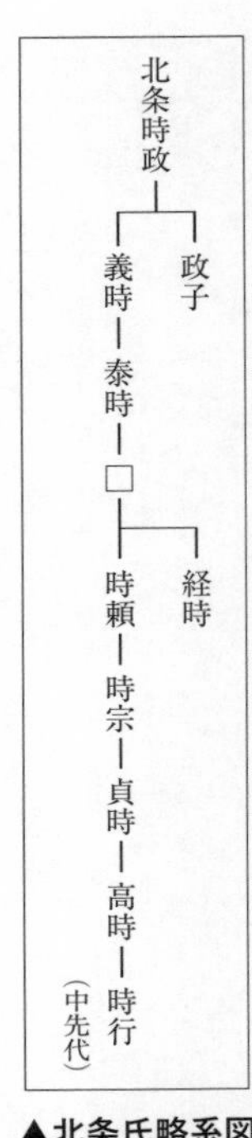

▲北条氏略系図

こぼれ話　モンゴル襲来は、北条時宗の外交オンチが招いた事態だった？

18歳で執権となった北条時宗に迫りくるモンゴル帝国の脅威。若き執権時宗が、この日本のピンチに立ち向かう、というヒーロー話として語られることが多かったのではないでしょうか。…私も、そういう印象を持っていました。

ところがギッチョン、当時の公家の日記や、モンゴルや当時朝鮮半島にあった高麗の史料が詳しく研究されてきて、「どうも、そうではないらしい」、最近はそうみられてきています。最初に高麗の使者がもたらしたモンゴル帝国のフビライの手紙も、実は丁重なものだったらしいのです。朝廷が返事を出そうとしますが、幕府は待ったをかけておいて、返事も出しませんでした。その後、モンゴルは何度も使者を送りますが、ずっと無視。フビライのメンツをつぶしてしまいました。そこで1274年に文永の役と呼ばれる、１回目の襲来がありますが、なぜかすぐに撤退します。それが「本気の襲来」でなかったことは、翌年に使者を送ってきたことでも分かります。

その使者を鎌倉に連行して、斬首してしまうのですね。これでは外交とは言えません。モンゴル襲来は、時宗をはじめとする幕府の外交オンチが招いたものと言えるかもしれません。

鎌倉幕府はなぜ滅んだか

上記の見出しを、そのまま問題にしたら、どう答えますか？

教科書を読むと、以下のようなストーリーが浮かんでくるでしょうか？

モンゴル襲来(元寇)→御家人の中で貧しくなる者が目立つ→しかし恩賞の土地は乏しい(敵を追い払っただけ)→幕府は永仁の徳政令を出すが、うまくいかず、得宗専制を強める北条氏への反感が高まっていく。

もちろん、大すじではその通りです。では、「アンラッキーだったね。モンゴルが来ちゃって」で済ませていいでしょうか？　ここで、こんなことは思い浮かびませんか？

それまでも、戦いに参加しても恩賞をもらえないことがあったのではないか？

御家人の窮乏化を示す例として、下をご覧ください。

こぼれ話　ハンパなく貧しい御家人の姿

謡曲ってご存知ですか？　能ってありますね。室町時代の世阿弥が有名です。セリフと、節をつけてうたう部分とからなる、能の台本が謡曲です。江戸時代には3,000もの作品があったそうです。

その謡曲に「鉢の木」というものがあります。時は鎌倉時代、泰時の２代あと、５代執権だった時頼がお忍びで旅をしていると、暗くなってしまった。一夜の宿を求めると、その家の主人は佐野常世という御家人で、まぁ貧しい暮らしをしており、寒い晩なのに囲炉裏の火にくべる薪もない。すると常世は、丹精込めて育ててきた感じの植木鉢に植えた木を、薪にするために切ってしまう。恐縮した時頼が素性をたずねると常世は言う。「よくぞ聞いてくださった。この常世、落ちぶれてはいても累代の御家人、『いざ鎌倉』の号令がかかれば、痩せ馬にうちまたがって鎌倉に参る所存でござる」。

時頼は鎌倉に帰り、やがて「いざ鎌倉」の号令をかけたところ、あの時の佐野常世が馬にまたがり姿を現したので、褒美をとらせた、というお話。
　当時の御家人の窮乏化がよく分かりますね。

さて、**Q7** に戻りましょう。教科書にヒントがあります。

生産や流通経済のめざましい発達と社会の大きな変動の中で、幕府は多くの困難に直面していた。モンゴル襲来は御家人たちに多大な犠牲を払わせたが、幕府は十分な恩賞を与えることができず、御家人たちの信頼を失う結果になった。また、分割相続の繰り返しによって所領が細分化されたうえ、売買や質入れによって所領を失う御家人も少なくなかった。　（㊙p.102～103）

この中で「分割相続の繰り返しによって所領が細分化」されるということは大問題です。このあと単独相続に変わり（それまでは、跡継ぎの惣領が弟たちに分割した土地を与えて臣従させていた）、それはそれで社会に大きな変動をもたらすのですが、それはあとでお話しすることにします。（→p.129）ここでは、「生産や流通経済のめざましい発達」や貨幣経済に注目してください。

鎌倉時代、畿内や西国では二毛作が普及し、農村では荏胡麻（灯油の原料）などが栽培され、布が織られたり、鍋などの手工業品がつくられたりするようになりました。そして三斎市（月に三度の市）が開かれたりして、市に店を

▲市の様子

出す権利を得る特権を求めて座が結成されたりするようになりました(座に属している商人だけが市で出店できるというわけです)。ざっくり言えば、宋銭が利用されて「お金の世の中」になってきたのです。69ページでお話ししたことと比較してみてください。こういうところに、社会の変化(進歩と言っていいかな?)が感じられますね。平氏政権のところで触れた「宋銭の流入」(→p.95)が社会を大きく変えるような影響をもたらしたのです。

つまり、こういうことです。モンゴル襲来の前に、もうお金の世の中になっていた。何かを手に入れるにはお金が必要で、お金なしには必要なものも手に入らない世の中(貨幣経済)になってきたのです。だから、多くの御家人たち、とくに中小の御家人は、すでに生活費でも借金していた者もいたでしょうが、とくに出陣する際には、「土地を担保に入れてお金を得て費用をまかなった」のだと思います。恩賞が得られないと、担保に入れた土地は金貸しにとられてしまいます。…102〜103ページでお話ししてきたことを思い出してください。当時の御家人たちにとって、「土地は命に代えても確保したいもの」でしたよね。

その一方、まったく新しい動きも目立ってきます。教科書を引用しましょう。

中小の御家人の多くが没落していく一方で、経済情勢が転換する機会をうまくつかんで勢力を拡大する武士も生まれた。とくに畿内やその周辺では、地頭や非御家人の新興武士たちが武力に訴えて年貢の納入を拒否するなど、荘園領主に抵抗するようになった。これらの武士は当時悪党と呼ばれ、その動きはやがて各地に広がっていった。
(㊎p.103〜104)

111ページでお話ししたように、幕府は裁判などでも荘園領主寄りでしたから、こんな「悪党」たちの動きはとんでもないですよね。そこで御家人に命じて退治しようとするのですが、そういう命令を受けた御家人たちの中には、悪党の仲間入りをする者もあったようです。「御家人には奉公の義務があるけど、悪党にはそんなのないし、こっちの方がいいや」ということでしょうか。

▲悪党

頼朝の時代、間違いなく御家人という存在はエリート、つまり「選ばれし者たち」でした。最初は、彼らだけが「本領安堵」「新恩給与」されたわけですから、周囲から憧れの目でみられ、自分自身もそれを誇りにしてきたのではないでしょうか（115ページの謡曲「鉢の木」の佐野常世を思い出してください）。

ところがギッチョン、月日が流れ、いまや「御家人であることが、意味を持たなくなってきた時代」になったのではないでしょうか。

貨幣経済が発達し、悪党が活躍して御家人の中に貧しくなるものが増え、一方得宗専制を強める北条氏への反感が高まってきました。でも、それだけで幕府が滅亡するわけではありません。権力という名の強制力を持っているのは北条氏です。へたに反乱を起こしたって、鎮圧されて終わりでしょう。ここで、幕府に対抗するかそれ以上の権威ある存在として、後醍醐(ごだいご)天皇という、たぐいまれな強烈な個性の人物が現れます。彼の絵をご覧ください。密教の呪いの道具をたくさん持っています。こんな天皇像、みたことがありません。よく「異形(いぎょう)の天皇」と呼ばれますが、ぴったりですね。彼は新興勢力の悪党などに目をつけます。また、座(→p.117)の本所(ほんじょ)（座役を受け取り、座に属する商人の特権を認めた保護主体）として経済力もあります。そして、幕府打倒に向け、とにかく諦めない。圧倒的に味方が少数でも、めげません。

後醍醐天皇が即位する以前から、天皇家の血統は２つに分かれ、「次は誰が即位するか」をめぐって争うような状態でした。２つの血統を「持明院統(じみょういんとう)」と「大覚寺統(だいかくじとう)」と言います。当時の朝廷は、次の天皇を自分たちでは決められなくて、鎌倉幕府に調停を願い出るありさまでした（幕府ができてすぐの頃と、えらい違いですね）。

▲後醍醐天皇像

そこで幕府は「２つの血統で、互い違いに天皇を出す」という案を出します。これを「両統迭立(りょうとうてつりつ)」と呼びます。幕府もそうやって、朝廷を分裂状態にして、力を弱めよう、という計算があったのかもしれません。この方針で進んでいたのですが、さぁそこで後醍醐天皇の登場です。彼は大覚寺統でしたが、父の後宇多天皇が中心となり、幕府も含めて「次の皇太子は後醍醐の甥、その次は持明院統」と決められてしまいます。「とんでもない！」と、「強烈な個性」の彼は考えました。次の天皇は自分の息子、それにいちゃもんをつけそうな幕府など滅ぼしてしまえ、と考えたわけです。

まぁでも、鎌倉幕府の圧倒な軍事力がそのまま発揮されたら、いくら後醍醐天皇に「やる気」があっても、無理だったと思います。では、なぜ幕府を倒せたのか？

もうお分かりですよね。有力御家人で幕府を支える存在だった足利高氏（のち尊氏）・新田義貞の離反が状況を一変させました。足利高氏は後醍醐天皇方に対する攻撃を命じられていましたが、そむいて六波羅探題(→p.110)を攻めおとしました。そして新田義貞は鎌倉に進撃して、得宗(→p.113)の北条高時らを自害に追い込みます。「なぜ彼らがそむいたか？」という問いに考えうる解答の１つをご提示しましょう。彼らは、由緒正しき源氏の一族です。一方、北条氏は？…

そうです。101ページでお話しした通り、北条氏は平氏でした。足利などの目には、北条氏は「簒奪者」と映っていたかもしれません。

さて、鎌倉時代のリアルに迫る旅は、いかがでしたか？　鎌倉幕府滅亡の原因は、貨幣経済だったと言えるのではないでしょうか。ここでの最後に、「『幕府』と言っていますが、当時はそんなこと言ってなかった」ということと、最近よく話題になる「鎌倉幕府成立はいつか」ということにも、触れておきたいと思います。

まず前者ですが、のちの1336年に足利尊氏が部下に諮問して答申させた「建武式目」というものがありますが、それは「鎌倉元の如く柳営たるべきか」という文言から始まっています。「柳営」とは将軍の陣営ということで、「幕府」を意味しますが、「幕府」という呼称は江戸時代の幕末から使われるようになり、明治時代になって確立したもののようです。ついでに、93ページに登場した「僧兵」という名称も、当時は使われていませんでした。…考えてみると、「天皇」という呼称も、例えば推古天皇とか天智天皇が生きている時代には使われていなかったんでしたね(→p.56)。でも使わなかったら、かえって分からなくなりそうなので使いました。「幕府」も同じです。

次に後者について。少し前まで、当たり前のように「いい国つくろう鎌倉幕府」と、1192年の源頼朝征夷大将軍任官をもって幕府成立、と覚えてきましたよね。ところが、どうも頼朝自身も周囲も、この「征夷大将軍」をあまり重視していなかったことが分かってきました。106ページでお話しした、尼将軍と呼ばれた政子の演説でも、頼朝のことは「故右大将軍」(右大将とは、征夷大将軍の前にすでになっていた右近衛大将のこと)と言っています。そこで最近は「いいハコつくろう」と、1185年の守護・地頭設置を推す声が強くなってきました。先ほどみた通り、「幕府」という名称が使われていなかったのですから、形式的に「いつか」は決められないわけで、実質が問題になります。私も、103ページでお話しした通り、守護・地頭設置は非常に重要だと思います。しかし、地頭の性質については研究者の間でも論争が決着しておらず、「1185年が画期的か」については有力な異論もあるようです。罪人の立場だった頼朝が後白河法皇から東国の軍事支配権を認められた、寿永２年の宣旨が出された1183年が重要だという説もあります。それ以外にも、富士川の戦いのあと、御家人たちに「職」を保障したことこそ「東国の自立の第一歩」だとして重視する1180年説もあります。実は、いま「鎌倉幕府の実質」をどうみるか、研究者間で室町幕府研究と並んで熱い議論がおこなわれていると感じます。そうした議論をもとに冷静に考えていきたい、と私は思っています。

鎌倉文化

これまでの文化の流れをふまえて、そして鎌倉時代の政治・社会の動きから考えて、鎌倉文化はどんな文化になりそうでしょうか？

？？？？

第一のポイントは、ずっと権力者たちが担い手の文化が続いてきたのが、平安時代末期の「院政期の文化」で、地方にハイレベルな文化が成長し、さらに「客体」ではありましたが、「武士や庶民が注目される文化」になってきました。この流れで「武士の政権」ができたんですから、これはもう、「武士好みの文化」で決まりでしょう。運慶・快慶らの傑作「東大寺南大門金剛力士像」は、彼らが北条氏らとつながっていたことを考えても、武士好みの造形を見事に表現したのではないでしょうか。彼らは奈良仏師と呼ばれますが、奈良時代の天平彫刻の写実性をリニューアルしたという点を、天平文化とも結びつけておきましょう。「写実的」というのも「武士好み」です。似絵なども、その一例でしょう。「似絵」とは、個人の肖像画です。「写実的」という、この時代の文化の特徴をよく表していると思います。

▲東大寺南大門金剛力士像

「武士や一般ピープル向け」ということでは、親鸞の「悪人正機説」がぴったりだと思います。「善人なをもちて往生をとぐ、いはんや悪人をや」。おそらくどの教科書にも載っているこの一節、衝撃的ですよね。これは『歎異抄』といって、親鸞の弟子の唯円がまとめた本の一節ですが、「善人ですら極楽往生ができる。まして悪人ができないわけがあろうか」と言っています。

ええっ！　高校生だった時の私は絶句しましたね。「何これ、教科書のミスプリントじゃないの？」と本気でそう思いました。「これって、悪行の勧め？　それがこともあろうに、教科書に載ってるの！？」と。

それからいろいろ勉強して、いまでは以下のように考えています。もちろん、悪行の勧めではありません。

ここで言っている善人とは、「お金持ちで寄付したり、お寺にとっていいことをする人」や、「仏の教え、つまり『生き物を殺すな』（不殺生と言います）といったことを実行できる人」で、こういった人は、もう自分は極楽往生で間違いなし、と思っている。

ところがギッチョン、貧しくてお寺に寄付できない人とか、「不殺生」の戒めを守れない、例えば武士とか、漁師さんとか、猟師さんとかはどうだろう。「このままじゃ地獄行き確実？」とか思って、「お願いします！　阿弥陀さま！」と、「なむ！　あみだぶつ」の念仏を必死で唱える。

善人と悪人と、どっちを阿弥陀さまは救おうとされるだろうか？…必死にすがる悪人の方ではないだろうか。

こんな教えを初めて聞いた一般ピープルや武士たちは、目の前がすーっと明るくなってきたのではないでしょうか？

武士や庶民向け、ということでは、一遍上人の「踊念仏」も「踊るのが念仏」なんてすごいですよね。文学でも、『平家物語』は「琵琶の弾き語り」で伝えられたというのが、字が読めない人でも理解できていいですね。

続いて第二のポイント。じゃ貴族たちはどうだったか？　「過去はオレたちの天下だったのに、どうしてこうなっちゃった？」と考えると、歴史に目を向けたり、「オレたちには伝統がある！」とアイデンティティ確立に努めたりすることになります。そこから生まれた傑作が慈円の『愚管抄』でしょうか。教科書にあるように、彼は九条兼実の弟でもあるし、「当代随一の学識ある者」とみなされていた天台座主（比叡山延暦寺を総本山とする天台宗のトップ。法然、親鸞、日蓮など初めは天台宗で学んだ）でもありました。『新古今和歌集』の選定や朝廷の儀式・先例などを研究する「有職故実」の書物の制作も、この流れでおさえておきましょう。

外国からの影響はどうでしょうか。モンゴルが建てた元とは戦争までしてしまいましたが、その前、つまり唐のあとの宋とも、正式な国交は開かれませんでした。でも平清盛の日宋貿易では宋銭が大量に入ってきて、117ページでみたように「貨幣経済」で日本の社会を変えてしまったし、鎌倉時代末期に入ってきた宋学（朱子学）は後醍醐天皇に大きな影響を与え、さらにのちの江戸幕府の政策にたいへんな影響を与えました。さっきみた東大寺南大門をはじめ、源平の戦いで焼失してしまった東大寺の再建には宋の陳和卿という人の働きが欠かせませんでした。

鎌倉時代から建武の新政、南北朝時代へ　いつ果てるとも知れない動乱

時代の流れは、どうなっていくのか

「鎌倉幕府が滅び、後醍醐天皇中心の建武の新政がおこなわれるようになった」ということは、武士の力が弱くなったのでしょうか？

？？？？

表面的にみると、「そうかな？」と思ってしまいそうですね。朝廷と幕府とがあったのに、幕府が滅んで朝廷が残ったのですから。しかしどうでしょう。後醍醐天皇は悪党たちを味方につけて幕府打倒に立ち上がりました。そして、最終的な打倒の決め手になったのは、足利高氏や新田義貞といった有力御家人が幕府に離反したことでした。悪党も有力御家人も、武士ですよね。結局、「武士の力で鎌倉幕府は倒れた」わけです。

それなのに、建武の新政はどんな政治をやったと思いますか？　そのポイントは、「古代の、天皇中心だった時代に戻す」ことでした。これで、うまくいくでしょうか？

足利高氏改め尊氏は建武の新政を倒し、持明院統(→p.118)の天皇をたてて征夷大将軍に任命され、幕府を開きます。一方、大覚寺統(→p.118)の後醍醐天皇は奈良の吉野に逃れ、南朝を開くのですが、後醍醐天皇自身も含めて、南朝のおもだった人たちは早くに死んでしまいます。それなのに動乱は約60年続き、各地で武士たちが争い合います。尊氏の孫の義満（よしみつ）の代になって、ようやく動乱は収まります。なぜ、そんなに動乱が続いたのでしょうか。また、室町幕府のもとで一時的な安定が実現したのは、どうしてでしょうか。考えていきたいと思います。

後醍醐天皇の考え違い

幕府を滅亡させて始まった、後醍醐天皇の「建武の新政」は、なぜ約2年半という短期間で終わりを告げたのでしょうか？

？？？？

後醍醐天皇の「やる気」は相当なものだったようです。彼の言葉として、当時の様子を描いた『梅松論(ばいしょうろん)』という歴史書(→p.134)に、こういうものが載っています。

今の例は昔の新儀也(なり)。朕(ちん)が新儀は未来の先例たるべし……

つまり、「現在慣例になっていることは、昔のある時点では『新しく始めたこと』だった。私が初めておこなうことは、将来には慣例になっていることだ」と言っているわけです。ここでちょっと前に戻りますが、平安時代の朝廷での決まり文句は「慣例により」で、つまり天皇や藤原氏の当時の政治というのは、前例通りで新しいことをやらない、ということだったのですね。基本、それが鎌倉時代の朝廷でも続いていて、これまでと違うことをやろうとすると大騒ぎになる、といった感じだったようです。うーん、やっぱり後醍醐天皇は個性的！　こんな天皇、みたことない！！

しかし、それと「うまくいく」かどうか、は別です。教科書をみてみましょう。

天皇は、……摂政・関白をおかず、幕府も院政も否定した。また、すべての土地所有権の確認には天皇の綸旨(りんじ)❶を必要とするという趣旨の法令を打ち出して、天皇への権限集中をはかった。……天皇中心の新政策は、それまで武士の社会につくられていた慣習を無視していたため、多くの武士の不満と抵抗を引きおこした。また、にわかづくりの政治機構と内部の複雑な人間的対立は、政務の停滞や社会の混乱をまねいて、人々の信頼を急速に失っていった。

❶本書 p.106参照。

（㊝p.111～112）

「反動的」という言葉があります。歴史には流れがある。その流れを逆行させようとする動きを「反動的」と言いますが、この後醍醐天皇の政治が、まさにそれだと思います。何よりも驚くのは、「すべての土地所有権の確認には

▲掲示された落書（イメージ）

天皇の綸旨を必要とする」という趣旨の法令です。鎌倉時代、土地をめぐる訴訟が多かった、というのは112ページでお話ししましたね。幕府はそれで御成敗式目をつくりました。さらに、113ページでお話ししたように３代執権の泰時や５代執権の時頼は備えをうっていましたね。何年も経験を積んでいる幕府ですらこうなのに、久しぶりに土地の訴訟などを取り扱うことになった朝廷で、うまくいくわけがありません。一方、後醍醐天皇が出した法令のことを聞いて、「これはチャンスだ」とか「心配だから、この際権利を確認しておこう」とか思った人たちはたくさんいたでしょう。

山のように訴えが都に持ち込まれ、音をあげた後醍醐天皇は、先に出した法令をくるくる修正してしまいます。そんなに大事な法令が修正され「朝令暮改」もいいところ、偽の法令や綸旨が都にはやってしまいます。当時の都の混乱ぶりを風刺したことで有名な二条河原落書、こうした落書きが教科書に載っているなんておもしろいですよね。

二条河原落書

此比都ニハヤル物。夜討、強盗、謀綸旨。召人、早馬、虚騒動。生頸、還俗、自由出家。俄大名、迷者。安堵、恩賞、虚軍。本領ハナルヽ訴訟人、文書入タル細葛。追従、讒人、禅律僧。下克上スル成出者。
（『建武年間記』）

史料で「文書入タル細葛」の「文書」は訴訟のための書類でしょう。一番最初に「この頃、都にはやる物」で「謀綸旨」が登場していますね。

また、後醍醐天皇は「**醍醐・村上天皇の親政を理想とし**」（㊎p.111）、「後醍醐」というおくり名も醍醐天皇を理想化して、みずから定めたと言われています。ふつう、亡くなってからまわりが決める「おくり名」を自分で生前に決めちゃう、というのもビックリですが、醍醐天皇と言えば平安時代、その頃

（→p.87）
（→p.55）

の「何でも天皇が仕切っていた時代」に戻そう、というわけなんですね。これこそ反動的といえるでしょう。さっきもお話ししたように、足利・新田の力で念願を果たしたというのに…。後醍醐天皇は、それでうまくいくと思っていたのでしょうか。また、足利高氏には、自分の諱(いみな)（天皇の名前）尊治(たかはる)から１字とって尊氏と名乗らせたり（もともとの高氏は、北条氏の最後の得宗(→ p.113)北条高時から１字もらったもの）、気をつかっている面もあります。しかし、建武の新政の新政権で尊氏は新田などと比べれば扱いが低く、重要な役職についていませんでした。当時「尊氏なし」と公家たちも言っていたという記述が『梅松論』(→ p.134)にあります。後醍醐天皇が、公家や自分のお気に入りを重視して尊氏を軽視したのは、「墓穴を掘った」感じがします。

北条高時の遺児時行(ときゆき)が「中先代(なかせんだい)の乱」を起こして鎌倉を奪還し、尊氏の弟直義(ただよし)がピンチになった際、「助けに行きたい」と尊氏が言っても後醍醐天皇は許しませんでした。それでも尊氏は鎌倉に行き、その結果、後醍醐天皇に反旗をひるがえすことになります。この鎌倉行きの時、数多くの武士たちが尊氏と行動をともにします。後醍醐天皇の政治への不満と、尊氏への期待の高まりが、建武の新政が約２年半で終わった最大の理由でしょう。

どうして尊氏がそむいたのか、という点については「よく分からない」という説もあり、私も気になっています。楠木正成(くすのきまさしげ)が「新田義貞を除いて、尊氏と和睦(わぼく)しよう」と提案したとも言われています。この提案は後醍醐天皇に却下されますが、当時の人間関係など、もう少しこれから新しいことが分かってくるかもしれない、という気がします。

尊氏は一度京都を制圧しますが、北畠顕家(あきいえ)率いる奥州の軍勢の到着で今度は敗れ、九州から態勢をたて直して再び入京し、1336年、光明(こうみょう)天皇をたてて幕府を開きます。ここで問題です。

尊氏が幕府を開いたのに、なぜそこから新しい時代が始まるようにみなさないのでしょうか？

？？？？

これは考えやすかったかな？　後醍醐天皇が吉野に逃れて南朝を開いただけでなく、北朝側でも尊氏派と弟の直義派に分かれて争い、少しも落ち着かない動乱の時代が続くからです。それが一番の原因ですが、九州では南朝の勢力が強く、菊池という一族が中心になって、後醍醐天皇の皇子である懐良親王をいただいて戦いました。懐良親王は中国の明から「日本国王」とされて通交しています。

こぼれ話 後醍醐天皇と護良親王、阿野廉子――歴史のなかの男と女（2）

後醍醐天皇のおもな子どもたち

尊良：「一の宮」と称された
世良：期待されたが早世
護良：この「こぼれ話」参照
宗良：歌人、戦士として長寿
恒良・成良・義良：阿野廉子が産んだ皇子たち
懐良：p.127参照（「こぼれ話」の前）
＊振り仮名は当時の記録による。「良」は読み方が「よし」「なが」両方あり。「世」は「よ」という記録もある。

ずっと疑問だったことがありました。後醍醐天皇の子で護良親王という人がいますが、その人にまつわる疑問です。

それは、鎌倉幕府打倒に大きな役割を果たした護良親王を後醍醐天皇が捕らえてしまったことです。身柄は鎌倉にいた足利直義に預けられ、中先代の乱（→p.126）のどさくさにまぎれて直義に殺されてしまいます。かつてのNHK大河ドラマ『太平記』では、中先代の乱討伐で後醍醐天皇の許しがないのに鎌倉にくだった尊氏が討伐に成功したあと、天皇にそむくのを躊躇する様子が描かれていました。その時に直義が「護良親王を殺したから、これでおめおめと京都に戻っても処罰される」と言ってやむなく尊氏が天皇にそむく、というストーリーになっていました。

そもそも、1331年に隠岐に流されてしまっていた天皇が再起できたのも、その間護良親王が楠木正成らと粘り強く幕府軍と戦っていたからです。それまで貢献してきた護良親王を、なぜ父親である後醍醐天皇は捕縛したのか、スッキリしませんでした。それが、天皇が寵愛する阿野廉子の密告によるものだと当時の様子を描いた軍記物である『太平記』に書いてあり、やっと納得がいきました。

なにしろ後醍醐天皇は32人の子どもがいたという説がありますが、廉子が天皇の子を生む前に、少なくとも護良親王をはじめ皇子が4人いました。しかし、それを差し置いて、廉子の生んだ恒良親王が皇太子になります。さらに廉子の生んだほかの2人の皇子は、成良は鎌倉、義良は奥州にくだって、「将来どの勢力が中心になってもいいように」布石を打っています。このうち、恒良・成良は命を落としますが、義良は、のちの南朝の後村上天皇になります。

そんな廉子にとって、護良親王は我が子にとってのライバルだったのでしょう。護良親王を「後醍醐天皇にとって代わろうとしている」と天皇に讒言し、功労者の護良は捕らえられたのでした。…この讒言には足利尊氏もかんでいた、と『太平記』にはありますが、それが本当だとしたら、「目の上のたんこぶ」とみる点で、廉子と尊氏が一致した、ということでしょうか。いずれにしても、阿野廉子を寵愛するあまり、後醍醐天皇は一番頼りになる身内の人間を葬ってしまったのでしょうか？

なんで兄弟で争うの？　いえいえ、兄弟が一番危ないのです

足利尊氏と直義の抗争、私たちの感覚では、「なんで兄弟で仲良くできないの？」と思ってしまいますが、これがなかなか微妙なんです。ここでの話と同じではありませんが、そういえば頼朝と義経の対立も兄弟でしたし、頼朝はもう１人、範頼という弟（実は義仲軍との戦いの総大将）も追放し、おそらく殺しています。

尊氏と直義の対立は、教科書に載っている通り、

鎌倉幕府以来の法秩序を重んじる直義を支持する勢力と、尊氏の執事高師直を中心とする、武力による所領拡大を願う新興勢力との対立がやがて激しくなり、ここに相続問題もからんで、ついに1350（観応元）年に両派は武力対決に突入した（観応の擾乱）。（㊙p.112）

という事態に発展してしまいます。ここで、これまでの流れを確認しましょう。源頼朝は、土地に対する武士たちの権利を保障する一方、「皇族や貴族の土地支配を守り、武士たちの勝手な動きはおさえる」姿勢でしたよね。(→p.104〜105)鎌倉幕府も、基本的にそういう姿勢でした。(→p.112)その線でいこうとしたのが直義で、「自力でどんどん土地を増やしちゃえ！」というのが高師直、と考えると分かりやすいと思います。『太平記』によれば、師直の兄弟である高師泰は天皇の権威を否定して、「王がいなければならないのなら、木でつくるか金で鋳造して、生きている上皇・天皇はどこかへ流し捨てたい」と言ったと伝えられています。

なぜ南北朝の動乱は、約60年間も続いてしまったのでしょうか？

？　？　？　？

これはもう、南朝VS.北朝、というシンプルな展開ではないんですね。まず南朝側では、1336年に動乱が始まってすぐ楠木正成が敗死、1338年には北畠顕家や新田義貞が死に、1339年に後醍醐天皇も亡くなります。…というわけで、おもだった人は、初期にこの世を去ってしまいます。その後は北畠顕家の父親の親房(ちかふさ)らが中心になります。問題は北朝側で、直義派は直義が死んだあとも、直義の養子の直冬(ただふゆ)がリーダーとなって戦いますが、実はこの直冬は尊氏の実子だった、という始末です。尊氏派・直冬派ともに相手と戦うために南朝に降伏する、という作戦を代わる代わるとり、そのあおりで北朝の崇光(すこう)天皇と皇太子が廃され、北朝が使っていた元号は南朝の元号に代えられてしまう、なんてこともありました。こんなにすったもんだする背景は、教科書にこう書かれています(惣領(そうりょう)制については、116ページを参照)。

このように動乱が長引いて全国化した背景には、すでに鎌倉時代後期頃から始まっていた惣領制の解体があった。この頃、武家(ぶけ)社会では宗家(そうけ)と分家のつながりが弱まり、遠方に住む一族との血縁(けつえん)的結合よりも、近隣に住む武士どうしの地縁(ちえん)的結合が重視されるようになった。また、それぞれの家の中では嫡子(ちゃくし)がすべての所領を相続して、庶子(しょし)は嫡子に従属する単独相続が一般的になった。こうした変化は各地の武士団の内部に分裂と対立を引きおこし、一方が北朝につけば反対派は南朝につくというかたちで、動乱を拡大させることになった。 (㊍p.112～113)

つまり嫡子(跡取り)が「全部取り」することになると、「では誰を嫡子とするか」で部下たちも各派に分かれて争う、ということになってしまったのですね。さぁ、この動乱に終わりはくるのでしょうか?

そんな中、荘園領主の荘園が全然教科書に登場しませんね。延暦寺とか興福寺とか、「自前の武力」を持っている寺社は別として、貴族の荘園とか、どうなっていきそうですか? 鎌倉時代は、けっこう律儀(りちぎ)な幕府が荘園領主の権利を守ってくれたようでした。この動乱の時代が直義の方向でまとまったら荘園領主たちにとっては良かったですが、まとまりませんでしたよね。貴族たちの荘園、とくに遠隔地のものは、年貢などだんだん入ってこなくなったものが多かったようです。源頼朝が初めて武士の土地に対する権利を認めて以来、いよいよ、「武士が実質的に支配する土地」が増えてきました。

南北朝時代の終わり方

ここで、改めて「土地の支配権」という視点から大きな流れを見直してみたいと思います。大昔、地方の有力者たちが土地を開発していた状態から、いったん「公地公民」になりました。朝廷が口分田を開発させて貸し与える形でした。でもうまくいきませんでしたね。公地も「国衙領」と呼ばれて「私有化の時代」になりました。武士のおもな部分は「開発領主」という形で出てきた、とお話ししました。彼らは寄進をおこなったりして、土地は荘園領主たちのものになったわけです。…ということは、「武士の荘園侵略」というと悪いことみたいですが、「もともと開発した人たちの手に土地がわたった」とも言えるのではないでしょうか。しかし、それは不断の争いを招きます。どうやって、室町幕府の一時的な安定が実現するのでしょうか？

どういう形で南北朝の動乱は終わりを告げたでしょうか？

？ ？ ？ ？

これは、なかなか複雑だと思います。「国人」と呼ばれた地方武士に焦点を当てるのが、一番分かりやすいかな。「国人」とは、鎌倉時代でいえば地頭とか、悪党とか呼ばれた人たちです。

ところで鎌倉時代に、「守護・地頭」と並称されますが、これに任命された御家人の勢力は、「同じくらい」だったと思いますか？　それとも、「全然違うレベル」だったと思いますか？

これ、人によっては**盲点**だと思いますよ。そう言えばざっくりとしか説明していませんでしたが、それぞれの仕事からお話ししましょう。守護というのは、基本的に国単位で１人が任命されます。そして、大犯三カ条といって、御家人に天皇や院の御所を警備させる京都大番役の催促・謀叛人や殺害人の逮捕をおこなうのが平時の最重要な職務です。ほかには国内の御家人を統率して治安の維持に当たる、まぁ警察ですね。一方地頭は、荘園や公領ごとに置かれ、かつての荘官などの仕事、つまり年貢の徴収・納入や土地の管理、治安維持などに当たりました。これまでの荘官が地頭に任命された例もあり、荘官と地頭が並置された場合もありました。

…ということは、お分かりですよね。守護と地頭とでは、仕事の内容などからも分かるように、家来の人数や、武士としての格など、段違いだったのです。

さて、Q5に戻りましょう。かつての地頭たちは、悪党の出現によって、なんかこれまでやってきたことがバカバカしくなったのか、荘園に年貢を納めるのをサボりがちになって、あたかもその土地を自分の私領のようにふるまったりする者が出てきたと考えられます。こうして、貴族たちの荘園に対する支配権がだんだん弱まって「武士が支配する土地」が増えていくわけですが、でも完全にそうなるわけではありません。この話、南北朝時代でいえば、「どんどん支配しちゃえ」というのが高師直派、鎌倉幕府のように荘園領主を大事にするのが足利直義派、でしたよね(→p.128)。このあと「一応支配を固める」室町幕府も、どちらかといえば直義派でした。

自立してきた元地頭や悪党たちは、「あたかも私領のようにしている土地」をめぐって争います。これが南北朝動乱の一面でもあるわけです。その際に、仲間がいた方がいいですよね。こうして契約を結んで同盟を組んだりする者たちが出てきますが、この同盟を「一揆(いっき)」と呼びました。別に、お百姓さんが一致団結して起こすのが一揆、と決まっているわけではないのですね。

つまり、「国人」と当時呼ばれた地方の中小武士たちは、相互に争ったり、一揆を結んだりしながら戦っていたわけです。…そのうちに、自分たちより家来も多い守護の家臣になって力をつける者が現れました。ライバルと戦って危なくなったら、守護が助けにきてくれる、というわけです。

一方、守護は守護でライバルと戦っていました(これも南北朝動乱の一面です)から、家来が多い方がいいですよね。私は高校生たちにいつも、"守護と国人たちと、互いに必要とし合った関係が成り立った"と説明しています。こうしてライバルを倒して、数カ国の守護に成長する者も現れました。

実はこの関係が、守護と幕府の関係にも当てはまります。守護は、鎌倉時代以来、「幕府から任命されてこそ」守護でした。幕府から支持を受けなければならなかったのです。一方幕府も、早く南北朝動乱を終わらせたいですよね。「半済令(はんぜいれい)」という、幕府が出した重要な命令があります。

半済令

一　寺社本所領の事　観応三・七・廿四御沙汰……次に近江・美濃・尾張三ヶ国の本所領半分の事、兵粮料所として、当年一作、軍勢に預け置くべきの由、守護人等に相触れ訖んぬ。半分に於いては、宜しく本所に分かち渡すべし。若し預人、事を左右に寄せ、去渡さざれば一円に本所に返付すべし。　（『建武以来追加』）

教科書で、その内容をチェックしましょう。

半済令は、軍費調達のために守護に一国内の荘園や公領の年貢の半分を徴発する権限を認めたもので、やがて年貢だけでなく、土地も分割するようになった。守護はこれらの権限を利用して国内の荘園や公領を侵略し、これを武士たちにわけ与えて、彼らを統制下に組み入れていった。　（㊌p.113）

いやぁ、これはたいへんな権限ですよね。もちろん荘園領主たちのブーイングが起こったでしょう。しかも、史料では「近江・美濃・尾張」の３カ国に限定されていますが、これがのちに全国的かつ永続的におこなわれるようになっていきます。

いかがですか。世の中が変わる時って、こうやって、「なし崩し」的に変わっちゃうんですね。

また、「**守護の中には国衙の機能をも吸収して、一国全体におよぶ支配権を確立する者もおり**」（㊌p.113）と教科書にあります。税金を一国単位で課しちゃったりする者もいて、これはもう、130ページで説明した、「警察官として仕事して給料をもらう」存在とは違いますね。…そうすると、どうするんでしたっけ？

そう、「**中身が違うから、呼び名を変える**」（→p.11）でしたよね。彼らを「守護」ではなくて「守護大名」と呼ぶようになります。

Q5の答えをまとめましょう。国人は守護（大名）を必要とし、守護は国人を必要とする。守護は幕府を必要とし、幕府は守護を必要とする。こうやって、争っていた国人たちの多くが守護の家来になり、争っていた守護たちも、幕府から半済などの権限を得て数カ国単位で支配を確立する者が出てきて、南朝勢力は必要にされなくなり、やっと動乱が終息していったのです。上から幕府・守護・国人、この三者のバランスが成り立っていきました。1378年に足利義満が京都室町に「花の御所」をつくり、1392年の南北朝合一によって権力が安定した室町幕府が、その微妙なバランスの上に乗っていたのです。幕府は、関東や九州の者などを除いて、守護を京都に集め、常時在京させる形をとりました。そして守護は、有力家臣を守護代として領国に置いたのです。

幕府
↑↓
守護
↑↓
国人

▲幕府・守護・国人の関係

権力の強さを示す大切なバロメーターの１つは財政力だと思いますが、教科書にはこう書かれています。

> 幕府の財政は、御料所からの収入、守護の分担金、地頭・御家人に対する賦課金などでまかなわれた。そのほか、京都で高利貸を営む土倉や酒屋に土倉役・酒屋役を課し、交通の要所に関所を設けて関銭・津料を徴収した。また、幕府の保護下で広く金融活動をおこなっていた京都五山の僧侶にも課税した。さらに日明貿易による利益や、のちには分一銭なども幕府の財源となった。また天皇の即位や内裏の造営など国家的行事の際には、守護を通して全国的に段銭や棟別銭を賦課することもあった。 (㊂p.115)

いろいろ書いてありますが、どうも「安定的な収入」という感じはしませんね。御料所というのは直轄領ですが、これも「諸国に散在している」状態でした。「分一銭」って、何だと思いますか？　なんとあとで出てくる徳政一揆などで徳政令を発布した時、そこでチャラにする借金の総額の10％や20％の手数料を幕府に納入すれば、貸したお金を保護するとか、徳政でチャラにする、といったシロモノです。一揆で土倉などが被害を受け、彼らから入ってくるお金が乏しくなった幕府が、一揆を利用して財政を補おうとしたのでしょう。

南北朝時代の文化

鎌倉時代の文化のように、「これまでの流れをふまえて、どんな特徴が感じられるか」と「この時代の政治、社会からどんな特徴が生まれたか」の２つの視点でみていくと、どんな特徴があったでしょうか？

？？？？

鎌倉時代の文化は、なんてったって新しい中心階層の武士好み、ということと「貴族は歴史を振り返ったり、伝統に自分たちのアイデンティティを見出したりしていた」ということが特徴でしたね。また、平安時代末期では「客体」として注目された一般ピープルの好み、というのもありました。

南北朝時代でも、やっぱり目立つのは武士。軍記物の『太平記』(このネーミングは、うち続く動乱に、「早く平和がきますように」という願掛(がんか)けでしょうか)。そして、これだけ有為転変(ういてんぺん)が激しいと、鎌倉文化同様、歴史に対する関心が高まるようです。その書物も「公家寄り」「武家寄り」「南朝寄り」のそれぞれがあります。それぞれ『増鏡(ますかがみ)』『梅松論』『神皇正統記(じんのうしょうとうき)』です。

それから二条河原落書。この頃、都にはやる物…なんか、リズムがいいですよね。文字数を数えてみましょう。七・五調。これと関係が深いのが、武士・公家を問わずにはやった連歌(れんが)です。各時代にキーワードがある、とお話ししましたが、この時代なら「バサラ」(婆娑羅)かな。伝統にとらわれず、人目をひく派手な服装をしたりすることを、そう称しました。『太平記』などでは、どちらかというと否定的にとらえている感じがします。現代ではどうでしょう。既成概念にとらわれない生き方として、肯定的なニュアンスでとらえられている場合が多いのではないでしょうか。

連歌もお遊びの面がありましたが、茶寄合(ちゃよりあい)を開いて、賭(か)け事としての闘茶(とうちゃ)をやったりしています。武士・公家から庶民まで、なかなか活発になってきた感じです。

南北朝時代から室町時代へ

微妙なバランスの上に動乱は一時的に安定した

室町幕府の安定は、なぜ長続きしなかったのか

南北朝の動乱はしだいに収まっていきます。1392年の南北朝合一以後を室町時代と呼びます。

年表をみてください。尊氏に始まる将軍で、とくに10～14代の将軍の名前は「まったく見覚えがない」と感じる方が多いのではないでしょうか。教科書にも出てきません。なかには、室町幕府のある京都に入れない状態で征夷大将軍に任命された人もいます。

初代尊氏、２代義詮はまだ南北朝動乱の真っ最中です。３代義満が南北朝合一に成功して、ようやく安定の時を迎えました。それは第８章でみた通り、「国人は守護を必要とし、守護は国人を必要とする」「守護は幕府を必要とし、幕府は守護を必要とする」関係が成立したからでした。

それがどうでしょう。８代将軍義政の時に起こった応仁の乱が、「戦国時代の幕開け」とよく言われますが、義満の南北朝合一から75年後に起こっています。なぜ、室町幕府の安定は長続きしなかったのでしょうか。

足利将軍年表

❶尊氏

❷義詮

❸義満　途中まで、南北朝時代
- 1392　南北朝合一（これ以後、室町時代）
- 1401　明に遣使
- 1404　日明貿易開始

❹義持
- 日明貿易やめる（❻義教で復活）

❺義量

❻義教
- 1441　嘉吉の変で殺される

❼義勝

❽義政
- 1467～　応仁の乱

❾義尚
- 近江の六角氏討伐途中で死没

❿義稙
- 1493　明応の政変で追放される

⓫義澄
- 1508　前将軍義稙入京で近江に逃れる

⓬義晴
- 実権はなく、しばしば京都を追われる

⓭義輝
- 1565　戦国武将の松永久通らに殺される

⓮義栄

⓯義昭
- 1568　織田信長によって入京
- 1573　信長によって京都を追放される

危ない橋を乗り切って、しかし残念な結末に終わった足利義満

「室町幕府は微妙なバランスの上に乗っている」という視点でみると、室町時代のリアルがいろいろみえてくると思います。

こぼれ話 まるで詐欺（？）の南北朝合一

南北朝の合一について、教科書には、「南朝の後亀山天皇が義満の説得に応じて入京し、天皇は北朝の後小松天皇1人となった」（教p.114）とあります。

後亀山天皇にしてみれば、南朝勢力の一大拠点だった九州の南朝勢力も衰えてしまい、「もはやこれまで」という思いだったかもしれません。しかし、天皇の即位の象徴である「三種の神器」を義満に渡す時の思いを考えると、「悔しかっただろうなぁ」という気がします。

「悔しい！」で済まさずに、後亀山天皇はしっかり条件をつけました。それは、「次の天皇は南朝から出すこと」。もちろん義満がこれをのんだからこそ、「三種の神器」の受け渡しはスムーズに進んだものと思われます。

しかし、その後の歴史のリアルはどうだったと思いますか？　後小松天皇のあとの天皇は北朝が続き、それ以後、南朝に皇位が戻ることは、ついにありませんでした。

このように、「南北朝合一」も「のるかそるか」の賭けみたいなものでしたが、強大な勢力となった一部の守護大名たちの中には、義満を軽んじる者もいたようですし、いつそういう「不心得者」が出ないともかぎらない状況でした。そこで義満が打った手は何でしょうか？…教科書には以下のように書かれています。

義満は1390（明徳元）年、美濃・尾張・伊勢の守護を兼ねる土岐氏を討伐し（土岐康行の乱）、翌1391（明徳2）年には西国11カ国の守護を兼ねる山名氏一族の内紛に介入して、山名氏清らを滅ぼした（明徳の乱）。さらに1399（応永6）年にも有力守護大内義弘を討伐した（応永の乱）。これらはいずれも義満の挑発によって引きおこされた事件である。（教p.115）

さて、ここで、この「挑発」の方法についての問題です。

足利義満は、当時の武士たちによくあった状況を利用した、と考えられます。その状況とは何でしょうか？…以前お話ししましたよ。

？？？？

これは、「分割相続から単独相続に変わり、誰を『全部取り』する嫡子にするか、をめぐって争いが起こった」ことです。

例えば明徳の乱(→p.129)で言うと、義満は山名氏の中で氏清・満幸と時熙・氏幸の仲が悪いのを感じ取って、初めは氏清らを利用しようとし、ついで時熙らを利用して氏清らを抑えようとします。そして大軍で倒して時熙らには一国ずつしか守護に任命せず、一気に山名氏の勢力の削減に成功したのです。

「微妙なバランスの上に成り立つ幕府」ですから、守護が「自分を必要としなくなるほどに強大になる」ことは都合の悪いことだったのですね。

こうして、義満は南北朝の合一と強大な守護の勢力削減に成功し、続いて日明貿易と朝廷内部での高い位のゲットに取り組みます。

当時、明は東アジアで最も文明が進んでいましたが、厳密な朝貢・冊封(→p.67)関係を維持していました。その背景の1つには、海賊である倭寇(戦国時代の頃の後期倭寇と区別して、前期倭寇と呼ばれる)の活動が盛んで、明が海禁政策をとっていたことがありました。ここで義満は1401年に使者を派遣し、倭寇が掠奪してきた中国人を送還して通商を求め、1404年以降は、明の皇帝の臣下となり、「日本国王」に冊封される形式をとりました。朝貢貿易では、自分が弟分になってへりくだる代わりに、兄貴分である明からは貢物の何倍もの「お返し」が得られました。鎌倉時代から貨幣経済、つまりお金の世の中になっていた日本社会にとって、明からもたらされる明銭は、鎌倉時代の宋銭とともに、とても価値あるものだったでしょう。「微妙なバランスの上に立っている」室町幕府にとって、財政的にこれは「おいしい」話だったと思います。貿易船が倭寇と区別するために、勘合を持参した話も有名ですね。勘合貿易と言います。

▲永楽通宝

さて、義満が朝廷の位でどんどん出世していった話は目をひきます。彼が「准三后(太皇太后・皇太后・皇后に准ずる資格)とも呼ばれ、ときの公家の最高クラスだった二条良基は顧問役であり、ついには我が子義嗣を皇位につけようとした」と今谷明氏が『室町の王権』(中公新書、1990年)で論じたことは、教科書などには載っていませんが、私は「あり得たこと」だと思っています。

しかし、義満は急死してしまいます。4代将軍になった足利義持は、父義満が始めた日明貿易を中止し(6代義教が再開します)、死んだ義満に高い呼称を授けたい、という朝廷の申し出も断っています。義持は義満に反感を持っていたのでしょうか? さっき、「皇位につけようとした」のが義嗣だった、という点に注目してください。義嗣は義持の弟ですが、義満から溺愛されていた、という話もあります。義持がそれを怒っていたとしたら、親子関係の難しさを感じてしまいます。

ここでの最後に。「微妙なバランスの上に乗っている」室町幕府は、貴族や寺社などの荘園領主を保護する法令を出したりしました。守護などがあまり強くならないように、ということでしょうか。…ということは、幕府の権威が衰えた戦国時代になると、どうなるでしょうか…?

また、室町幕府は将軍を補佐する管領という役職をつくり、足利氏の一門で有力な守護の、3つの家柄から任命しました(細川、斯波、畠山)。鎌倉には足利尊氏の子の足利基氏を初代として鎌倉公方を置き、それを補佐する関東管領という役職などをつくりました。鎌倉には、室町幕府のミニ版がつくられたわけです。しかしこれも、京都の将軍と鎌倉公方が対立したりすることにつながったりしました。

室町時代の経済の発展と惣村

鎌倉時代、幕府滅亡の原因は貨幣経済、という話をしました(→p.117)。ここで問題です。

鎌倉時代と室町時代とで、農業や諸産業の発達を比較してみましょう。

? ? ? ?

まず農業ですが、鎌倉時代については、116ページでお話ししましたね。

それと比べてみましょう。室町時代の農業の発達について、教科書には次のように書いてあります。

畿内では二毛作に加え、三毛作もおこなわれた。……肥料も刈敷・草木灰などとともに下肥❶が広く使われるようになって、地味の向上と収穫の安定化が進んだ。また手工業の原料として、苧(からむし)❷・桑・楮❸・漆・藍・茶などの栽培も盛んになり、年貢の銭納の普及と農村加工業の発達により、これらが商品として流通するようになった。

❶人の糞尿。❷麻織物の原料。❸和紙の原料。 (㊝p.123)

畿内では「二毛作」が「三毛作」にまで進んでいますね。栽培されるものの種類も増え、「商品」となっていることも注目です。

続いて諸産業ですが、教科書の鎌倉時代の記述は、手工業のあとですぐに商業の話になっています。それが室町時代では、地方の特産品や酒造業の話があり、製塩の話も教科書に出てきます。

そして商業でも、鎌倉時代は三斎市だったものが、応仁の乱後は六斎市が一般化した、というのが分かりやすく発達していますね。そしてそればかりか、京都などでは「**常設の小売店が一般化し**」(㊝p.124)たというんですから、ずいぶん現在に近づいてきたものです。いまから何年かたったら、私たちの時代について日本史の教科書に「コンビニエンスストア(コンビニ)が一般化した」なんていう記述が載るんでしょうか。

鎌倉時代に座が出てきますが、室町時代では「**その種類や数が著しく増えた**」ことと並んで、「**15世紀以降になると、座に加わらない新興商人が出現し**」(㊝p.124)たと教科書に書いてあります。

金貸しについては、鎌倉時代は「借上」(どうみても「かりあげ」と読んでしまいそうですが)、室町時代には土倉・酒屋が高利貸業者として登場します。また、馬借・車借と呼ばれる運送業者が活躍しました。ということは、商品輸送が大いに活発化した、ということを物語っていますね。

▲京都の商店街

室町時代の農村の変化は、どういうものだったでしょうか？　鎌倉時代からの流れで考えてみてください。

？？？？

実は、鎌倉時代にすでに、教科書に次のような記述があります。

荘園領主や地頭の圧迫・非法に対する農民の動きが活発となり、団結して訴訟をおこしたり、集団で逃亡したりする例も多くなった。年貢を農民が定額で請け負うこともおこなわれた。（教p.102）

当時の農民もなかなかやりますね。鎌倉時代の紀伊国（いまの和歌山県と三重県の一部）での農民の訴状をみてみましょう。

阿氐河荘民の訴状

阿テ河ノ上村百姓ラツツシテ（謹んで）言上

ヲンサイモク（材木）ノコト、アルイワチトウ（地頭）ノキヤウシヤウ（京上）、アルイワチカフ（近夫）トマウシ（申し）、カクノコトク（かくの如く）ノ人フ（人夫）ヲ、チトウノカタエ（地頭の方へ）セメツカワレ（責め使われ）候ヘハ（そうらえば）、ヲマヒマ（手間暇）候ワス候（そうらわずそうろう）。（高野山文書）

お分かりですか？　紀伊国阿氐河荘という荘園の領主は高野山の寺だったので、そこに残っている史料です。ここでは、領主さまに納める材木が遅れている理由を書いています。地頭が上京する、また近所での用事があるといってこき使うので、暇がない、と言っています。

これは地頭と争っていた荘園領主が指導して訴状を書かせ、六波羅探題に提出したもののようです。1275年のことだったようですが、農民たちの抵抗は、教科書にもあった通り、こうした訴状を出すだけでなく、逃散と呼ばれた耕作放棄や逃亡、さらには武力によるものもあったようです。

こうした鎌倉時代の抵抗の上に、惣村が形成されてきました。再度、教科書をみてみましょう。

鎌倉時代後期、近畿地方やその周辺部では、支配単位である荘園や公領の内部にいくつかの村が自然発生的に生まれ、南北朝の動乱の中でしだいに各地に広がっていった。農民たちがみずからつくり出したこの自立的・自治的な村を惣または惣村という。（教p.119）

こうして、農業経営をおこなううえでは荘園よりも惣村が大切になりました。村や、村の連合である郷が地域の枠組みになっていきます。

農民たちは、農作業に不可欠な水や山林の木々・落ち葉などについて寄合で掟を決め、それに反する「我田引水」や「落ち葉拾い」などには厳しい罰を課していたのです。「一味神水」という言葉がありますが、惣のメンバーは村の鎮守の神水を飲み、仲間を裏切らないことを神に誓いました。裏切れば神罰を被ることを書いた起請文が残っています。起請文に参加者全員が署名してそれを焼き、その灰を水に入れて飲むこともあったと言います。

こぼれ話 「村八分」の恐怖

現代で「村八分」といったらイジメの代名詞みたいですが、もともとは、この惣村の「掟破り」に対する制裁だったようです。

「八分」については協力しない、ということは「残りの二分」が気になりますね。地域によっても違うかもしれませんが、私が調べた範囲では「火事」「葬式」が「二分」のようです。ということは、大人数の協力が必要な田植えとか、結婚とかは協力しないのでしょうか。やっぱり、村では生きていけなくなりそうですね。

ここで、また教科書の記述から考えてみましょう。

強い連帯意識で結ばれた惣村の農民は、不法を働く代官・荘官の免職や、水害・干害の際の年貢の減免を求めて一揆❶を結び、荘園領主のもとに大挙しておしかけたり（強訴）、全員が耕作を放棄して他領や山林に逃げ込んだり（逃散）する実力行使をしばしばおこなった。

❶一揆については、本書 p.131 参照。（教p.120）

そして、歴史に名が残る大規模な土一揆（土民と呼ばれていた農民たちが起こした行動）が何度も起こります。まず、1428（正長元）年、徳政令を求めて京都の土倉・酒屋などを襲う一揆が起こりました。

正長の徳政一揆

(正長元年)九月　日、一天下の土民蜂起す。徳政と号し、酒屋・土倉・寺院等を破却せしめ、雑物等恣にこれを取り、借銭等悉くこれを破る。管領これを成敗す。凡そ亡国の基、これに過ぐべからず。日本開白以来、土民蜂起是れ初めなり。　　　(『大乗院日記目録』)

この興福寺の大乗院の僧侶の日記には「土民蜂起是れ初めなり」と驚きをもって記されていますが、この時には幕府は徳政令を出しませんでした。写真の資料は、いまの奈良県の柳生街道沿いに残るもので、「正長元年より先は、神戸四カ郷に負い目あるべからず」、それまでの借金が正長元年でチャラになったということが彫られており、私徳政、つまり借金の実力破棄がおこなわれたことを示していると考えられています。そして、土一揆はこれで終わりませんでした。

▲柳生の徳政碑文

翌1429(正長２)年には播磨国(いまの兵庫県の一部)で起こり、農民たちは「侍をして国中にあらしむべからず」と言っている、と公家の日記に記されています。

さらに、1441(嘉吉元)年に起こった土一揆を書き残した公家の日記には、「侍所はたくさんの兵で防戦した」が、「農民の数は数万にも増えて防ぎきれない」と書いてあり、この時幕府は初めて徳政令を山城国(いまの京都府の一部)全体に発布したのです。この後、幕府は何度も徳政令を出すようになります。ここで考えてみましょう。

なぜ、「幕府の軍勢でも防ぎきれない」ほどの土一揆が起こったのでしょうか？

？？？？

いくつか考えるための手がかりをお示ししましょう。まず、「なぜ、巨万の参加者がいる一揆が、ほぼ一斉に起こった」のでしょうか。携帯電話もない時代です。それから、1428年というと、６代将軍足利義教がクジびきで選ばれた年であり(一揆はそのあと起こった)、1441年は、その義教が暗殺された年でした。幕府が農民だけを対象とした徳政令を出そうとすると、一揆勢は「(公家・武家も含めた)一国平均(いっこくへいきん)」の徳政令を求めた、と言われています。

なぜ、携帯電話もない時代に、ほぼ一斉に巨万の農民たちが立ち上がったのか？　これは想像するしかありませんが、やはり「合図」があり、事前に「合図があったら蜂起する」取り決めがあったのではないでしょうか。

では、その合図とは何でしょうか？

正長の一揆も嘉吉の一揆も９月に起こりますが、どちらも、８月に馬借が蜂起しているのが注目されます。139ページでお話ししていた、運送業者の馬借は、おそらく村々をわたり歩いていたでしょう。彼らの蜂起が、合図であり、惣村を越えた「ほぼ一斉の巨万の農民の蜂起」を可能にしたのではないでしょうか。

そして一揆のリーダーはおそらく地侍(じさむらい)と呼ばれた、侍身分を獲得した者たちだったと思われます。教科書にも、こうあります。

また惣村の有力者の中には、守護などと主従関係を結んで武士化する者が多く現れたため、荘園領主や地頭の年貢徴収はしだいに困難になっていった。

(㊫p.120)

「農民」のイメージが変わりますよね。そして「将軍が変わると一揆を起こす」とか、「徳政令の対象は自分たちだけでなく、公家・武家も含めよ」とかいった要求とか、とても農民だけの判断とは思えません。やはり、バックに相当の守護大名か誰かがついていたのではないでしょうか。

ここまでお話ししてきたことをまとめて、それが歴史に持っている意味を考えたいと思います。

農業や諸産業の発達が多種多様な商品を生み、運送業者の活動が活発になってきました。そして、農民たちの団結が強くなって、巨万の一揆が起こりました。農民たちの上層部には守護などと結びつく者もあり、彼らの行動が社会を揺るがせていったのです。幕府は何度も徳政令を出すようになり、それは土倉や酒屋に打撃を与え、幕府の権威は衰えていったと考えられます。

先ほどお話しした分一銭(→p.133)も、幕府の権威の低下につながったでしょう。

幕府の権威が衰えると、微妙なバランスで成立していた室町時代の「安定」が崩れていきます。そして始まる新たな動乱の時代、それが戦国時代と呼ばれるわけですね。

また、当時の農民たちは、地侍――名主(自作農)――作人(小作農)――下人(奴隷的な身分)といった層に分かれていました。

将軍の権威は、いつ失墜したのか？　戦国時代はいつからか

６代将軍足利義教はクジびきで選ばれました。なぜ、そんなことになったのでしょう？

４代将軍足利義持まではすでに登場しましたね。「父親の義満と仲悪かったんじゃないか？」と想像した、あの義持です。彼は息子の義量に1423年に位を譲りました。ところがギッチョン、その２年後、５代将軍義量は19歳で病死してしまいます。お酒の飲み過ぎを注意されていた、というのですが…。義量には子どもがいなかったので、その後、義持が再び政務をとっていたのですが、1428年に後継者を決めないまま臨終の時を迎えてしまいました。

６代将軍には複数の候補が考えられたため、石清水八幡宮の神前でクジびきがおこなわれました。「なんか、いいかげん」と思う人もいるかもしれません。しかし、相談してしこりが残るより、神様に判断してもらう、というのは当時の感覚でいうと「合理的」だったのかもしれません。室町幕府は「微妙なバランスの上に乗って」いましたよね。当時、有力な守護が複数いて、それぞれが次の将軍候補を推していたのでしょう。そこで、クジびきで決めないと収まりがつかなかったのではないでしょうか。

ただ、義教本人にとっては、どうだったのでしょうか？　「あ、アイツは『クジびきで選ばれた』と、オレのことを馬鹿にしてる！」と疑心暗鬼になったのかどうか分かりませんが、次々に有力守護などを弾圧していきます。「次はオレの番だ。どうせやられるくらいなら…」と思ったのではないかと想像しますが、その後、有力守護の１人だった赤松満祐に暗殺されてしまいま

す(嘉吉の変)。

私が興味深いと思うのはそのあとで、ふつうなら「将軍暗殺」の赤松満祐はすぐに討たれそうなものでしょう。ところが、みんな「将軍暗殺なんて大それたことを1人でやるわけがない。ここでヘタに動かない方がいい」と考えたのか、満祐はゆうゆうと自分の城に戻ります(そのあと討たれますが)。

また、次の7代将軍足利義勝は9歳で将軍になりますが、8カ月後に赤痢でこの世を去り、応仁の乱と銀閣で有名な足利義政が8代将軍になります。

「なんだかやるせないなぁ」という感じですよね。「クジびき」なんて、将軍の権威の失墜を物語るものなのでしょうか?

「将軍の権威失墜」という時、私がすぐに思い浮かべるのは、応仁の乱を書いた『応仁記』という史料の、以下の部分です。

ああ、義満公の代には土倉役❶が季節ごとにかかり、義教公の代になって一年に十二度かかるようになった。今の代❷になって臨時の土倉役として大嘗会❸のあった十一月には九度、十二月には八度もかかったのである。また、借金を破棄してしまおうと、前代未聞の徳政ということを今の代だけで十三度もおこなわれたので、土倉も幕府御用以外の地方の業者はみな没落してしまった。

❶本書 p.133参照。❷8代将軍義政。❸新天皇が即位した時におこなわれる儀式。

(『応仁記』、現代語訳)

「盛ってる」ところもあるとは思うのですが、「こんなことをやっていては、世も末だ」と考えてしまいます。ただ、「将軍の権威に頼らずに戦い合う」のが戦国時代だとすると、少なくとも8代将軍足利義政は、応仁の乱で戦う双方からかつがれようとしていますし、「完全に権威が失墜した」とは言えないと思います。また、「応仁の乱が戦国時代突入のきっかけ」ということには最近異論も出されています。「戦国時代はいつからか」、次の第10章で引き続き考えていきたいと思います。

こんにちまで続く日本文化、ここに確立

室町時代の文化というと、北山文化と東山文化、それぞれ「金閣」と「銀閣」

が代表例とされていますね。

「金閣」「銀閣」の特徴の違いを説明してみましょう。

？？？？

金閣(北山殿と言われる、足利義満の山荘の一部。現在の鹿苑寺(ろくおんじ)の舎利殿(しゃりでん))の１階部分は寝殿造、２階部分は武家風の造りで、３階部分は鎌倉時代に流行した禅宗様。つまり、「公家好みと武家好み」が、同じ建物で両方あるわけです。

それに対して銀閣(東山殿と言われる、足利義政の山荘の一部。現在の慈照寺(じしょうじ)の観音殿)の１階部分は書院造(しょいんづくり)、２階は禅宗様。書院造が畳・障子など、いまの和風住宅で、「公家好みと武家好み」が溶(と)け合って、まったく新しいものをつくり出した、と言えると思います。

▲金閣(上)と銀閣(下)

平安時代の「公家好み」と、鎌倉時代に始まる「武家好み」、ともにハイレベルなものだったと思いますが、そこから「和風」の世界がつくり出される、ちょうどそれが、この室町時代だった、と言っていいでしょう。

まず北山文化です。鎌倉時代の文化の最大の特徴が「武士好み」だったことを思い出してください。北山文化で注目される、禅宗の１つの臨済宗は幕府のお偉方(えらがた)たちに接近し、帰依(きえ)を受けて発達しました。初めはその教養と結びつけて描かれた、水墨画が印象的ですね。

一般ピープルの生み出した田楽などが貴族たちにバカ受けした、という話を覚えていますか(→p.99)。その田楽や猿楽(さるがく)といった芸能から生まれたのが能です。お面をつけて、所作(しょさ)だけで感情などを表現する、かなりハイレベルな芸術だと思いますが、役者さんたちは「河原乞食」と呼ばれていた、というところにご注目ください。

東山文化では、なんてったって「和風」がキーワードです。枯山水の庭園、狩野派の絵画(水墨画と国風文化の大和絵のいいとこどり!)、侘茶、立花、などなど。「え？　応仁の乱とか、殺伐とした感じなのに、まったり侘茶？」とか思った方もいるでしょうが、戦国武将も「茶の湯」にハマっていたのをご存知ありませんか？　「一期一会」という言葉はお茶の世界で生まれた言葉ですが、「あなたとお会いするのも、これっきりかもしれない」、そんな気持ちで、お茶をたてたのではないでしょうか。

貴族が「伝統」にアイデンティティを見出した、というお話もしましたね。(→p.122)この時代も、有職故実(→p.122)を記したり、古今伝授(古今和歌集の技巧や解釈などを秘事として口伝えした)をおこなったりすることがみられました。

北山・東山と区別できないジャンルでは、連歌の流行、狂言や御伽草子がとくに民衆にまで好まれた、というところに注目してください。御伽草子には「浦島太郎」「一寸法師」など、いまに残る「日本むかしばなし」の世界が目立ちます。そうそう、すでに第８章でみた「二条河原落書」(→p.125)の一節に「下克上」という言葉がみられました。この時代のキーワード(→p.111)の１つでしょうね。実は、「一寸法師」なんか、立派な下克上(これから下剋上と書きます)ではないでしょうか。狂言でも、アホな殿さまが賢い一般ピープルにだまされるお話なんかがあります。そういうのが、ウケたんでしょうね。

文化の地方普及という点では足利学校が注目されます。それ以外にも、この頃からお寺での教育が始まったり、都市商工業者、農村の指導者層の中で「教育熱」と言えるブームが起き、そのための教科書や辞書がつくられたりしたのも、教育の進展と言えますね。

鎌倉新仏教と言われるものも、この時期に広まっていきます。禅宗が地方にも広がったり、京都で日蓮宗が勢力を強めたり、近畿・東海・北陸への浄土真宗(一向宗)の布教が広がったりしたことは、このあとの歴史に大きな影響をもたらします。

仏教の有名人物で、一休宗純の話をすると、「一休さんってホントにいたんだ！」と、知らなかった高校生たちはコーフンします。「とんち話」はどこまでホントか分かりませんが、独特の感性を感じます。お正月を祝ってうかれている人々のところを、ガイコツを付けた杖をついてまわり、「正月は　冥途(めいど)の旅の　一里塚(いちりづか)　めでたくもあり　めでたくもなし」と歌を詠(よ)んだ、というエピソードが私は好きです。ホントのことなのにみんなが見て見ぬふりをして、忘れたふりをしているものをえぐり出す、そういったところに「分かっている人」の価値があるのではないでしょうか。

▲一休宗純

　また、一休の絵で、彼がヒゲを生やし、髪を剃っていないことも注目です。この時代の僧侶たちの腐敗を、奇行で批判しているのでしょうか。

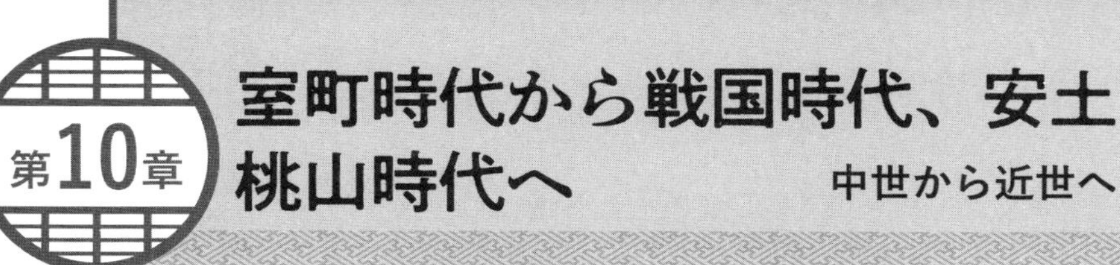

第10章 室町時代から戦国時代、安土桃山時代へ 中世から近世へ

頼まれたって戦国時代には生きたくないです

第９章で、「応仁の乱」(最近は、文明という元号の時期の方が戦闘期間が長かったとして、「応仁・文明の乱」と呼ぼうという提唱もあります)を戦国時代のきっかけとする考え方に異論が出ている、とお話ししました。そうおっしゃる方々は、「応仁の乱以後も、将軍の権威は保たれていた。むしろ、細川政元が10代将軍義稙を追放した1493年の明応の政変こそがふさわしい」と主張されています。それも１つの考え方であり、数年後には教科書の記述も変わってしまうかもしれませんが、私は以下のように考えています。

「将軍の権威が失墜していた」かどうか、は人によって基準が異なり、あまり建設的な議論にならないのではないか。むしろ、応仁の乱の終わり方、つまり「下剋上が広がり、争乱が地方にまで広がった」「荘園制の解体が進んでいった」というところに戦国時代の意味をとらえれば、やはり教科書にある通り、応仁の乱(応仁・文明の乱でもいいですが)が**「戦国時代の幕開け」**(㊖p.122)と評価するのにふさわしいと思います。

これを「流れでみる」と、どういうことになるでしょうか？　室町時代のところで、「幕府は微妙なバランスの上に乗っていた」と説明しましたね。右下の図、見覚えがあるでしょ？　そこで幕府の権威がなくなったら、どうなるでしょうか。守護(大名)は在京していた者が多かったですよね。領国はどうしていましたっけ？　そう、守護代に任せていましたよね。(→p.133)実力のあるヤツはいいですがそうでないヤツは、その守護代に乗っ取られてしまう(乗っ取ったのが織田、朝倉など)。なかには国人が国を乗っ取っちゃう(毛利など)。こうして「ガチの実力勝負の戦国時代」となったわけです。守護たちは戦場の京都から領国に帰っていきました。

また、関東では応仁の乱より早く、鎌倉公方(→p.138)や関東管領(→p.138)をめぐる対立から1454年に起こった、享徳の乱をきっかけに戦国の世に突入したとみられています。

幕府
↑↓
守護
↑↓
国人

▲幕府・守護・国人の関係

さて、「争乱が地方にまで広がり、全国化した」「荘園制の解体が進んでいった」戦国時代というのは、どんな時代だったでしょうか。ひと頃「歴女ブーム」が話題になりました。「歴史が好き」という方が増えるのは大歓迎ですが、「本当はどうだったんだろう？」と追究するのが歴史を学ぶということ、と考える私のような人間にとっては、ゲームやアニメで武将が「イケメン」として偶像化されたりしているのはどうも…と思ってしまいます。

「戦国時代が好き」という方をときおりみかけますが、私は、頼まれたって戦国時代に生まれて生きよう、とは思いません。どうしてだと思いますか？理由は以下の通りです。

平安時代末期から「中世社会」をお話ししてきましたが、平安時代は「けっこうみんなが勝手なことをする」時代、とイメージづけました。鎌倉幕府は、そういう傾向と比べると、「けっこう真面目に、公平を期して政治に当たった」印象があります。室町幕府はというと、そこまではいきませんが、やはり「ちゃんとやろうとした」姿勢はうかがえます。少なくとも、荘園領主を保護する面はありました。(→p.138)

でも、地方ではどうでしょうか。鎌倉時代に悪党、なんて出てきましたね。南北朝時代に国人が戦い合い、守護の家臣となって動乱は一応終わりましたが、「心から従っている」わけではありません。隙(すき)あらば刃向かおう、と考えていたでしょう。要するに、中世というのは自分の力で何とかする「自力救済(じりききゅうさい)」の世の中だったようです。そういった状況で「争乱が全国化した」ら、どうなってしまうと思われますか？　応仁の乱を描いた『応仁記』には、こんな恐ろしい記述が残っています。

> 天下は破れるなら破れたでよい、世間が滅びるなら滅びたでよい。他人はどうであれ、自分さえ富み栄えればそれでよいし、他人よりきらびやかに振舞おうという風潮になっているのである。……この応仁の乱によって仏教の教えも国の法もともに破滅し、諸宗もすべて絶え果ててしまった。
>
> （『応仁記』、現代語訳）

ここで思い浮かぶのは、かつて北条政子とともに「日本三大悪女」の１人とされていた日野富子（ひのとみこ）（8代将軍足利義政の夫人）です（三大悪女、あと1人は誰でしょう？　この本の中でもそのうち出てきますよ）。彼女が評判が悪かったのは、たくさん関所をつくって通行料金を取り立てたり、蓄えたお金を大名たちに貸して高い利息をとったり…ということがあったからのようです。彼女を弁護するつもりはありませんが、貨幣経済が発達していた室町時代の「時代の子」であったことは確かだと思います。

戦乱の中で、貴族などの荘園はどうなるでしょうか？

武力がなければ、どんどん有名無実化していくでしょう。幕府の統制が弱くなると、守護や国人による荘園の侵略が盛んになります。多くの守護が在京していたうちは、貴族などの荘園領主が身近にいましたから、おおっぴらな侵略もセーブされたでしょう。しかし、守護たちが領国に戻ってからは、お構いなしの侵略が起こってしまったのではないでしょうか。そして、京都を舞台にした応仁の乱は、荘園領主たちが自分の荘園を守ろうとする活動にも大きな影響を与えたと考えられます。

また、戦乱の際には、一般ピープルはどうでしょうか。腹を減らし、目を血走らせた武士たちがいつ乱入してくるか分かりません。女性は辱（はずかし）められ、当時は男性や子どもも含めて、売買の対象にされました。そんな中、応仁の乱では、「足軽（あしがる）」という存在が目立ちました。それについて「命がけの出稼（かせ）ぎ」という表現をとある本でみたことがありますが、一般ピープルにとって、一人ひとりの平穏な暮らしなど、まったく顧みられなかった時代だったと思います。

戦国大名はどうでしょうか。「妻と一緒にいても、刀を手もとに置け」という戒めを残した大名もいました。どこまで本当か分かりませんが、織田信長（のぶなが）に嫁（とつ）いだ斎藤道三（どうさん）の娘は、「信長が大将の器（うつわ）でなかったら、隙（すき）をみてこれで刺し殺せ」と言って短刀を渡されたというエピソードもあります。大名たちは分国法（ぶんこくほう）をつくりました。「歴史の流れ」でみると、鎌倉時代の御成敗式目は御家人など武士を対象としたもの（→p.111）で、しかも幕府だけがつくったものでした。それに対して戦国時代の分国法は武士だけを対象にしていないものもあり、大名たちがそれぞれつくったものですから、「武士の支配する時代へと歴史が動いてきた」ことを感じさせられます。ここで問題です。

次の分国法の中に、「家臣たちを城下町に集住させる」という内容がみられるものがあります。これは、どういう目的から定めたものでしょうか？

分国法

一　朝倉が館之外、国内(ニカ)□城郭を構へさせまじく候。惣別分限あらん者、一乗谷へ引越、郷村には代官計り置かるべき事。

（朝倉孝景条々）

一　喧嘩の事、是非に及ばず成敗を加ふべし。但し取り懸ると雖も、堪忍せしむるの輩に於ては、罪科に処すべからず。（甲州法度之次第）

一　駿・遠両国の輩、或はわたくしとして他国より嫁をとり、或は婿にとり、娘をつかはす事、自今以後これを停止し畢ぬ。

（今川仮名目録）

？？？？

これを高校生たちに聞いてみると、たいてい「自分を守ってほしいから」というような答えがかえってきます。敵が攻めてきた時などは、なるほどその方が早く対処できていいかもしれません。しかし、これは平時の命令です。実は、真逆なんですね。「信用できない」「自分の城を構えて、力をつけたりしたら心配だ」ということだと思います。婚姻の許可制も喧嘩両成敗も、そういう意味で理解できますね。

…というわけで、私は生まれ変わっても、戦国大名にはなりたくないです。戦国大名として生きるストレスは、大変なものだったと思います。なにしろ「戦い続け、領地を拡大し続ける」しかありません。その能力が低いとみなされたら、家来がついてきません。武田信玄（晴信）は父信虎を追放しましたが、父親では家来がついてこないと考えたのでしょう。逆に父親を追放しなかったら、信玄の方が危なかったかもしれません。兄弟だってアブナイ存在です。織田信長は、自分よりも母親に愛されていたとされる弟を殺し、もう１人の弟も殺して、やっと尾張一国の支配を確かなものにできました。しかし、愛する我が子を殺された母親（信長にとっても生母ですが）の恨みはすさまじかったようで、信長はそれに苦しんでいただろうと推察します。彼が怒りっぽかったり、家来につらく当たったりしたりした原因は、生母との関係のトラウマが一因としてあるかもしれませんね。
　戦国大名にとっては、いつなんどき、奥さんや家来たち、兄弟などに裏切られるかわかりません。農民たちもほかの大名領にそろって行ってしまう、などといった抵抗をしたりします。それは、その大名とつるんだ動きかもしれません。だから戦い続け、家来たちから「あのお方についていこう」と思ってもらうしかないのです。

　ここで、ぐっと大きく**俯瞰**（ふかん）してみましょう。平安時代末期から中世と呼ばれる時代に入った、とお話ししました。中世って、どんな時代でしたか？
「けっこうみんな勝手なことをする」という表現を使いましたが、どうしてそうなるのでしょうか。
　それは、「統一的な中央権力がない」ということだと思います。古代は律令制度を日本風にアレンジしながら、一応朝廷が全国を支配していました。中世も朝廷はありますが、「法律に沿って言うことを聞かせる力」、つまり権力の裏づけとなる武力は、自前では持っていません。幕府に頼ることになります。その幕府も、鎌倉幕府は秩序の維持に努めましたが、悪党なんかが出てきましたよね。先ほど「自力救済」という表現を使いましたが、当時の地方の現地では「武力がものをいう」状況だったでしょう。
　社会は「荘園制社会」です。公領もありますが、それは国司が私領のようにして、つまり荘園と変わらない構造となってしまいました。これを別の言葉で言えば“私有化の時代”と言ってもいいと思います。その「私有」を裏づけるものは武力です。実は当時、大和国(いまの奈良県)は、僧兵という武力を持った興福寺が実質支配していましたが、それがいい例です。
　中央権力がしっかりしていない、みんな武力で私有財産を勝手に守ろうとする、これは一般ピープルにとって、どんな時代でしょうか？　いや、農民だって惣村という自治的な村をつくり、一揆を結ぶ状況になってきました。いつ果てるともしれない動乱の時代が続きます。
　その一方、ものすごい勢いで「お金の世の中」になってきました。商人たちや流通業者が活躍します。彼らは、どんな社会を望んだでしょうか？

戦国時代の動乱は、こうして江戸時代に代表される近世社会への転換期となり、織田信長という英傑が登場することになるのです。

いろいろな可能性が花開いた戦国時代

戦国時代に、一国ないし一都市を支配していた存在として、戦国大名以外にどんな存在があったでしょうか？　3つ挙げてください。

？？？？

戦国時代といえば戦国大名、と考えがちですが、それだけではありません。これまで、ずっとネガティブなことばかりお話ししてきましたが、戦国時代は、「いろいろな可能性が花開いた時代」でもあったのです。

1つ目は、「古い時代の勢力」です。何でしょうか？　貴族？　うーん、やっぱりこの時代、武力がないと太刀打ちできません。「武力をもった古い勢力」、ほら、いままでにも出てきましたよ。そうです。寺社、なかでも僧兵や神人を持っている大寺社ですね。比叡山延暦寺も大勢力でしたが、「一国を支配していた」のは、もう1つの…そう、先ほど出てきた興福寺でした。幕府も遠慮して大和国には守護を置かない、というか置けない状態だったようです。

2つ目は、国人たちがリードして、地侍たち農民なども加わる、国一揆です。

山城の国一揆

(文明十七年十二月十一日)　今日山城国人集会す。上は六十歳、下は十五六歳と云々。同じく一国中の土民等群衆す。今度両陣の時宜を申し定めんがための故と云々。しかるべきか。但し又下極上のいたりなり。

(文明十八年二月十三日)　今日山城国人、平等院に会合す。国中の掟法なお以てこれを定むべしと云々。およそ神妙。但し興成せしめば、天下のため、しかるべからざる事か。　(『大乗院寺社雑事記』)

教科書をみましょう。

近畿地方やその周辺の国人たちの中には、争乱から地域の秩序を守るために、国一揆を結成する者もあった。1485(文明17)年、南山城地方で両派にわかれて争っていた畠山氏の軍を国外に退去させた山城の国一揆は、山城の住民の支持を得て、8年間にわたり一揆の自治的支配を実現した。 (㊩p.122)

教科書では、この山城の国一揆を下剋上の好例としています。これが信仰と結びつくとどうなるか。

加賀の一向一揆

(長享二年❶六月二十五日)……今晨❷、香厳院に於いて叔和西堂語りて云く。今月五日越前府中に行く。それ以前越前の合力勢❸賀州に赴く。しかりといえども、一揆衆二十万人、富樫城を取り回く。故を以て、同九日城を攻め落さる。皆生害して❹、富樫一家の者一人これを取り立つ❺。

❶1488年。❷今朝。❸将軍の命で富樫援助におもむく朝倉勢。❹自害して。❺富樫泰高が名目上の守護として立てられた。 (『蔭凉軒日録』)

加賀の一向一揆は一向宗(→p.147)の信者である国人・農民たちが守護の富樫政親を倒したもので、加賀一国を実質的に支配(自分たちの言うことを聞く者を守護とした)することが、織田信長に制圧されるまで、約100年続きました。

3つ目は、1つの都市を、ある人々が治めるものです。どんな人たちでしょう?

自由都市堺について

堺の町は甚だ広大にして、大なる商人多数あり。此の町はベニス市の如く執政官に依りて治めらる。

(1561年、ガスパル=ヴィレラ書簡〈『耶蘇会士日本通信』〉)

日本全国、当堺の町より安全なる所なく、他の諸国に於て動乱あるも、此の町には嘗てなく、敗者も勝者も、此の町に来住すれば皆平和に生活し、諸人相和し、他人に害を加ふる者なし。市街に於ては嘗て紛擾起ることなく、敵味方の差別なく皆大なる愛情と礼儀を以て応対せり。市街には悉く門ありて番人を付し、紛擾あれば直に之を閉づることも一の理由なるべし。……町は甚だ堅固にして、西方は海を以て、又他の側は深き堀を以て囲まれ、常に水充満せり。

(1562年、ガスパル=ヴィレラ書簡〈『耶蘇会士日本通信』〉)

この史料をみると、分かりますね。そう、富裕な商工業者たち36人の会合衆によって市政が運営された堺のような自治都市です。堺は堀で囲まれていて、お金で武士たちも雇っていました。そういうところが、戦国時代っぽいですよね。

黒船の衝撃

この見出しをみて、「あれ？　時代が違うんじゃね？」と思った人もいるかな。実は、戦国時代にヨーロッパからやってきた船も「黒船」と呼ばれていたんです。ここで問題です。

この戦国時代にヨーロッパからもたらされたもので、当時や、のちの日本の歴史に大きな影響を与えたものを２つだけ挙げるとしたら、何と何でしょうか。

？？？？

これは簡単すぎたかな。まず1543年に種子島にもたらされた鉄砲、ついで1549年に鹿児島に着いた、フランシスコ＝ザビエルがもたらしたキリスト教ですね。

では、どんな影響を与えたでしょうか？

まず鉄砲から。戦闘に急速に普及して、「天下統一」を早めたことは間違いないでしょう。一方、キリスト教ですが、まずおさえておきたいのは、「貿易と一体だった」ということです。キリスト教の宣教師たちの手紙はたくさん残っていますが、「どんどん鉄砲を送れ。高くても大名たちは買うぞ」などと、“死の商人”みたいなことを書き送っている人もいます。また、日本側でも、鉄砲に必要な火薬の原料である硝石などは日本でとれませんし、「輸入品が欲しいから信者にな

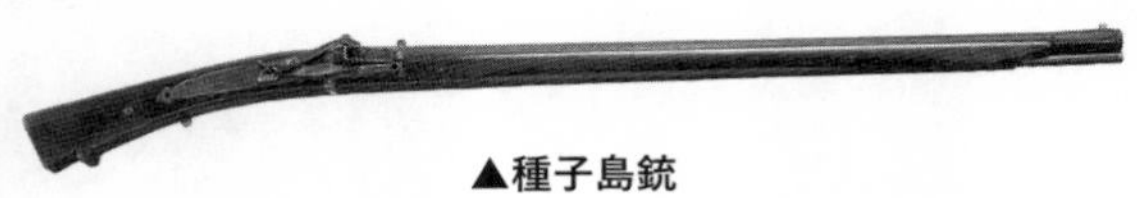

▲種子島銃

▲ザビエル

った」という大名もいたでしょう。

もっと考えたいのは、信者の数が急速に拡大していくことです。私はなぜなんだろう？と考えたことがあります。皆さんは、どう思われますか？

なぜ日本でキリスト教の信者が増えたのでしょうか？　(もし禁教政策がとられなくて)そのまま増えていったら日本社会にどんな影響があったのでしょうか？

？　？　？　？

まず、急速に信者が拡大した原因ですが、いくつかの説があります。

１つは、宣教師たちが「外科手術」をやってみせたこと。「ゴッドハンド」という言葉がありますが、「外科」という発想がない当時の日本人がみたら、まさしく「神の御業(みわざ)」と感じたのではないでしょうか。

もう１つは、教会音楽です。オルガンの音や、ウィーン少年合唱団みたいな高い声の合唱の声などを、あの音響効果バッチリの教会建築の中で聞いたら、確かに「神の世界から聞こえるもの」と感じたかも。

でも、これは想像するしかありませんが、宣教師の説く(たぶん説いたと思うんですが)「神の前の平等」の教えって、外科や音楽とは別次元の、強烈なインパクトを聞く人に与えたのではないでしょうか。

…もしそうだとすると、そのまま信者が拡大していったら、日本の社会にとても大きな影響を与えた、と思いませんか？

それこそ、古代社会以来の日本の歴史を**俯瞰**してみると、ざっくり言って「血すじ」「家柄」がモノをいう社会でした(いまも？)。それに対してイエスが説いたのは、「氏族や家族への埋没状態から個人として自立し、血縁関係を超えた人間どうしの共生に努めよう」ということではなかったでしょうか。そのことを、戦国時代にやってきた宣教師たちが、そのまま説いたかどうか分かりませんが、キリスト教がそういう質を持った宗教であることは確かだと思います(一方で、アメリカ大陸ではインカ帝国を破壊したり、インディアンを追い出したり、という一面もありますが)。この教えが、戦国時代に日本全国に広く浸透していったとしたら、いまの日本社会ももっと違ったものになっていたんじゃないか、と私は考えています。

鉄砲とキリスト教のお話をしてきましたが、南蛮文化の名残(なごり)が、「パン」「ボタン」(ポルトガル語が語源)などたくさん残っているように、ほかにも日本に与えた影響は大きなものがありますね。

織田信長のすごさと、彼がこたえた「時代の課題」

Q5 織田信長のすごさ、あなたはどこにあったと思いますか？

？？？？

もちろん、この問いに対する答えは、いろいろあると思います。最近は、「信長の天下統一という時の『天下』は畿内(きない)だった」「信長は室町幕府や朝廷をたてていた」などと、歴史学のよくある傾向(→p.40)が盛んです。「信長は、実はそんなにたいした人じゃなかった」というニュアンスの主張です。でも、名だたる戦国大名たちの中で、彼が全国統一、つまり「戦国時代を終わらせる」一歩手前までいったのは確かなことです。それは、やはり「すごい」ことだし、「なぜ、それが可能だったのか」は、考えるに足る価値ある問いだと思います。

私は、ここで、逆に考えてみたらどうかな、と思います。織田信長を「すごい」と形容しましたが、この本で、もう１人「すごい」と紹介した登場人物がいました。誰でしたっけ？…そう、源頼朝でしたね(→p.100)。私は「勝ち目がない頼朝になぜ北条時政は味方し、梶原景時は窮地の頼朝を見逃したのか」という問いをたて、私なりの考えをお話ししました。「頼朝は、当時の武士たちの願いにこたえた」。別の言葉で言うと、「当時の『時代の課題』というべきものにこたえた」から勝利できた、と説明したわけです。

信長の「すごさ」を、「当時の『時代の課題』というべきものにこたえた」と考える、とすれば、まず、「当時の『時代の課題』とは何だったろうか？」と考えてみるわけです。具体的に考えてみましょう。

当時は戦国時代、争乱が絶えない時代ですよね。一方で、農業をはじめ、商業など、諸産業はどんどん発達していましたよね(→p.139)。例えば商人たちや馬借(→p.139)たちにとって、戦乱が続いている状態って、ウェルカムですか、ノーサンキューですか？　それから、大名ごとに領国があって争い合っている、ってどうですか？

ノーサンキューに決まってますよね。このことをいま風に言えば、「市場の安定と全国的な統一が求められていた」ということだと思います。信長は、それにこたえたのではないでしょうか。

戦国時代年表

1454	享徳の乱おこる　関東、戦国の世に突入
1467	応仁の乱おこる
1485	山城の国一揆、山城国を支配
1488	加賀の一向一揆、加賀国を支配
1493	明応の政変で10代将軍義稙、京を追われる
1541	武田晴信(信玄)、父信虎を追放
1543	鉄砲、種子島に到来
1549	フランシスコ＝ザビエル、鹿児島に着く
1560	桶狭間の戦いで織田信長、今川義元を破る
1575	長篠の戦いで信長、大量に鉄砲を用いて勝つ
1577	信長、安土城下に楽市令を出す
1582	本能寺の変で信長、明智光秀に討たれる
1590	豊臣秀吉の天下統一、完成

もちろん、ほかの戦国大名たちだって戦いには勝ちたい。でも信長が「すごい」な、と思うのは、「早いうちから堺に目をつけ、屈服させた」というところです。比較的都の近くにあって、富が集まっている、鉄砲の三大産地の１つでもありました。そして、そこで鉄砲を大量にそろえた。長篠の戦いは「鉄砲3,000挺」と言われています。もしホントなら「当時のヨーロッパの戦いでも、そんなにたくさんの鉄砲が一時に使われた例はない」と言われています。まぁ多少話は盛ってるでしょうけど、敵方の武田勢よりたくさん持っていたとは思います。また、ほかの大名たちの「農繁期には戦えない」「雪が降ったら戦えない」といった限界を突破した。つまり「常備軍」を編成したと考えられています。それも富があればこそで、出身地の尾張、いまの愛知県の西側がそもそも豊かな土地だったことが大きいでしょう。そして、堺をはじめ、畿内を支配したことも大きいと思います。関所撤廃も楽座政策も「信長のオリジナルではない」という説が有力で、それはそうだと思いますが、そういったことを全部やっちゃうのがすごい、と思います。室町時代、「15世紀以降になると、座に加わらない新興商人が出現した」とお話ししたの(→p.139)を思い出してください。

堺の商人の立場になれば「信長に屈服するのは悔しい」かもしれませんが、逆に「信長にくっついていけば、たいへんな儲けが手に入る」ということなら「話は別」となると思います。

あ、また「信長のすごさ」にまつわることを思い出してしまいました。

織田信長が、最も苦しんだ敵は何でしょうか？　１回の勝ち負けではなくて、その相手とは長く戦っただけでなく、弟を見殺しにせざるを得なかったり、自分が傷を負ったり、絶体絶命になったりした、その敵は？

？？？？

それは、一向一揆です。信長は一向一揆に対して長く苦しい戦いを続けました。そして絶体絶命のピンチというのは、朝倉攻めの際に浅井長政が裏切った時で、その時、一向一揆も信長包囲網の一翼を担っていました。

さて、信長ならずとも、一向一揆は手ごわい相手でした。若き日の徳川家康も、三河（いまの愛知県の東側）の一向一揆に手を焼きました。何しろ家臣団の中にも「そっち側」につく者がいて、有名なのはのちに家康の懐刀になる本多正信などがそうでした。つまり、戦国大名のおもな家臣といえば、これまで出てきた表現を使えば…？　そう、国人たちであるわけですね。下剋上を恐れる戦国大名たちは、国人たち家臣を城下町に集住させた、とお話ししましたね（→p.152）。国人たちのすぐ下には地侍たち（→p.143）がいます。国人である家臣が下剋上を起こそうとする時は、その地侍たちを率いて起こすでしょう。そうさせないために城下町に集住させる、つまり国人たちを自分の配下の農民たちから切り離す、兵農分離をやりたいのです。ところがギッチョン、一向宗を敵にまわすと、「加賀の一向一揆」（→p.155）みたいに、国人と農民が信仰で結ばれてくっついちゃう。そこで大名たちは、一向宗を敵にまわさないように、まぁおっかなびっくり対処するわけです。…でもこれでは、いつまでたっても兵農分離ができないと思いませんか？　大名たちは、このジレンマに苦しんでいました。

そこで信長は考えました。彼の一向宗信者の団結への対抗策は、「皆殺し」です。

越前（いまの福井県の大部分）の一向一揆を殲滅したあとの彼の手紙には、「死骸で一円あき所なく候。見せたく候」と書いています。身の毛がよだちます。良し悪しは別として、やっぱり信長はすごい！　「さからって結びつくなら、そうすればいい。皆殺しだ」というわけです。振り返ってみると、ここまでの日本の歴史で、こうした「大量虐殺」ってあまり例がない気がします。それによって、兵農分離がホントにおこなわれたし、別の視点からみると、「宗教の自由な活動」が失われた、ということだと思います。

そうそう、こんなこと、疑問に思ったことはありませんか？

室町時代、あんなに世間を騒がせた土一揆(→p.141)**はその後、どうなっちゃったんだろう？　戦国時代から安土桃山時代、全然教科書に出てこない気がする…。**

？？？？

これ、とても重要な疑問だと思います。そのことも、これまでお話ししてきたことと関係があります。土一揆のリーダーは地侍層だったと考えられます。彼らは、兵農分離で「どっちをとる？」と迫られ、大名の家臣になる道を選んだ者が多かった、と私は考えています。だから、土一揆がなくなっていくのではないでしょうか。

織田信長について、最後に一言。興味をそそられることがあります。とにかく彼は天下統一の途中で殺されてしまうので、彼がどんな社会体制をつくろうとしていたのか、残念ながら分かりません。

とくに気になるのは、「キリスト教をどうしようとしていたのか」です。来日して信長と何度も会った宣教師の記録から、彼がキリスト教に興味を持っていたことは確かだと思います。そうすると、「神の前の平等」の教えを、どう考えていたのでしょうか。彼が築く日本社会では、天皇や貴族はどうなっていたのでしょう？

もっとも、彼は本能寺の変の直前、象徴となる石を置いて、自分の誕生日を聖日として石を拝ませる命令を出していました。自分が神になろうとしていたのかもしれません。

こぼれ話　織田信長とオツマキ殿、明智光秀——歴史のなかの男と女(3)

この時代の史料に「オツマキ殿」と呼ばれる女性が登場します。彼女は明智光秀の妹とも義妹ともされていますが、なんと、信長の使者となって奈良の東大寺・興福寺の争いの調停に出かけたりしているようです。贈り物を持ってきた人に、信長が会えないからといって彼女が受け取ったりしていた史料もあります。相当信長から信頼されていた様子がうかがえます。…とすると、「歴史のなかの男と女(1)」でみた、後白河上皇と平滋子(→p.95)が連想され、「オツマキ殿は信長の側室だったのではないか」という説も出てきます。

当時の戦国大名たちの中で、信長ほど「どこの馬の骨かも分からない」家来を才能によって登用した人物はいない、と言われます。光秀しかり、木下藤吉郎(豊臣秀吉)しかり。「オツマキ殿側室説」はさておくとして、オツマキ殿の存在は、そんな光秀にとって「ありがたい」ものだったでしょう。オツマキ殿が1581年に亡くなった時、光秀は「比類なく力を落とした」という史料もあります。平滋子の死後、後白河と清盛の関係が悪化したことが思い出されますね。本能寺の変は、オツマキ殿が亡くなった10カ月後に起こりました。

秀吉の「すごさ」は、どこにある？

Q8　豊臣秀吉のすごさ、あなたはどこにあると思いますか？

？？？？

秀吉が直面していた「時代の課題」は、信長と同じだと思います。ですから今回は、彼のやったことに注意を集中して、「すごさ」を見つけていきましょう。信長と違う秀吉の特徴は、なんてったって農民出身ということですが、これまでのお話で、だいぶ「農民」のイメージが変わったのではないでしょうか？　秀吉も、単なる「お百姓さん」ではなく、例えば彼の父親は足軽大将、という説が有力で、これまでお話ししてきた身分でいうと地侍層(→p.143)だったと考えられています。

さて、そういう身分出身だった秀吉の代表的な政策といえば、「太閤検地」と「刀狩り」ですよね。もちろんそれも重要なのですが、これまでの歴史の流れを考えると、全国の戦国大名に停戦を命じ、その領国の確定を秀吉の裁定に任せることを強制した、ということがまず注目されます。つまり、これまでの中世社会は「自力救済」だった、とお話ししましたが、これからは秀吉がいわば最終裁定者になる（江戸時代でいうと「ご公儀」（→p.150）あるいは「大公儀」）、従わない者は秀吉が裁く、という立場を鮮明にしたことです。中世から近世社会への転換期、と言えると思います。

そして太閤検地による「一地一作人政策」（１つの土地に対し１人の耕作者を決める政策）も、まさに中世的な、土地に対する権利が何層にも分かれている状態に大ナタをふるい、土地の権利関係をシンプルにしました。建前上は「みんな同じタイプの自作農にする」ことによって農民間の格差をなくしていくことは、上昇志向を奪う下剋上根絶政策だったのではないでしょうか。それまでは、地侍――名主――作人――下人と何層にも分かれていましたから上昇志向が生まれ、「下剋上」（→p.144）のムードが社会にあふれていたと思います。それをなくしていく。このことは「小農民維持政策」とも呼ばれますが、このことが秀吉以来、江戸時代も含めて為政者の政策の基本になったと思います。

太閤検地

一　仰せ出され候趣、国人幷百姓共ニ合点❶行候様ニ、能々申し聞すべく候。自然❷、相届かざる❸覚悟の輩これ在るに於ては、城主にて候ハヽ、其もの城へ追入れ、各相談じ❹、一人も残し置かず、なでぎり❺ニ申し付くべく候。百姓以下ニ至るまで、相届かざるニ付てハ、一郷も二郷も悉くなでぎり仕るべく候。六十余州❻堅く仰せ付けられ、出羽・奥州迄そさう❼ニハさせらる間敷候。たとへ亡所❽ニ成候ても苦しからず候間、其意を得べく候。山のおく、海ハろかいのつゝき候迄、念を入るべき事専一に候。自然、各退屈する❾に於ては、関白殿御自身御座成され候ても、仰せ付けらるべく候。急与此返事然るべく候也。

（天正十八年）八月十二日　（秀吉朱印）

❶納得。❷もしも。❸納得しない。❹検知担当の武将たちが相談して。❺片端から切り捨てること。❻日本全国のこと。❼粗略。❽耕作者のいない土地。❾なまける。

（浅野家文書）

この史料にあるように、なみなみならぬ決意でこれをおこなったことに、重要性がうかがわれると思います。そして、戦国大名が夢見た「兵農分離」（→p.160）は刀狩りと、そのあとに出した身分統制令で確定されます。さらに秀吉は大名たちに対して、まるで「鉢植え」の木のように、領地替えをおこない、大名たちが営々と、その土地の人々と育ててきたものを否定し、「完全サラリーマン化」しました。もう、「自分の努力で領地拡大などする時代は終わり！」というわけです。戦国大名たちのアイデンティティ喪失ですね。また、太閤検地の徹底で、荘園制は消滅しました。「中世を代表する荘園制社会」は姿を消したのです。

土地の生産力をお米で表す石高制(こくだかせい)の採用も注目されます。年貢もお米になりました。貨幣経済って、いつ頃からでしたっけ？　実は、鎌倉時代の頃から、年貢も銭で納めることが普及していました。戦国時代も貫高制(かんだかせい)といって、銭で国人たちの収入などを表していたのです。それを一挙にお米に変えました。どうしてなんでしょう？　深い理由がある感じがしますが、私もよく分かりません。これは、江戸時代に引き継がれます。

こうしてみると、江戸時代に代表される「近世的なもの」はほとんど姿をみせていることが分かります。武士が全国民を支配している。「みんな同じタイプの農民」から米で年貢をとり、身分が固定される。豊臣政権という強大な統一権力が割り当てた領地を各大名が治める…。

かつて、こんな歌があったようです。羽柴とはもちろん秀吉のことです。

織田がつき　羽柴がこねし　天下餅　座(すわ)りしままに　食うは家康

「座りしまま」でもないとは思いますが、うまい表現だと思います。

桃山文化

「文化は政治・社会の反映」とお話ししてきましたが(→ p.59)、この桃山文化は、それがよく分かります。

「政治・社会の反映」として、桃山文化の特徴を説明してみましょう。

？ ？ ？ ？

これはもう、戦国大名や秀吉などの「好み」がよく現れていると思います(信長の好みは、安土城が焼失してしまったため、文化遺産として明らかに残るものが少なく、残念です)。

国宝姫路城(ひめじじょう)に代表される城郭(じょうかく)建築、その内部を飾った豪華絢爛(けんらん)という言葉がぴったりの障壁画に欄間(らんま)彫刻。

▲唐獅子図屏風

それに対して、これまで各時代の文化の中心だった仏教関係は、比叡山延暦寺の焼討ちをはじめ、新しい社会づくりに対する抵抗勢力として寺院が攻撃され、これまで得られた幕府からの庇護(ひご)も一部を除いてなく、すっかり影が薄くなりました。

その一方で、戦争や貿易などで大きな富を得た豪商の気質と経済力が文化に反映され、千利休(せんのりきゅう)の侘茶(わびちゃ)、阿国(おくに)歌舞伎や人形浄瑠璃などが流行しました。南蛮(なんばん)文化も、この時代ならではですね。

▲南蛮屏風

第11章 安土桃山時代から江戸時代(第三期まで)へ　自力救済の動乱がやっと収まった

やっと平和な時代へ

鎌倉幕府の滅亡から、ずっと動乱の時代が続きました。いやいや、「殺し合いが絶えない」「すぐ殺し合いで決着をつける」社会は、もう平安時代くらいから感じられます。一般ピープルにとって、“自分の生命や存在が尊重されること”なんて、夢のようなことだったのではないでしょうか。ちょっとここまでの、古代末期から中世の社会を振り返ってみましょう。

平安時代は「けっこうみんな勝手なことをする社会」とお話ししました。でも、それができるのは、天皇とか上皇とかいった皇族や貴族、寺社でした。荘園制社会という「私有化の時代」でしたが、そこで出てきた武士たちの土地支配権はしっかりしたものではありませんでした。皇族たちは自前の武力はありませんから、武士たちを「番犬」として使っていたのです。

平氏政権を経て鎌倉幕府という「武士たちのための権力」が登場しました。しだいに武士たちは土地支配を強め、「勝手なこと」をしはじめます。「全国民を法で治める統一的な権力」はありません。「自力救済」の世の中でした。貨幣経済が発達してきて、商人が成長してきます。農民たちも自治的な行動をします。社会の大きな変動の中で、武士たちの「勝手なこと」をある程度抑(おさ)える側だった鎌倉幕府は倒れ、南北朝の動乱をはさんで成立した室町幕府も衰えていきます。こうなると、武士たちの「勝手なこと」は領地支配の拡大をめぐる戦国時代につながりました。信長を経て秀吉が天下統一を果たし、家康がその成果をかすめとる形で引き継ぎました。統一的な権力の登場です。

こうして、やっと平和が実現しました。「切り捨て御免(ごめん)」といった言葉もありますが、社会全体が戦乱の状況で、生命の危険に常におびやかされる事態はなくなりました。江戸時代は近世社会と呼ばれます。

ただ、戦国時代などを描いたテレビドラマや小説で、登場人物の「わしは、平和な世の中をつくりたいのじゃ」といったセリフを聞くと、興ざめな気分になります。それって、「現代の価値観からみたセリフ」に感じられます。当時のリアルでは、なかなかそういう発想は出てこないのではないでしょうか。第10章で「戦い続け、領土を増やしていくしかない戦国大名」という話をしました。「もう、戦（いくさ）はなし！　それに従わないヤツは成敗（せいばい）する」と命じた豊臣秀吉だって、天下統一のあとに朝鮮出兵したのは「戦い続けるしかない」スタンスがあったからだと思います（加藤清正（きよまさ）たちと石田三成（みつなり）の不和につながり、ひいては豊臣政権の命取りになりましたが）。

徳川家康だって、「平和な社会をつくりたい」というよりは、「徳川の天下を盤石（ばんじゃく）のものにしたい」ということが大事だったのではないでしょうか。…ともあれ、平和が実現したことは良かったと思います。江戸時代には、文化の花も開きます。でもその一方には、強権がありました。西欧の近世社会は国王の権力が強い絶対主義で、それに対して市民革命が起こり、自由主義の波がおしよせ、産業革命も起こります。さぁ、江戸幕府の強権による日本の近世社会は、どうなっていくんでしょうか。みていくことにしましょう。

江戸時代を４つの時期に分けて、ざっくり俯瞰する

江戸時代は約260年も続きます。長いですよね。こういう時は、どうするんでしたっけ？…そう、**俯瞰（ふかん）**するのが有効です。

次のページの年表を参考に４つの時期に分けてみましょう。

？？？？

私は受験生の時、一生懸命に江戸時代を勉強していても、いろんなことがごっちゃになって困りました。うんうんうなってやっているうちに、「４つの時期に分ける」ことを思いついたんです。そうしたらアラ不思議、様々な政策や出来事が、「なぜそういうことをしたのか」「なぜそんなことが起こったのか」スイスイ頭に入るようになって、バッチリ理解できるようになりました。しかも、「覚えた」というよりは「理解した」感覚で、「他人に説明できる」レベルなんです。うれしかったですね。

ところがギッチョン、教科書を何気（なにげ）なくみていたら、「あれ？　章立てとか、自分が考えたのと同じじゃん！」と気づきました。な～んだ、と初めは

拍子抜けしていましが、「じゃあ、江戸時代以外でも、教科書の『章立て』に沿って内容を理解すればいいんだ！」、こうして、章とか大見出しで「ざっくりと流れをつかむ」勉強が始まったのです。

江戸時代略年表	
1603	徳川家康、征夷大将軍の宣下を受ける
1615	大阪の役
	武家諸法度（以後将軍代替わりごと）
1637	島原の乱
1651	３代家光の死
	慶安の変（由井正雪の乱）
1685	生類憐みの令
1702	赤穂浪士討入り
1709	正徳の治スタート
1716	吉宗、８代将軍に
	享保の改革スタート
1772	田沼意次、老中に
1787	松平定信、老中に
	寛政の改革スタート
1837	大塩平八郎の乱
1841	老中水野忠邦の天保の改革スタート
1853	ペリー来航
1867	江戸幕府滅亡

さてさて、能書きはそれくらいにして、江戸時代を４つの時期に分けてみましょう。最初は、家康が征夷大将軍に任命された時から始めましょう。２代秀忠、３代家光ときて、ここまでがいわゆる武断政治ってヤツで、武家諸法度や禁中並公家諸法度などが出されて、幕府政治の基礎固めがおこなわれました。大名たちは改易（お家とりつぶし）にビビって、さからうなんてとんでもない、わざと鼻毛を伸ばしてアホの真似をして、幕府に警戒心を起こさせないようにしたお殿さまもいるくらいです。大名たちだけでなく、強力な幕府に対しては農民たちなど一般ピープルまで、総ビビり状態だったのではないでしょうか。これが第一期。

それがガラッと変わるのが４代家綱から７代家継までで、武断政治から文治政治、つまり「改易でおどす」よりも「儒教を利用して治める」政治への転換です。この時期、ちょうど農業生産力も爆発的に増大します。だって、長いこと続いた戦乱が終わったんですものね。諸産業も発達し、大商人が成長する一方、幕府や諸藩は財政難が目立ってきます。来年の年貢を担保にして、大商人からお金を借りる、家来には定めた俸禄（給料）の半分しか出さない、なんてことになってきます。さっきの３代将軍までの第一期を「確立期」とネーミングして、この第二期は「成熟期」と命名しましょう。成熟って、最盛期というイメージの一方で、なんか「危険な香り」がしませんか？　柿も「落ちる寸前が一番甘い」とか言いますが。

第三期、これはもうお分かりでしょう。財政難に陥った幕府で、８代将軍吉宗と言えば享保の改革。それも含めて「三大改革」とされるものを幕府はおこないます。…ところで、なんで田沼意次の政治改革は「田沼時代」とか見出しに書かれて、「四大改革」などと呼ばれないのでしょう？…それは、あとのお楽しみ。諸藩でも改革がおこなわれますから、この時期のネーミングは「改革期」で決まり！

第四期は、もう「衰退期」にしちゃいましょう。ご存知の通りペリーが来航して、世は幕末の激動の時代を迎えます。将軍は、ペリー来航の時がギリギリ12代家慶なんですが、彼の時に老中水野忠邦が天保の改革をやっているので、そこまでを改革期、第四期は13代家定からとします。第三期で取り上げる「三大改革」の最後にあたる天保の改革は、もののみごとに失敗に終わります。だって、忠邦の出した改革案に、大名や旗本(幕府の直接の家来)、農民たちまでが反対して、忠邦の方が失脚してしまうんですよ。第一期と、えらい違いではないですか？　まさに**「流れ」「違い」「動き」**を感じますね。苦しい幕府に対して、財政難を解決した薩摩・長州などが「雄藩」としてさっそうと(？)登場することになるわけです。ここまでくると、近世から「近代」への転換期と言っていいので、第四期は次の第12章にまわします。

第一期(確立期)——江戸幕府が約260年続いた秘密は何か

さて、第一期は1603年に徳川家康が朝廷から征夷大将軍の宣下を受け、江戸に幕府を開いた時から、1651年に3代将軍家光が亡くなるまでです。幕府滅亡がいつかは、1867年の大政奉還の時と考えるよりは王政復古の大号令の時と考えた方がいいと思います(理由はのちほど)が、ともかく、1603年から1867年まで、「約260年続いた」とか「徳川三百年」とか言われるわけです。「同じ一族が、こんなに長く日本を支配した例は、ほかにない」とお話ししましたね(→p.77～78)。やっぱり、「なぜそんなに長く続いたんだろう？」と素朴に考えてしまうわけです。

もちろん、理由は1つではないでしょう。しかも、いろんな答えがあり得ると思います。「でもその中で、とくに大事なものは何だろう？」と考えた時、私は「テキトウに想像するんじゃなくて、できるだけ当時のリアルに迫りたい」と思います。その際に私がお勧めしたいのは、「逆から考えてみる」ということです。

「**俯瞰**」が、ここでも役立ちます。先ほど、第四期のところでお話ししたことをみてください。

天保の改革で水野忠邦が出した改革案（具体的には、のちほど）に大名（それも、譜代(ふだい)大名(→p.172)や旗本、農民たちまでも反対した、第一期とえらい違いではないか、と言いました。では、逆に考えてみましょう。第一期では、「大名たちがとてもさからえないような体制」をつくったわけですよね。その安定感たるや、これまでの鎌倉・室町の両幕府とは比べものになりません。どうしてそういうことが可能になったのか？　そこから考えてみたいと思います。まず、関ヶ原(せきがはら)の戦い直後からスタートです。ここで問題です。

「関ヶ原の戦いで勝っても、家康は全然安心していなかった」という見方がありますが、どうしてでしょう？

？　？　？　？

豊臣秀吉が亡くなるのが1598年、関ヶ原の戦いは、…そう、1600年でしたね。(→p.6)関ヶ原の戦いは、秀吉亡きあとの豊臣政権のかじ取り役が誰になるか、の戦いでした。勝利した家康は大坂城（明治に入って「大阪」と変わるまでは「大坂」でした）の豊臣秀頼(ひでより)（秀吉の子）に報告に行き、秀頼は家康をねぎらったとされています。つまり、彼がいるうちは、誰が秀頼をかついで反旗をひるがえすか分からず、家康は全然安心していないのですね。

そこで彼は1603年に征夷大将軍の宣下を受けるわけです。さらに1605年に将軍職を辞して、息子の秀忠に将軍宣下を受けさせるわけですが、それも「わしゃ、もう疲れた。隠居したいなぁ」といった気分ではなかったと思います。それは教科書に書いてある通り、「**将軍職が徳川氏の世襲**(→p.43)**であることを諸大名に示すため**」（教p.155）でしょう。1615年に秀頼を殺してやっと安心したのか、その翌年に家康は亡くなっています。

こぼれ話　淀君(よどぎみ)の判断ミス？

「日本三大悪女」とかつて呼ばれた最後の１人、淀君の登場です。彼女は本名を初といって、絶世の美女とうたわれたお市の方（信長の妹）の長女でした。はじめお市は浅井長政に嫁ぎます。その長政が信長にそむいて討たれたところから、初も数奇な運命をたどっていきました。秀吉の側室となってから２人の子を生みますが長男は早世。なかなか子ができなかったところから、当時から「２人の子の父親は秀吉ではないのでは？」とささやかれていたようです。

それはさておき、淀君は大坂の陣（冬の陣・夏の陣）で秀頼を総大将として家康軍と戦って敗れ、秀頼ともども自害しました。もともと秀吉に可愛がられていた加藤清正・福島正則たちですら家康方となり、淀君たちに味方したのは、大名クラスはいなくて牢人たちばかりでした。牢人とは主君を持たない武士のことです。淀君たちに勝ち目はなかった感じです。でも、その牢人の１人真田信繁（幸村）の奮戦もあり、「もし総大将の秀頼が戦闘の陣頭指揮をとっていたら、…？」と言われることがあります。もちろん、それでどうなっていたかは分かりませんが、秀頼を止めていたのは淀君だった、という話があり、もしそうなら、淀君の判断ミスだったのかもしれません。

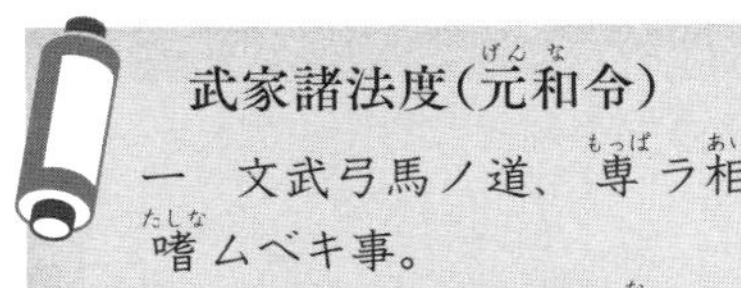
武家諸法度（元和令）

一　文武弓馬ノ道、専ラ相嗜ムベキ事。

一　諸国ノ居城修補ヲ為スト雖モ、必ズ言上スベシ。況ンヤ新儀ノ構営堅ク停止令ムル事。（『御触書寛保集成』）

大坂の陣直後の1615年、幕府は武家諸法度や禁中並公家諸法度を制定します。着々と進めている、っていう感じですね。ここで、武家諸法度の史料の２つ目をご覧ください。「諸大名の居城は、修理をする時でも必ず幕府に届け出なさい」と書いてあります。広島を治めていた福島正則は、暴風雨でお城の壁が壊れ、「まぁこれくらいなら」と届け出ないで修理したら、どうなったと思います？　50万石近くの石高が4.5万石に減らされ、のちに改易（お家とりつぶし）！！

この改易がどんなに恐ろしいものだったか…。秀吉以来、大名たちは「戦国時代のように自力で領地を拡大する」ことは否定され、「鉢植えの木のように」領地を割り当てられ「完全にサラリーマン化」されていました。その家臣たちも同じです。それが「お家とりつぶし」となると、お殿さまは切腹、家臣たちは失業して牢人となってしまいます。基本、身分制度ががっちりできていますから（江戸時代も途中から緩んできますが）「明日から、どうやって食べていこうか」状態です。武家諸法度違反ではありませんが、熊本の加藤清正の息子も、「態度が悪い」的ないちゃもんをつけられて改易されました。

福島も加藤も外様(とざま)大名(関ヶ原以来徳川氏に従った大名)です。「次はオレの番かも」とビビった加賀百万石の前田利常(としつね)(外様大名)は、当時は幕府のスパイも領地にうようよいる状態でしたから、「まず身のまわりから欺(あざむ)こう」と鼻毛を伸ばし放題にして、「たいしたことないヤツ」感を出したそうです。この改易戦法は、外様だけでなく親藩(しんぱん)(徳川氏一族)・譜代(関ヶ原以前から徳川氏の家臣)の大名にもとられましたので、みんな総ビビり状態だったわけです。

私は、幕府などの「実力」は、政治・軍事・経済(財政)の3つの側面からみるといいと思います。江戸幕府の政治力は、いまみてきたように、自分の好き勝手な法令などをバシバシ出せること。そして言うことを聞かせるのに、「旗本八万騎」と俗に言われた軍事力があります。旗本は将軍にお目見(めみ)えができる直属の家来(お目見えできないのは「御家人」と呼ばれました)で、旗本・御家人とその従者をあわせてざっくり8万と言われましたが、関ヶ原の戦いで石田三成が必死にかき集めた軍勢がそれくらいとされています(しかも、かなりの部分が戦闘に参加していない)。それくらい直属の家来がいて、しかも信頼できる譜代大名とその家臣がほかにたくさんいるのですから、軍事力もハンパない。最後に幕府の経済力ですが、当時は日本全体でざっくり3,000万石と言われていたうち、表にあるように、直轄領(幕領)と旗本知行地あわせて約700万石ありました。

これだけの圧倒的な実力で、「もうさからうヤツなんて出ないだろう」と思っていたところに1637年、キリスト教徒が中核になった反乱である島原(しまばら)の乱が起きるわけです。幕府が鎮圧するまでに4カ月かかりました。一向一揆の悪夢がよぎったかもしれませんね。こうしてガチでキリスト教を禁止しよう、ということと、貿易を幕府と特権商人で独占しちゃおう、というねらいで、いわゆる「鎖国」政策がおこなわれたのだと思いま

幕府直轄領(幕領)	400万石
旗本知行地	300万石
大名領	2,250万石
天皇・公家領	10万石
寺社領	40万石
計(全国)	3,000万石

▲全国の石高(およその数)

す。これによる情報・貿易統制も、江戸幕府が長続きした理由の１つでしょう。

最近は「鎖国」よりも「４つの窓口」という言い方が強調されるようになりました。「国を鎖(とざ)した」のではなく、交易・交流は４つの窓口でおこなわれていた。すなわち、長崎で中国・オランダと、対馬(つしま)で朝鮮と、薩摩で琉球(りゅうきゅう)（当時は独立王国）と、松前藩(まつまえ)を窓口にアイヌと交易・交流していたというわけです。私もその通りだと考えます。さらにここでお話ししておきたいことがあります。それは、とくに中国・オランダ・朝鮮とは、「相手を下にみる」関係ではなかった、ということです。日朝の儒学者の交流もリスペクトし合っておこなわれたようです。

また、キリスト教を禁圧したことは、日本の歴史にとってどういう意味があったでしょうか。儒学の「身分の差をあるべき姿とする」教えを利用しようとした江戸幕府にとって「神の前の平等」なんて教えは、とんでもないものだったでしょう。織田信長のところで「キリスト教が日本社会を変えるかもしれなかった」というお話をしましたが（→p.157）、その可能性は絶たれました。信仰の自由は、西欧の歴史をみると「個人の自立」にとって鍵を握るものだったと思います（それによって殺し合いもありましたが）。一方、江戸時代は一軒一軒の家がどこかの寺に結びつけられ、基本的に信仰の自由はありませんでした。寺院が檀家(だんか)であることを証明する宗門改人別帳(しゅうもんあらためにんべつちょう)がつくられます。仏教の側も布教の自由が失われ、戸籍を管理する役所のような存在になりました。出生・結婚などは寺に届けるし、旅行には寺の発行する書類が必要とされました。

こぼれ話 石高って？

秀吉の太閤検地以来確立した石高制、何でも「お金」に換算すると分かったつもりになる私たちにとって、「お米が単位」というのはイマイチぴんときませんね。先ほど触れましたが（→p.164）、戦国大名たちは貫高(かんだか)制といって、家来の収入額の基準をお金にしていましたから、なおさら奇異な感じがしてしまいます。何しろ、田んぼは分かりますが、畑や家が建っている部分まで、全部石高で表すのですから。そして武士たちの給料も、基本的にお米でした。

ところがギッチョン、実はこの石高制、当時の世の中では合理的だったのです。1日3食、だいたい3合食べたとして、それが1年間では3×365＝1,095合。1石は10斗、1斗は10升、1升は10合…ということは1石＝約1,000合。…と計算していくと、ざっくり、大人1人を養うのに1年でだいたい1石、という計算になります。だから、例えば3万石の大名がいたとしたら、3万人養える、ということになるわけです。これを基準として軍役などを課していったと考えると、合理的でしょ？

こうして第一期、幕府は諸藩をおさえつけ、直轄領以外の土地・民衆は藩に治めさせる幕藩体制が確立しました。

この時代の文化は当時の元号をとって「寛永期の文化」と通称されますが、こうした幕府の力を反映して、朱子学(→ p.122)(儒学の一種)が盛んになったり、権現造や数寄屋造の建築がつくられたりしました。その例としては、日光東照宮や京都の桂離宮がいまに残っていますね。

いま祇園祭は夏の京都の風物詩ですが、もともとは平安時代の「怨霊(→ p.80、87)をまつることで疫病や飢饉などから逃れようとする」御霊信仰から生まれて、いったんすたれていたものを、戦国時代に町衆と言われた人たちが再興したものです。その京都の町衆の中から、蒔絵や陶器などに秀でた本阿弥光悦が出て、多彩な文化人として名をはせました。

秀吉の朝鮮出兵は本書で詳しくお話しできませんでしたが、その時日本に連れてこられた陶工の手ですぐれた技術が伝えられました。現在も有名な有田焼や薩摩焼などは、ここに始まります。ガラス質の磁器も、有田でつくられました。

第一期、いかがでしたか。中世の「統一的な権力がない」のとは、えらい違いですね。中世の基本的な制度だった荘園制度はなく、武士が土地を完全に支配しています。そして、中世は私的な権力が「勝手なことをし合って」いましたね。江戸幕府だって、もともとは私的な権力の1つでした。それが江戸時代には「公儀」「大公儀」などと呼ばれました。「公」と意識されるようになったわけです。

また、中世は、人々は自由に身分を変えることができました(地侍(→ p.143)なんて、いい例ですね)。江戸時代では、基本的に身分を変えることはできません(これも幕末はだいぶ緩んできますが)。武士の中でさえ、20を超える身分がありました。大名たちにも家格の上下があり、着るものやその色、屋敷の広さや門構えまで決められていました。平和になりましたが、不自由な社会、とも言えそうですね。農民たちは自由にものをつくることもできません。幕府が圧倒的な権力を持っていたことは、ヨーロッパの絶対主義を思わせます。しかしそれと違うのは、幕領を除く各地方は各大名が治めていたことです。日本の近世社会の完成です。

人口が一番多い農民が五人組をつくらされ、互いに監視し合う関係に置かれたことは、現代日本の「同調主義圧力」にまで影響しているのではないか、と私はとらえています。五人組は「連帯責任」と説明され、その通りですが、もう１つ、「密告奨励」がありました。どうなりますか？　例えば、Ａという農民が、同じ組のＢという農民を妬んだとします。「お代官様、実は、Ｂは良からぬことを企てております」とか密告したとして、代官もきちんと調べるのは面倒くさいから「そろそろ、みせしめが必要だ」とか考えて、ろくに調べもせずにＢを処罰する。そういうことは記録にはありませんが、けっこうあったのではないでしょうか？

みんな妬まれぬよう、目立たぬよう、周囲の視線を必要以上に気にする…まるで現代！？　そんな世の中が、約260年続いたのです(江戸幕府が倒れてから現在まで、150年ちょっとしかたっていません)。

第二期(成熟期)——「危険な香り」はどこからしてくるか？

第二期は、項目的に皆さんご存知のワードが並びます。元禄文化、「犬公方」５代将軍綱吉、赤穂浪士の吉良邸討入り、井原西鶴に近松門左衛門に松尾芭蕉、新井白石に、「天下の台所」、…。でも、「**俯瞰してみる**」手法を使うと、次の第三期は改革期。ということは、第一期では「向かうところ敵なし」状態だった幕府も、ヤバい兆候が表れてくるのか…？　だとすると、それはどういうことだろう？　こんな風に眺めると、登場人物や出来事も、「ただの歴史用語」ではなく、血が通ったものにみえてくると思います。

さて、まず「武断政治から文治政治への転換」のリアルからみていきましょう。1651年に３代将軍家光が亡くなって、跡を継いだ４代将軍家綱はわずか11歳。このタイミングで、幕府やお江戸の一般ピープルを震撼させる事件計画が露見しました（つまり、未遂だったのです）。

その事件は慶安の変、あるいはリーダーの名前をとって由井（由比）正雪の乱と呼ばれています。江戸小石川の火薬庫で爆破騒ぎを起こし、あわてて江戸城に登城した老中たちと将軍家綱を確保、家康が残した駿河（いまの静岡県東部）久能山の財宝を奪い、…といったシナリオでした。何しろ火薬庫の門番まで仲間にしていた、というんで、実行される可能性は高かったと思います。一味の１人がビビって、自分から白状して一網打尽になったのですが、なんでそんな大それたことを計画したのか。どうやらその背景には、改易(→p.171)によって江戸にあふれた牢人(→p.171)たちの不満があったようです。失業した彼らも、なんとか食べていかなくてはならない。人口密集地帯の江戸に行けば、日雇いでも何でも、何か働き口があるんじゃないか…と、集まってきたのですね。仕えている大名の改易などで牢人になってしまったのですから、当然幕府には不満を持っています。これが事件のきっかけのようです。

そこで幕府は改易を減らします。さらに殉死を禁止します。殉死というのは、お殿さまが亡くなったら家来が切腹することで、「戦国時代以来の美しい風習」とみられてきました。「戦国時代以来の、というのは、もうやめましょう」というメッセージととらえてみたらどうでしょうか。

改易でビビらせるのも、大名たちを信用していない、戦国時代以来の殺伐とした雰囲気だと思います。実は当時の江戸では、「かぶき者」が治安の悪化につながっていました。「かぶき者」というのは、異様な姿で歩きまわったりして、秩序に収まろうとしない者のことです。それもやはり、戦乱がなくなって、なんかムシャクシャする、どこかにひと騒ぎが起こることを待望するような心理だと思います。大坂の陣が終わって50年、もうそういう、「戦乱っぽいものを待望する雰囲気」を一掃しよう、ということではないでしょうか。実は、５代将軍綱吉の「生類憐みの令」も、こういう見方で考えることができるかもしれません。

以前は、「生類憐みの令は、とにかくトンデモナイ政策だった」という見方がされていました。たとえば、「どんどんエスカレートして、江戸城中で蚊をたたいて殺した小姓(こしょう)（雑用係）が処分された」といったように「まともじゃない」政策とみるとか、「跡継ぎが生まれない綱吉の個人的な動機から説明する」とかいった見方が盛んだったように思います。でも「蚊をたたいて殺した…」というのは本当のことかどうか分からないようですし、個人的な動機はあったかもしれませんが、最近は文治政治への転換という、これまでお話ししてきた政策転換と結びつける議論をよく目にします。

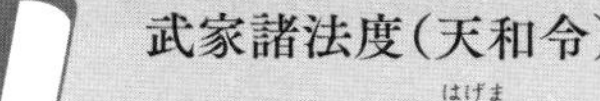

武家諸法度（天和令）

一　文武忠孝を励(はげま)し、礼儀を正すべき事。

一　養子は同姓相応の者を撰(えら)び、若之無(もしこれなき)におゐては、由緒(ゆいしょ)を正し、存生(ぞんしょう)の内言上(ごんじょう)致すべし。五拾(十)以上十七以下の輩(ともがら)、末期(まつご)に及び養子致すと雖(いえど)も、吟味(ぎんみ)の上之を立つべし。　（『御触書寛保集成』）

つまり、戦国時代以来の殺伐とした雰囲気の中で、街中(まちなか)で犬を刀のためし斬りの対象にしたりすることはもうやめよう、ということです。

幕府の将軍は、基本的に代替わりごとに武家諸法度を出すのですが、綱吉の出した天和(てんな)令で、それまでの武家諸法度の冒頭が「文武弓馬の道、専(もっぱ)ら相(あい)嗜(たしな)むべき事。」（→p.171）だったのが、右上の史料のように変わっているのも、象徴的ですね。そうそう、赤穂浪士の討入りは1702年、綱吉が将軍の時のことでした。この出来事が人々に拍手喝采(かっさい)で迎えられたのは、「強力な幕府におさえつけられている」感じがあったところに、当時美徳ともされた「仇(あだ)討ち」が人々をスカッとさせた面があったのかもしれません。

さて、この綱吉の頃から、金・銀の採掘量が減ったりしたことによる幕府の収入減と、支出増が目立ってきます。「成熟期」の危険な香りがしてきました。綱吉のころの荻原重秀(おぎわらしげひで)は、小判について金の含有量を減らしました。

Q3 金の含有量を減らすと、物価はどうなるでしょうか？　そういう現象を何と呼びますか？

？？？？

小判の価値が下がるのですから、「それまで１両で買えていたものが、それ以上出さないと買えなくなる」つまり「お金の価値が下がって物の価値が上がる」ため、物価が上がるインフレーションになります。

綱吉の死後、６代将軍家宣は朱子学者の新井白石を登用します。朱子学者の立場からみたら、幕府は上に立つものとして、尊敬されるような政治をやらなくちゃいけない。同じ１両で金の含有量を減らして儲ける、なんてセコいことするのはトンデモナイ、と白石は貨幣価値を戻します。ところが、価値の違う２種類の小判の存在が混乱をもたらします。白石の政策はいろいろありますが、全部「幕府の権威を上げるため」と考えると分かりやすいと思います。しかし家宣は在職３年余りで亡くなり、満３歳で跡を継いだ７代将軍家継もやはり３年で亡くなって、白石の政策も成果を上げられませんでした。家継が死んだ1716年が第二期の終わりです。

一方、この時期の耕作面積の増加、農業生産の進展、諸産業の発達は目覚ましいものがありました。すでに鎌倉時代、室町時代と、時に戦乱はありながらも、農業をはじめ諸産業は発達をしていましたよね。平和が訪れたのですから、爆発的な進展も予想できますね。ちょっとリアルに感じ取ってみましょうか。

イラストをみてください。ふつうの鍬と備中鍬、扱箸と千歯扱でどう違うか、考えてみましょう。

▲備中鍬　▲扱箸　▲千歯扱

？？？？

この答えは、次のこぼれ話でどうぞ。

こぼれ話　備中鍬と千歯扱

昔私の家にはふつうの鍬があって、使ったことがあります。ある時備中鍬（備中は、いまの岡山県西部）をある所で使ってみてビックリ！！「え？」と思うくらい軽くて（まぁ鉄製ですから、それなりの重さはありますが、ふつうの鍬に比べると）、深く掘れるんです。あれだけ「すき間」があって、しかも刃はよりシャープです。いやビックリしました。「日本の農業は、この備中鍬を発明するまでに、どれだけ長い年月がかかったでしょうか？」という説明文も掲示されていて、思わず計算してしまいました。

扱箸ですけど、イラストの絵にある通り、女の人が長い箸で、稲穂の籾をしごきとっていますよね。一方、千歯扱はどうでしょう。やっぱり女の人が、いくつもの稲穂の束を、歯ブラシのでかいヤツみたいなのに通して、籾をサッとしごきとっていますね。こりゃ一目みて「勝負あり！」ですよね。この千歯扱は別名「後家倒し」と呼ばれたそうですが、それまで脱穀の作業は扱箸を使った、後家さん（未亡人）のいいアルバイトだったのに、アルバイトがなくなってしまったので、そう呼ばれたということです。

上総（いまの千葉県の一部）の九十九里浜沿岸は、もとは製塩業が盛んでした。それが瀬戸内海沿岸などでつくられたものに押されてきました。近畿地方の稲作などの肥料として干鰯（イワシを干したもの）が大量に使われるようになると、九十九里浜沿岸では製塩をやめて、大がかりな地引網を使ってイワシをとり、干鰯を生産するようになった、ということはこの時代をよく表しています。

ここで問題です。

「天下の台所」と呼ばれた大坂は、なぜそう呼ばれたのでしょうか？また、そう呼ばれる、江戸時代の流通経済に幕府のアキレス腱があった、という考え方があります。どういうことでしょう？

？？？？

まず「なぜ『天下の台所』と呼ばれたか」は、西日本や日本海側などの藩が年貢として徴収したお米などは、大坂の蔵屋敷に集められて換金され、それで生活必需物資を手に入れる、という仕組みだったからです。ほぼ全国から物資が集められ、その物資は江戸をはじめ全国に出荷される、そのさばき方が「天下の台所」と呼ばれた理由でしょう。でも、いまお話しした「換金されて生活必需物資を手に入れる」というのが、アキレス腱だった、という考え方があります。

年貢は基本的に米です。ところがギッチョン、武士たちは、給料の米をお金に換えなくては生きていけません。そこで幕府は特権商人を使って、流通に強力な統制をかけてくるわけです。いまの私たちは、一応、競争原理のもとで、製造・流通・販売の自由の中で生活していますが、それと比べると不自由ですよね。この流通統制が幕府の強大な力の秘密でもありますが、さて、これからどうなっていくでしょうか？

先ほど「幕府の収入減と支出増が目立ってくる」というお話をしましたが、この第二期は、幕府や藩の財政難がじりじりと深刻さを増していきました。

最後に、第二期の文化です。元禄文化は、私は「日本のルネサンス」のような気がしてなりません（もちろん、時期は全然違いますが）。ルネサンスは「人間の姿を（外面も内面も）ありのままに描こうとした」感じがするのですが、元禄文化の代表傑作に、同様なものをみます。江戸時代第二期には、儲ける商人が続出して、「欲望の露出」「新しい時代の到来」が感じられたのではないか、と思います。平安時代の紫式部に続いて、ユネスコが「世界の偉人」の１人に選んだ人物、井原西鶴の登場です。彼の代表作『好色一代男（こうしょくいちだいおとこ）』を読みましたが、次々にいろいろな女性や男性に恋をする。その時に、なんか愛することに関してミョーに「真面目」で、『源氏物語』の光源氏（ひかるげんじ）とか、『伊勢物語』の主人公（在原業平（ありわらのなりひら）とされる）を思い出しました。単なるヘンタイ男のお話じゃなくて（当たり前か）、「男と女」、人間という存在について、考えさせられました。また、彼の『日本永代蔵（にっぽんえいたいぐら）』もいかにも元禄時代って感じです。江戸で、それまで、お得意さんと「掛け値」、つまりやりとりで値段を決めていた呉服業界で、画期的な「現銀売りに掛け値なし」の正札（しょうふだ）商売、薄利多売で大儲けした三井八郎右衛門（はちろうえもん）（『日本永代蔵』の中では三井九郎右衛門）を描きました。その文章のリズム感の心地よさ。この井原西鶴は、それまで「うきよ」といえば「憂き世」という字を書いて物悲しいニュアンスだったのを「浮き世」と書いて真逆の意味に変えたそうです。

▲井原西鶴

もう１人、近松門左衛門も「世界の偉人」に取り

上げられた１人です。彼といえば、『曽根崎心中』ですね。「文化は政治や社会の反映」とか「その時代その時代にキーワードがある」とかお話ししてきましたが、江戸時代の人形浄瑠璃などの出し物で「心中物」がバカ受けしたのは、やっぱり江戸時代ならでは、と感じます。身分違いで結ばれない２人、なんて現代の若者に言っても、「お互い好きなら一緒になればいーじゃん！」と一蹴されるでしょうね。商店に勤める徳兵衛と遊女（いま風に言えば風俗店で働いている女性）のお初、ふつうでもお初は徳兵衛と自由に結婚できる身分ではない上に、徳兵衛さんはお店の主人から縁談を持ち込まれ、同居する継母が支度金を受け取ってしまいます。それをなんとか取り返したのに、友人が困っているというので貸してやったら踏み倒されてしまって返せない。店の主人に対する義理、お初を好きな人情、この「義理と人情の板ばさみ」。ついに２人は「あの世で一緒に」と心を決めて、お初が戸を閉めながら、「ちょっと閉めては涙ぐみ、ちょっと閉めては涙ぐみ」と人形浄瑠璃の人形がするしぐさに、芝居小屋の観客はわんわん泣いたそうな…。

（→p.59）（→p.111）

そうそう、貝原益軒の『和俗童子訓』という児童教育書の中の、いわゆる「三従の教え」は高校で女子生徒のふくれっ面にあいながらも、教えないわけにはいかない内容です。それについては、次のこぼれ話をどうぞ。

こぼれ話 三従の教え

「江戸時代、女子には『三従の教え』というのがあって、それはその後も、日本社会で根強く残っていったと思うよ。君たちの中でも、『女のくせに』とか言われたことある人、いないかな？」などと言って女子生徒にコワい顔をされると、チキンな私は「あ、僕がそう思ってるんじゃなくて…」と、あわてて言ったりしたものでした。ところで「三従」とはなんでしょうか。

三従の教え

婦人には三従の道あり。凡婦人は柔和にして、人にしたがふを道とす。わが心にまかせて行なふべからず。故に三従の道と云事あり。是亦女子にをしゆべし。父の家にありては父にしたがひ、夫の家にゆきては夫にしたがひ、夫死しては子❶にしたがふを三従といふ。

❶長男のこと。

（『和俗童子訓』）

つまり、「女性は父・夫・長男に従いなさい」という教えです。これが江戸時代の260年間続いたと考えると、日本社会に与えた影響は大きかったのではないでしょうか。

第三期(改革期)——改革は成功したのか？　田沼はなぜ仲間外れ？

まず、18世紀初めの享保当時の様子を描いたと考えられる以下の史料をどうぞ。

太宰春台『経済録』

今の世❶の諸大名は、大きな大名も小さな大名も、すべて頭を下げて町人に借金を申し入れ、江戸・京都・大坂などの豪商をたよりにして、その援助だけで財政をまかなっている。収納した年貢はすべて、商人への支払いにふりむけてしまい、収納の時には、高利貸に米蔵を差し押さえられている。

❶享保の頃。

(『経済録』、現代語訳)

これは危機的状況ですよね。ここまでとはいかずとも、幕府も、1716(享保元)年に吉宗が8代将軍の座についた時、かなりヤバかったようです。何しろ史料をみると、「御家人数百人やめさせるよりほかない」ので「恥も外聞もなく」大名たちから「1万石あたり100石」献上させよう、としていたと書いてあります(しかし大名たちだって困っていたのでは？とツッコミを入れたくなりますが)。これを「上げ米」と言います。

吉宗の「享保の改革」の詳細は言及しませんが、注目すべき点として、「**幕領の代官らの不正を徹底的に摘発する一方**」、年貢の取り立て方として「**検見法を改めて定免法を広く取り入れ、年貢率の引上げをはかり、年貢の増徴を目指した**」(㊑p.193)と教科書にあります。それまでの年貢の取り立て方は、検見法といって、毎年収穫高を見積もって、それにあわせて年貢率を決める、というものでした。豊作の時は%を引き上げ、凶作の時は引き下げる。つまり考え方として、農民たちがギリギリ生活できるだけのお米は残して、あとは年貢として取り立てる。…どこかで聞いたことがあるパターンだと思いませんか？

そう、「生かさず殺さず」って聞いたことありませんか。その考え方です。これは豊臣秀吉のところでお話しした「小農民維持政策」(→p.163)だと思います。ところがギッチョン、吉宗たちは考えた。いま幕府が財政難になっているのは年貢の収納量が減ってきているからで、農業が発達しているのに、これはおかしい。収穫高の見積もり（これを検見と言いました）の時に、見積もりにあたる代官たちが、農民から賄賂(わいろ)をもらって低く見積もっているのではないか（代官と農民たちはウィンウィン、幕府だけ損）。それなら検見をやめて、年貢の％は一定期間は同じにしちゃう（これが定免法）。でもそうすると、図にあるように、「たくさんお米がとれればとれるほど、農民たちの手もとに米が残る」ことになる。農民たち、モチベーションが上がるだろうから、％は高めに設定しよう、というわけです。しかも、この時の指揮に当たったのが、あの有名な「百姓(ひゃくしょう)と胡麻(ごま)の油は、絞(しぼ)れば絞るほど出る」と言ったという神尾春央(かんおはるひで)だったからたまりません。幕領の年貢の収納は過去最大に増えました（ここで、「農民」「百姓」2つの表現が出てきました。江戸時代には、農業を中心に林業・漁業などをおこなっていた人々は「百姓」と呼ばれていましたが、この本では「農民」で統一しようと思います。また、69ページで紹介した「蓄銭叙位令」など古代で「百姓」と記されたものは「ひゃくせい」と読み、広く公民を意味します）。

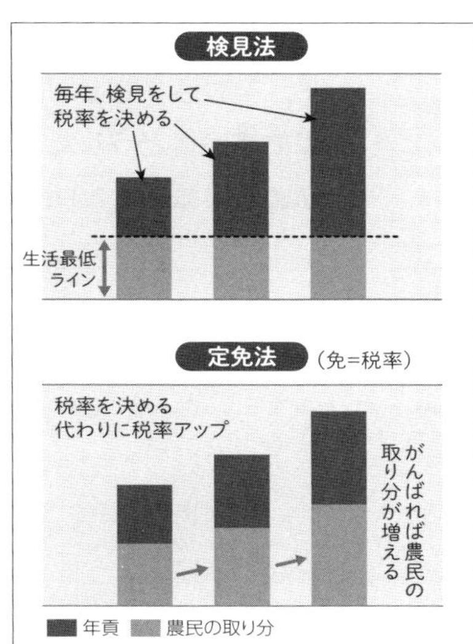

▲**検見法と定免法**　検見法は、毎年検見をして税率を決める。そして、農民の手もとには、生活できる最低ラインだけ残そうと考えた（「生かさず殺さず」）。これに対して定免法は、免（税率）を一定にするから、農民が頑張れば、手もとに生活ライン以上のものが残ることになる。

こうして吉宗の享保の改革は、最大の課題だった「財政赤字」を解決、吉宗は「幕府中興(ちゅうこう)の英主(えいしゅ)」とたたえられました。

…というのは、享保の改革の、ほんの一面です。ここで問題です。

社会に出まわるお米の量が増えたら、お米の値段はどうなりますか？　それは、武士たちの生活にどんな影響を与えますか？
そこで吉宗はどうしたでしょうか？　そのことから、江戸で「歴史上初めてのあること」が起こります。それは何でしょう？

？？？？

いろいろ聞いちゃいましたね。まず、お米の量が増えたら、値段は下がりますよね。そうしたら、基本的に給料を米でもらっている旗本たちはどうなりますか？　それを売って生活必需品を手に入れるのだから、困ってしまいますよね。前にお話しした「流通のアキレス腱」の１つです。(→ p.179)

そこで吉宗は、毎日のようにお米の相場価格をチェックしたようです。世間からは「米公方（こめくぼう）」と言われました。そして、値段が下がるようなら特権商人に買い占めさせたりしました。その頃江戸では、農村で貧しくなり、仕事を求めてやってきた人たちが増えていました。そうした生活に困った人たちが、買い占めの事実を知ってしまったからたまりません。その買い占め商人の米蔵は、群衆に「打ちこわされ」ました。史上初の「打ちこわし」と言われています。

それだけではありません。江戸時代の初期の頃は数が少なかった百姓一揆も、増えてしまいます。なぜでしょうか？

さっきの定免法の説明では「農民たちのやる気が出るから、％を増やそう」ということでしたね。でも、不作だったらどうしますか？　実は、江戸時代は、「けっこう人の心が分かっていた時代」だと私は感じています。定免法といっても、やっぱり不作の時は％を下げました。ところがギッチョン、「今年も不作だから下げてくれ」と言われて「いや、今年はダメだ」と言ったらどうなったと思いますか？　怒った農民たちの百姓一揆が増えてしまったのです。

「財政難を解決した」のが「享保の改革の、ほんの一面だ」とお話しした私の気持ち、お分かりいただけましたか？　何しろ、一揆や打ちこわしに悩むようになっただけでなく、小農民維持政策(→ p.163)だった「生かさず殺さず」をやめちゃったわけです。農民たちの中に、「生活で使う以上の余裕」が蓄積されていきます。また、農民の中で貧富の差が広がっていきました。さぁ、どうなっていくでしょうか。

「三大改革」でいうと次は松平定信の寛政の改革ですが、その前に「田沼の政治」が入ります。田沼意次は、10代将軍家治の時の老中でした。

▲エレキテル

吉宗の享保の改革の最重要ポイントは「財政難の解決」でした。それがこれまでと違った「頭痛の種」をつくっちゃったわけですけど。そのために「上げ米」と年貢の増徴、の話を挙げましたが、お話ししていなかったもう1つの政策の柱は「倹約」でした。財政難だから支出を減らそう、というわけですね。

田沼の政治は、まったく目のつけどころが違います。発達している商工業に目をつけたんですね。おもな商品ごとに株仲間をつくらせ、それに選ばれた商人・職人に、製造や販売の独占権を認め、その利益から運上・冥加などの営業税をとったわけです。それ以外では、印旛沼などの干拓による新田開発・長崎での積極的な貿易振興などと並んで、工藤平助という医者の意見をもとにロシアとの交易を模索したところに注目したいと思います。のちに幕府はいわゆる「鎖国」を祖法、つまり「先祖伝来の法」と呼びましたが、それに変更を加えようか、と考えたわけです。

田沼のもとには、「山師」と呼ばれる「アイディアマン」が集まり(エレキテルという、いまでいう発電機の発明で有名な平賀源内もその1人)、様々な提言をおこない、田沼はそれによく耳を傾けたようです。自然と世の中にはある種「自由」な雰囲気がみなぎったことでしょう。

でも、弊害もあったでしょう。ここで問題です。

あなたが田沼時代の商人だったとして、「株仲間」に選ばれようと思ったら、何をしますか?

? ? ? ?

現代だったら、「Twitterでアピールする」とか「エントリーシートに奇抜なことを書く」とかいうことになるんでしょうけど、この時代では? そう、賄賂でしょうね。戦後の昭和で田中角栄という首相がいて、彼の屋敷(目白御殿と呼ばれました)には、朝から、公共事業の発注を受けようとする会社の関係者などが手土産を持って並んだそうですが、それと同じことが、田沼時代の記録に出てきます。手土産の箱の底には小判が敷き詰められていたりして…？

そうした弊害や、「士風の頽廃」と呼ばれるような現象(三味線を習う武士が増えたとか、旗本と遊女が心中したとか)も起こったとされましたが、「輸出黒字で『豊かな国』をつくる」という発想は、まさに「戦後日本の繁栄モデル」ではありませんか？　田沼は、「生まれるのが早すぎた男」だったのか？…と、田沼のいいことを中心に言ってきたかもしれませんが、農民の中で貧富の差が目立ってきて、吉宗以来さかんに百姓一揆が起こっていた農村への対策には、田沼の政治はみるべきものがありません。「ほったらかし」と言っていいと思います。貧しい人たちが集まってきていた江戸への対策も同じです。これに天候不順とか重なったらどうなるでしょうか？　実は田沼時代に浅間山が大噴火を起こし、その火山灰が空を覆って気温が低下して米がとれなくなったりして、「天明の大飢饉」と呼ばれる、「日本史上最悪」とされる飢饉が起こってしまいます。とくにひどかった東北の状況は、とてもここには書けません。教科書などにグロい絵が載っています。

打ちこわしも百姓一揆も、今度は全国で起こります。田沼のライバルであった松平定信が発言力を高め、老中(だいたい４人体制でした)を田沼派で固めていたのに次々に裏切られ、田沼を信任していた将軍家治の死を契機に、ついに田沼は老中の座を追われます(奈良時代みたい？(→p.73))。実は田沼が「賄賂政治家だった」というお話は、全部定信に近い人たちによる記録です。…こういうのも歴史によくありますよね。「勝者が歴史をつくる」ってヤツです。私たちは、「本当はどうだったんだろう？」と、冷静に(田沼の良い面も、なんだかなぁという面も)、みていきたいものです。

さて、11代将軍家斉の治世の初期に、老中松平定信の「寛政の改革」がおこなわれます。彼は天明の打ちこわしが全国各都市で起こって幕府の権威が揺らいだことを「悔しい」と書き残し、「それもこれも田沼のユルんだ政治のせいだ」と危機感を持っていました。では、「寛政の改革」のポイントとねら

▲打ちこわし（『幕末江戸市中騒動図』） のちの時期のことを描いた絵だが、打ちこわしの雰囲気をよく伝えていると思われる。

いを、この流れで考えてみましょう。

彼は吉宗の孫ですが、祖父をお手本に、と公言した通り、「農村を復興して財政をたて直す」というのが第一。次に「田沼のユルんだ政治」に対して秩序維持政策をとるのが第二。第三は、これはお話ししていませんでしたが、当時必要とされてきた外交政策です。

まず第一。天明の大飢饉で荒廃した農村に対して公金を貸し付けたり、飢饉に備えてお米などを蓄えさせたりしました。また、農村から江戸に出てきていた貧しい人たちは日雇い人足かなんかしていて、「江戸っ子は宵越しの銭は持たねぇ」とか言ってお酒を飲んでいるタイプが多かったのではないでしょうか？　「打ちこわし」なんかが起こると真っ先に駆けつけちゃう。そういう人たちに対しては、交通費と農具代などを貸し付けての旧里帰農令で帰村をうながします。あとはやっぱり、倹約令。

第二に、幕府に対する批判などを取り締まる出版統制令や、幕府の湯島の学問所で朱子学以外の講義や研究を禁じる「異学の禁」。それから、江戸で宗門改人別帳(→p.173)に載っていない無宿人は人足寄場に強制的に収容して技術訓練をおこないました。

第三は、この頃からロシア・イギリス・アメリカなどの船が日本近海に現れ、通商を求めるようになっていましたが、これは基本的に拒否する政策をとります。ただ、時々食料として家畜などが強奪されたり、銃撃されたりすることも起こってきました。

こぼれ話 まともなことを言っても処罰される

「いかにも江戸時代！」と感じさせるようなエピソードが、定信の改革政策の中にあります。ロシア船などの接近に対して「日本は長崎しか開いていないから」と、のんきに思っている傾向について、林子平という人が『海国兵談』という本を出して、以下のようなことを書きました。現代語訳で紹介します。安房はいまの千葉県南部、相模はいまの神奈川県の大部分です。

> 日本は海で囲まれた国であるから、どこの港へも自由に船を寄せることができる。……現在、長崎には厳重に大砲の備えがあるが、安房や相模の港にはその備えがないのは大変おかしい。よく考えてみると江戸の日本橋から中国やオランダまで境のない水路だ。
>
> （『海国兵談』、現代語訳）

当時の人々の感覚の盲点をついた、鋭い意見だと思うのですが、定信たちはどうしたと思いますか？　「秩序維持」が大切な彼らは「下々の者が、政治に口出しするとは（怒）」と感じたようです。子平の本は発売禁止とされて、印刷するための版木まで没収されて蟄居（外出禁止）処分となりました。子平は、

親も無し　妻無し　子無し　版木無し　金も無けれど　死にたくも無し

という歌を詠み、「六無斎」と号して自嘲したそうです。

定信の改革はうまくいったのかどうか。その結論が出るより前に、彼は失脚してしまいます。定信について私は「おカタい頑固おじさん」とみていますが、その厳しい倹約の姿勢など、庶民だけでなく大奥にも評判が悪かったようです。また、ときの天皇であった、光格天皇の実父に「太上天皇」の尊号を与えることを定信が拒否して、強硬な手段をとった「尊号一件」(→p.71)と呼ばれる事件がありました。その事件の対処をめぐって将軍家斉とも対立し、彼は失脚することになってしまうのです。

定信は「11代将軍家斉の治世の初期」とお話ししましたが、家斉は「おカタい頑固おじさん」がいなくなってのびのびしたのか、大奥にたくさんの女性を集め、生ませた子どもが男28人（26人という説もあり）、女27人！　あれ？　改革が必要とされていたんじゃなかったの？…それが家斉さんラッキーなことに、だいたいお米も豊作続きだったようです。家斉は将軍職を息子

の家慶に譲って大御所（前将軍）として気楽な（？）日々を送ったようです。ところが大御所になる少し前くらいから、どうも風向きが変わってきました。天保の飢饉です。

大坂でも飢饉が起こっていましたが、当時の大坂町奉行は「米は江戸にまわせ」という幕府の命令に忠実でした。

これをみてキレたのが、大坂町奉行所の元与力（下級役人。一番下の「岡っ引き」の上くらい）だった大塩平八郎。次の絵をみてください。「救民」の旗がひるがえっています。

儒教による文治政治、という話をしてきましたが、儒教がお偉いさんたちに都合がいい教えがあるのです。それは、「修身斉家治国平天下」というものです。「一人ひとりが身を修めれば家がととのい、一軒一軒の家がととのえば国が治まり、一国一国が治まれば世界は平和」という教えのうち、一番基礎の「修身」とは「分を守る」つまり「目上の人には従いなさい」というものでした。大塩は町奉行所の、つまりは幕府の役人だった人です。それが「上にさからう」行動を起こしたんですから、幕府の危機感はハンパなかったと思います。大塩平八郎の乱が起こったのが1837年。同じ年、アメリカ商船のモリソン号が日本人の漂流民を送り届けてくれたのに、幕府が1825年に出していた異国船打払令に基づいて砲撃し退去させる事件が起きました。翌年には、このモリソン号事件を批判した渡辺崋山（三河の田原藩の家老）らの主張が出されます。もちろん厳しく処罰しますが、「こりゃ大変。幕府の権威を回復しなくては」と、老中水野忠邦による「天保の改革」が始まります。

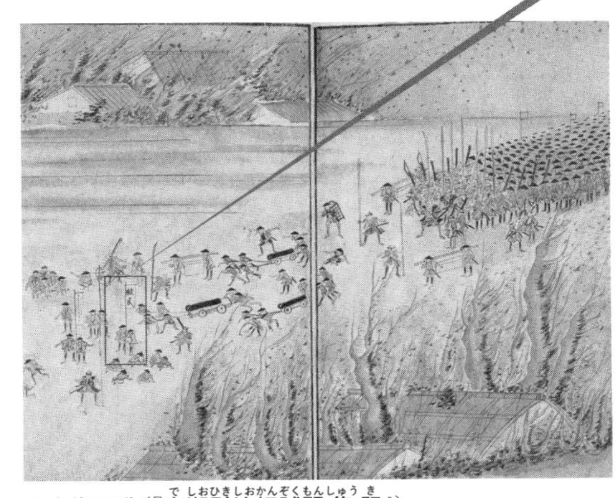

▲大塩の乱（『出潮引汐奸賊聞集記』）

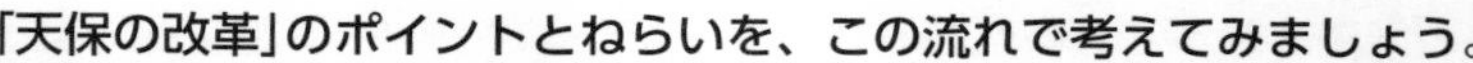

Q8 「天保の改革」のポイントとねらいを、この流れで考えてみましょう。

これはもう、結果はこの章の初めでお話ししましたね。ねらいは「幕府の権威回復」でしたが…。

具体的にみてみましょう。まず倹約令です。どこかでみたような…。そう、享保・寛政でも出てきたフレーズですね。何しろ「権威回復」がかかっていますから徹底的にやりましたが…。

▲水野忠邦

次に「人返しの法」です。これもどこかでみましたね。江戸に流入してきた貧民を強制的に農村に返す、これ、うまくいったと思いますか？　以前にみたのは寛政の改革でしたが、あの時はどうしましたか？　そう、「交通費や農具代は貸してあげる」というものでした(→p.187)。今度は、それはなし。「問答無用、帰れ！」というものです。なんか、うまくいかなさそうですよね。

もっと根本的に忠邦失脚につながるのは「三方領知替え」「上知令」です。領知は領地と同じです。まず「三方領知替え」は、財政破綻していた川越藩（埼玉県の一部）を豊かな庄内藩（山形県の一部）へ、庄内藩を越後長岡藩（新潟県の一部）へ、長岡藩を川越藩へ領知を移すというものでした。川越藩は慢性的な財政難を民衆に転嫁する悪政をおこなっている、という情報は庄内藩の農民たちにも届いていました。農民たちは一揆を起こし、村役人といった豪農や豪商（これまで殿さまたちに貸していたお金が踏み倒されることを危惧していた）、僧侶たちも共同歩調をとったのです。農民たちは武器を持たず、蓑笠姿で鍋や米を背負う格好で江戸の大老(→p.200)などへの訴状を提出し、さらに水戸・仙台藩などへも訴え出て、ついに将軍家慶は中止を命じます。

「上知令」は江戸・大坂周辺の約50万石の土地を幕領にしようというものでしたが、当時そこを領地としていた譜代大名や旗本たちに反対されて実施できませんでした。…いやいや、第一期を思い出してください。「領知替え」どころか改易をビシバシおこない、ビビりまくっていた大名たち。それなのにここでは、徳川氏古来の家臣だった譜代大名に、「直属の家臣」である旗本までがさからってしまう！！　「権威回復」をねらったのに、真逆の結果になってしまいました。失意の忠邦が老中の座をおりたのが1843年（その後一時復職）、その10年後にはペリーがやってくるのです。

一方、薩摩・長州などの各藩では下級武士を登用するなどして財政難の克服に成功します。

こぼれ話　トンデモナイ薩摩藩の財政難克服策

薩摩藩の調所広郷の財政難解決の荒業がすごいんです。彼がその任務を仰せつかった時、藩の借金は500万両、１年間の年貢収入のすべてをあてた（藩主の生活費や藩士の給料もあり、そんなことはできませんが）としても、１年分の利子にしかならない、というありさまでした。しかも広郷、「５年で完済できなかったら腹を切れ」と言われていたそうで、そんな無茶な…。

でもそれで腹をくくったのか、彼は思い切った手段をとります。「借金の証文を持って集まれ」と言われた商人たち、「やっと、返す打合せでもするのかな」と、いそいそと出かけました。「証文を出せ」と言われて何の疑いもなく出した商人たちの目の前で、なんと焼き捨ててしまったそうです。「毎年２万両ずつ、250年で返済する証文に書き換えよ。それがイヤなら、この広郷を突くなり殺すなり勝手にしろ！」と居直った広郷に、商人たちはしぶしぶ書き換えに応じましたが、「いまの藩の状態では毎年２万両の返済もおぼつかない。思い切った改革をやるには元手がいる。ついては資金を貸してほしい」と、新たな借金にも成功したそうです。

広郷がただ者ではないのは、奄美諸島特産の黒砂糖の専売を強化したりして、見事に藩財政をたて直し、彼が亡くなる時には、藩に蓄えを残したそうです。しかし、あれからまだ250年たっていないのですが…。

こうして改革期をみてきましたが、田沼が「三大改革」に入れられていないのは、「三大改革」が伝統的な江戸幕府の権威重視や農村重視なのに対して、あまりにも異質であるからなのでしょうか？　それとも、やっぱり「賄賂政治家」の悪名のせいでしょうか？　こうしたことは、誰かが言い出して、「確かに言えてるね」と思う人が多かったら、自然に変わっていく気がします。

小農民維持政策を放棄したために、農民の中に貧富の差が拡大していき、豊かな農民は借金が返せない農民の土地を集めて豪農と呼ばれるようになっていきます。豪農たちの中には商人となる者もいて、農村にいる商人は在郷商人と呼ばれました。一方、貧しい農民は土地を借りて耕作する小作農になったり、都市に行って日雇い労働者になったりしました。田沼の政治も寛政の改革・天保の改革も、こうした事態を「小農民維持」に戻すことはできないどころか、(幕府にとって)もっと悪化させるものでした。天候不順があれば飢饉が起こり、一般ピープルの不満は一揆や打ちこわしの形で爆発し、外国船の略奪行為や銃撃も起こる。…これを第四期に登場する徳川斉昭は「内憂外患」と呼びましたが、上に立つ幕府の権威は衰えてきていました。危機的、と言っていい状態ではないでしょうか。日本の人口は、享保の頃から幕末までの百数十年間、2,500万人あまりでほとんど増えていないと言われています。耕地面積も、300万町歩前後で、ほとんど変わっていません。

これを別の視点からみてみましょう。関東では、江戸に向けて野菜、綿織物や絹織物をつくる動きが盛んになり、在郷商人たちの手によって直接江戸に運び込まれるようになりました。幕府による流通統制にほころびが出てきたのです。さらに、近畿地方で綿をつくっている農民たちは、大坂の問屋による綿の買い占めに反対し、自由な販売を幕府に要求する国訴(くにそ、ともいう)を起こしました。1823年にこの訴えは摂津・河内1,007カ村(当時の村は、現在の市町村より小規模)に及び、要求を実現しました。さらにその後、菜種油の販売をめぐって国訴が起こり、これも勝利しました。幕府がおこなっていた流通統制を否定して自由を求める、これは欧米の市民革命のような事態につながる動きだと思います。

同じ19世紀には、尾張西部の木綿生産地帯や桐生の絹織物生産地帯で、織機をそろえた作業場に労働者を集め、分業による生産がおこなわれていました。…これって、何と言うかご存知ですか？　そう、工場制手工業(マニュファクチュア)ですね。このもう1つ先に機械制大工業、つまり産業革命があります。「鎖国」状態の日本でも、ここまで進んでいたのですね。

最後に第三期の文化です。田沼時代前後の宝暦・天明期と、家斉の大御所(→p.189)政治の時期を中心とした文化・文政期に分かれていますね。

まず宝暦・天明期。「文化は政治や社会の反映」です。「改革期」に入って、「このままではいけない」という、現状批判につながる動きが目立ってきます。すべてが現状批判ではありませんが、蘭学が盛んになってきたことと、「昔の日本はもっと素晴らしかった」というニュアンスをもつ国学、尊王論や身分社会そのものを批判する思想も出てきます。少し具体的にみてみましょう。

まず蘭学です。吉宗が漢訳洋書の輸入制限を緩めたことから始まります。前野良沢・杉田玄白の『ターヘル・アナトミア』翻訳の苦労は、以下をみてください。

こぼれ話「ただあきれにあきれていた」

杉田玄白の『蘭学事始』は「いまは蘭学が盛んになってきたが、50年前自分たちが始めた時はこうだった」と振り返って書かれています。数人で死刑囚の死体解剖に立ち会った帰り、「医を業としながら人体の本当の形を知らないでいたのは恥ずかしい」と語らい合い、玄白が『ターヘル・アナトミア』翻訳を提案します。

その翌日、前野良沢の家に集まった彼らの様子が、こう記されています。

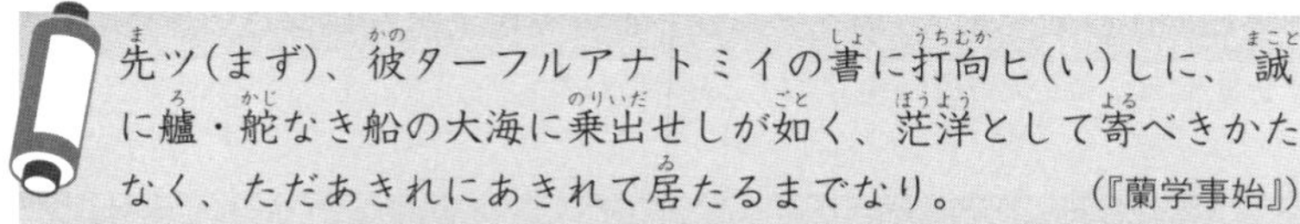
先ツ（まず）、彼ターフルアナトミイの書に打向ヒ（い）しに、誠に艫・舵なき船の大海に乗出せしが如く、茫洋として寄べきかたなく、ただあきれにあきれて居たるまでなり。（『蘭学事始』）

1日かかっても1行も明らかにできず、「眉というものは目の上に生えている毛なり」という文も意味がはっきりとしない、といったありさまだったようです。

国学では『古事記伝』を著した本居宣長が、朱子学を「漢意」として批判しました。そして、それによってゆがめられない以前の日本人を研究しようとしたのです。

尊王論は朱子学の大義名分論と結びつきましたが、兵学者の山県大弐は「わが東方の政、寿永・文治（鎌倉幕府の時代の元号）ののち、とるものなし」と著作の『柳子新論』で幕府政治を否定したため、死刑になりました。

身分社会そのものを批判したのは、『自然真営道』を著した安藤昌益です。彼は陸奥八戸の医者でしたが、この人についても、次の「こぼれ話」をみてください。身分社会を否定したという点では、文政期に大坂の両替商の番頭だった山片蟠桃が『夢の代』を書いて、『古事記』『日本書紀』の不合理性を批判し、「古今人に上下なし」と言い切ったとされることも注目されます。

こぼれ話　万人直耕の「自然世」こそ本来の姿

安藤昌益は長崎でオランダの政治や経済を研究したとされています。そして、自分が暮らす東北地方の現状をみて、儒学や身分制度を徹底的に批判したのです。

彼は、この世を「法世」と呼びます。そこでは、儒学が理想とする帝王や孔子などの聖人が自分では田畑を耕さない。農民の耕作の成果を盗み取ることを合理化するため、身分制度をつくり出しているとします。これに対し「自然世」を彼は対置するのです。そこでは、天子も将軍も武士もなく、すべての男女（万人）が平等に働くとしました。土に働きかけて生活の糧を生み出す直耕こそ、人間本来の営みであるというのです。

この本は弟子たちに、「百年ののちを期して」ひそかに伝えられたと言われています。1899年に101巻93冊が発見されましたが、関東大震災で大部分が消失しました。その後、彼の別の著作『統道真伝』5冊が発見され、戦後の昭和にE・H・ノーマンというアメリカの学者が『忘れられた思想家』という本を出版して、広く知られるようになりました。

この頃には藩校・郷校（藩士や庶民の教育を目指す）や寺子屋も目立ってきて、日本人の知識欲はなかなかだと思います。本の出版が盛んになり、貸本屋も普及してきます。川柳や狂歌は、みているだけでおもしろい。とくに狂歌は、ときの為政者への風刺が効いています。私は、寛政の改革への風刺で、松平定信がもと白河（福島県の一部）藩主だったことにひっかけて、

白河の　清きに　魚も住みかねて　もとの濁りの　田沼恋しき

というのが秀逸だと思いますが、いかがですか？　絵画では浮世絵が流行します。東洲斎写楽の正体が謎だ、と言われてきましたが、そういうのは、なんとなく謎のままであってほしいような…。この頃か、もっと以前に回り舞台や花道が生まれ、町人の間で歌舞伎の見物も盛んになってきます。

文化・文政期では「現状批判」の流れで、次の幕末期で脚光を浴びる水戸学の尊王攘夷論や、豪農たちに支持者が多く現れる平田国学にご注目を。豪

農たちは、幕府の権威失墜といった状況の中で、新しい指針を求めていたのでしょうね。また、越後の本多利明は寛政期に『経世秘策』で「外国貿易で日本を富ませよう」と主張しました。秋田の農学者だった佐藤信淵も多くの書物を書いて産業の国営化などを提案します。この２人の考えは「絶対的な権力を持つ君主による統一国家」が必要というもので、各藩が領地を支配している江戸時代の幕藩体制を批判したものでした。これは考えてみると、ヨーロッパで16世紀頃から成立した、スペインなどの絶対主義国家と共通したものだと思います。

▲東洲斎写楽「奴江戸兵衛」

それ以外にも、以下のような思想家が現れました。宮津藩(いまの京都府北部)の家老の子だった海保青陵は、君主と家臣の関係も「俸禄とひきかえの奉公という、売り買いの関係にすぎない」として、封建的な道徳を真っ向から否定し、殖産興業を主張しました。知識欲の流れでは、「55歳から測量を始め、初めて実測で日本地図を完成した」伊能忠敬がすごい！　福沢諭吉らが学んだ適塾やドイツ人シーボルトが長崎に開いた鳴滝塾など、民間の私塾も注目です。次の第12章には、吉田松陰の松下村塾が登場します。

葛飾北斎などの絵がヨーロッパのゴッホやモネたちに影響を与えた、というのも愉快ですね。芝居小屋や寄席など、一般ピープルの娯楽が豊富になったのも素敵なことだと思います。

ここまででこの章は終わりにして、江戸時代の第四期は、「江戸時代(第三期)から幕末・明治維新へ――まごうかたなき『転換期』」として、次の第12章にまわしたいと思います。

第12章 江戸時代（第三期まで）から幕末・明治維新へ　まごうかたなき「転換期」

ペリーも必死だった？

▲ペリー

さぁ、江戸時代の第四期は、別だてとしました。幕末は、教科書でも近世ではなく近代の最初という形で載っていて、私流に言えば、「近世から近代への転換期」。そして近代と言えば、いま私たちが生きている社会のシステムが形成された時期です。なんてったって大事な時期です。

その幕開けは、これまたなんてったってペリー来航でしょう。1853年、「いやでござんすペリーさん」という語呂合わせがありましたが、

泰平の　眠りをさます　じょうきせん　たった四はいで　夜も寝られず

という有名な狂歌（「じょうきせん」が、ペリーが乗ってきた「蒸気船」と、当時のお茶のブランドであった「上喜撰」とをかけています）にあるように、「鎖国」の眠りの中にあった日本に対して、「威嚇(いかく)外交」で臨(のぞ)んだペリーに、日本はシッチャカメッチャカになった、というイメージが強いのではないでしょうか。

しかし、歴史について考えていて、こういう時によく感じるのですが、こういう「登場人物の立場が双方にある時」って、片方からだけの見方をしては、リアルを見失うんじゃないか、と思います。例えば、その時のペリーの立場になってみたら、けっこうペリーも必死で、「のるかそるか」の大勝負をかけて、意外と胸はドキドキしていたんじゃないか、とか思ったりします。こんな問題はいかがですか？

ペリーはどんな航路で来たでしょうか？　それは最短距離ですか？そうでなかったら、なぜそうしたのでしょうか？

？？？？

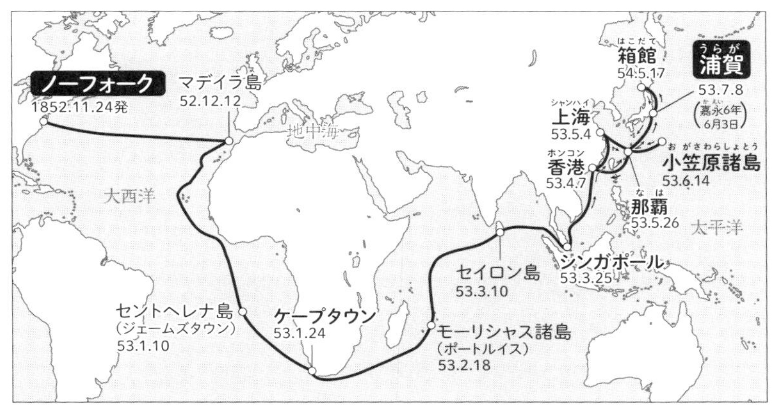

▲ペリーの航路図

ペリーは北アメリカ大陸の太平洋岸から、最短距離を来たと思いますか？

違います。大西洋岸から出航し、えっちらおっちら、なんと半年以上かけてやってきました。なぜ、そんなことをしたのでしょうか？

ざっくり言って、日本がいわゆる「鎖国」をしていたからだと思います。太平洋岸から出発して、なんとか日本にたどり着いたとしても、そこで十分な燃料補給などができなければピンチです。なんとか日本を「開国」させねば、とペリーは必死だった、と思います。

でも、ペリーの前にも、ロシア・イギリス・アメリカなどから通商を求める船がやってきていましたよね（→p.187）。なんで彼らはうまくいかず、ペリーは成功したんでしょうか？…それは、ほかの人たちはみな礼儀正しくて、逆にペリーは「無礼に」威嚇したからだと思います。私たちは、よく親などから、「知らない人には礼儀正しくしなさい」と教わりますし、じっさいそれは大切なことだと思うのですが、歴史をみていると、「礼儀正しくないヤツが成功する」話はけっこうあるものです。

幕末は３つの時期に分けよう

幕末は、期間としては短いのですが、とても複雑で分かりにくいところがあります。…こういう時は？　そう、「**俯瞰**」するんでしたね。そうすると、

３つの時期に分けると理解しやすい、と感じます。どうですか？　私の考えをお話しする前に、ちょっとやってみませんか？　これは、教科書はそんな風に分かれていませんし、あくまで私の考えですが。

幕末を、次の略年表をみて３つの時期に分けてみましょう。

？？？？

幕末略年表	
1853	ペリー来航
1854	日米和親条約
1858	日米修好通商条約
1859	貿易スタート
1860	桜田門外の変
1862	坂下門外(さかしたもんがい)の変
1863	長州藩、攘夷決行
	八月十八日の政変
1864	高杉晋作(たかすぎしんさく)、長州藩の主導権奪取
1866	薩長連合　第２次征長失敗
1867	大政奉還　王政復古の大号令
1868	戊辰戦争スタート

1853年ペリー来航で「開国」と「貿易」を求められて、国論はまさに二分されます。開国か、攘夷(じょうい)か。攘夷というのは「外国を追い払う」ことです。威勢はいいですが、戦争になりますよね。1854年の日米和親条約で領事の駐在を認め、「鎖国」は破られますが、もっと問題になったのは「貿易のための、通商条約を結ぶかどうか」です。大の外国人ぎらいの、当時の孝明(こうめい)天皇が猛反対したこともあって、攘夷派は反対の声をあげます。しかし1858年に日米修好通商(しゅうこうつうしょう)条約が結ばれ、オランダ・ロシア・イギリス・フランスとも同様の条約が結ばれて、一応けりがつきますね。ここまでが第一期。

1859年に貿易が始まりますが、ここから「攘夷」の声が急激に高まり、1860年の桜田門外(さくらだもんがい)の変以降は「テロの時代」を迎えます。各地で外国人が襲われ、「天皇を尊んで、攘夷やっちまおう」という「尊王攘夷派」(尊攘派(そんじょうは))が全国で活動します。その動きが幕府をないがしろにし、天皇自身も利用対象にされそうになりました。ここで、薩摩(いまの鹿児島県)・会津(あいづ)(いまの福島県の一部)を中心とする勢力が「尊攘派」を京都から追放し、「公武合体(こうぶがったい)」つまり幕府と朝廷の協力で日本を動かしていこう、という勢力が支配権を握りました。ここまでが第二期。

それで終われば、「徳川氏中心の近代化」がおこなわれたかもしれませんが、ドンデン返しが待っていました。薩摩・長州(いまの山口県の一部)を中心とする勢力によって、幕府は滅亡へと進みます。これが、第三期ですね。

幕末第一期――開国か、攘夷か

▲阿部正弘

ペリーがやってきた時、老中首座(複数いる老中のうちのトップ)だったのが阿部正弘でした。彼がその地位についたのは27歳(1845年)の時といいますから、よほど優秀だったのでしょうね。っていうか、幕府もなかなかやりますね。この幕末の時期は、若者とか下級武士たちが活躍するのがいいですね。ペリー来航で難しいかじ取りを任された時も、阿部正弘はまだ35歳でした。すごい！

いよいよ貿易のための条約を結ぶかどうか、という時に、病気がちな13代将軍家定の跡継ぎ問題も浮上したので、話がややこしくなりました。阿部正弘は、日本のこの難局に、朝廷や諸大名をはじめとして、オール日本で対処しようとしたのです。「こぼれ話」をみてください。

こぼれ話 庶民にまで意見を聞いた阿部正弘

ペリー来航の際、対処方法について阿部正弘は広く意見を求めました。朝廷や諸大名はもちろんですが、江戸の一般ピープル、遊女屋(→p.181)の主人たちにまで聞いたという記録が残っています。大名たちの答えで多かったのは「鎖国を守れ、でも戦争になったら勝てないよね」だったようですが、なかには勝海舟のように「交易の利潤で軍備をととのえよう」という意見もあり、貧乏な旗本でふつうなら出世する見込みがなかった彼が取り立てられた、ということもありました。

このオール日本路線は一方では、朝廷の発言力を高めることにもなりました。跡継ぎ問題では、阿部と、この路線に賛成する大名たち(薩摩、水戸など)は水戸(いまの茨城県の多くの部分)の徳川斉昭の子どもで英明のほまれ高かった一橋慶喜を推していました(一橋派)。ところがギッチョン、そうした阿部の路線を苦々しくみていたのが、彦根(いまの滋賀県の一部)藩の井伊直弼を中心としたグループでした。ざっくり言えば彼らは「昔のように幕府独裁で」と考えていました。跡継ぎには紀伊(いまの和歌山県と三重県の一部）の徳川慶福推しでした（南紀派）。…跡継ぎ候補が２人なので、「二派の対立」とよく説明されます。でも私は、確かに跡継ぎ問題に関しては二派の対立ですが、開国か攘夷かの主張まで考えると、「一橋派は２つに分けて考えた方がいい」と思っています。阿部正弘に代表される開明派（よく物事がみえている人たちで、主張で言うと「開国・貿易やむなし」）と、徳川斉昭に代表される攘夷派の２つです。

インタビューしたわけではありませんが、阿部正弘の心の中では、「自分はもう開国でいきたい。でも、斉昭おじさんが頑固な攘夷論で困っちゃう」という感じだったのではないでしょうか。相当なストレスだったと思います。阿部は39歳の若さで亡くなってしまいます。

老中首座の跡を継いだ、堀田正睦という人も開明派でした。彼は、天皇が反対している日米修好通商条約について天皇の許可を得れば、水戸学で尊王論、つまり天皇崇拝の考えの斉昭も条約締結を認めるだろう、と考えたようです。江戸時代に貧乏になっている天皇や貴族たちからは、お金の威力でOKが得られるだろう、と見通したのではないでしょうか。その見通しは外れました。条約締結を迫るアメリカ、しかし天皇の許可（勅許）が得られない。この難局に将軍家定は、「大老に井伊直弼を任命する」方針を選択しました。大老は重要事項を決める際に置かれた臨時の最高職でした。直弼は将軍の跡継ぎを慶福（改め家茂）に決めます。

▲井伊直弼

このあと井伊は「勅許を得ずに条約に調印した」と責められ、ついには桜田門外で落命するわけです。私は、「幕府独裁の考えだったから、勅許にこだわらなかったんだろう」と思っていましたが、どうもそうではないようです。研究で分かってきたところによると、彼も「勅許を得るまで調印しないように」という方針だったようです。それが

▲岩瀬忠震

なぜ？

そのお話をする前に、修好通商条約の交渉で、実質的に日本側の対応を仕切っていたのは、岩瀬忠震（いわせただなり）という人だった、ということはおさえておきましょう。岩瀬は勝海舟同様、阿部正弘に見出され、一挙に要職に任命されました。その後の経過は、以下をみてください。

こぼれ話　通商条約調印のリアル

▲ハリス

岩瀬たちは「一刻も早い条約調印」を考えていました。その背景には、アメリカ領事ハリスの説得があったらしいです。ハリスは、こうしたことを言ったようです。「いまイギリス・フランスは中国で足手まといをくらっているが（第２次アヘン戦争・アロー戦争）、事件は解決に向かっており、そうなったら、貴国の人たちがみたこともないような大船に大砲を載せてやってくる」「その結果、屈辱的で不利な条約を結ばされるより、船も（大砲の）筒もない私と条約を結んだ方が、貴国の名誉も傷つかないし、より有利な条約をゲットできるだろう」「アメリカは、イギリスなどが貴国にとって過酷な条約を提案してきたら、間に入って貴国のために働こう」と。

「もうすぐイギリスなどがやってくる」というのは、岩瀬たちがキャッチしていた情報とも合致しました。そこで、条約調印に慎重な直弼に対して岩瀬たちは「やむをえぬ場合は調印してもいいか」たずねて、「その際はいたしかたないが、なるたけ尽力せよ」といった回答を引き出し、交渉の場に臨んだらすぐに調印してしまったようです。

これは日本にとってラッキーなタイミングだったと思います。実は日米和親条約の際にも、イギリスはクリミア戦争勃発（ぼっぱつ）や中国での太平天国（たいへいてんごく）軍の上海（シャンハイ）接近などで動きがとれませんでした。もしそうでなかったら、アロー号事件を機に悪名高い第２次アヘン戦争をしかけた張本人で、武力にものをいわせる強引な態度で有名だったバウリングという人が来ていたはずです。「歴史の中で個人が果たす役割」や「歴史上のタイミング」といったことを考えさせられます。

しかし、逸材だった岩瀬にしても、条約の中の「協定関税」「領事裁判権」などの不平等性には気づかなかったのかもしれません。「体験の重要性」ということなのでしょうか。

こぼれ話　どこが不平等なの？

岩瀬たちが見抜けなかった不平等、あなたは見抜けますか？　まず、領事裁判権から。

該当する日米修好通商条約の条文をみてみます。

> 日本人に対し、法を犯せる亜墨利加人は、亜墨利加コンシュル裁断所にて吟味の上、亜墨利加の法度を以て罰すべし。亜墨利加人へ対し、法を犯したる日本人は、日本役人糺の上、日本の法度を以て罰すべし。　（『大日本古文書　幕末外国関係文書』）

いかがですか？　これだけ読むと、「まぁそんなものかな」と思っちゃったりしませんか？　しかし前半部分を、こんな風に読み替えたらどうでしょうか。「日本人に対してアメリカ人がどんなに悪いことをしても、日本の裁判官は裁けない」。

戦後、沖縄で米兵が日本人の女の子を乱暴して殺してしまった、でも米軍の裁判では「国内送還」とかでうやむやにされた。そんなひどいことがありました。頭にきますよね。そして、もし日本人がアメリカで悪いことしたら？…アメリカの裁判官に裁かれるのです。確かに不平等ですよね。

「協定関税」も不平等です。関税って輸入品にかけられます。かけると、値段はどうなりますか？　高くなりますよね。何でそんなことするんでしょう？　自国の産業を守るためですね。いま、日本ではコメの輸入品に高い関税をかけています。そうした関税の％を、アメリカは自由に決められるのに、日本はアメリカに相談しなきゃならない。

あと「最恵国待遇」なんてものもありました。「アメリカは、いつも最も恵まれた国の待遇を受ける」。つまり、ほかの国がアメリカより有利な条件で日本と条約を結べば、アメリカはただちにその条件をゲットできるのです。日本は、そういう待遇を受けられません。

外国人の居住地域は居留地と呼ばれました。そこでは、外国人は永久借地権や警察権などの自治権を持っていました。事実上の外国領土、と言ってもいいと思います。1858年に結ばれた、この不平等条約の改正に明治政府がいかに苦心したか、そして、どうして成功することができたのか、これは次の第13章でみましょう。

幕末第二期――国内騒然

第一期で国論を二分した「開国か攘夷か」は、ひとまずけりがつきました。それなのに、なぜ国内が騒然としてくるんでしょうか？

？？？？

貿易が1859年に始まりました。その結果、どうなったでしょうか？　右のグラフから分かるように、物価が急上昇しました。人々の暮らしが苦しくなり、「物価が上がったのは、毛唐（けとう）(当時外国人をこう呼んだそうです)と貿易を始めたからだ」「始めたのは井伊直弼だ」と怨嗟（えんさ）の声があがったことが「国内騒然」のきっかけだと思います。…って、調印したのは岩瀬たちなんですけど。そこは責任者の悲しさ！？

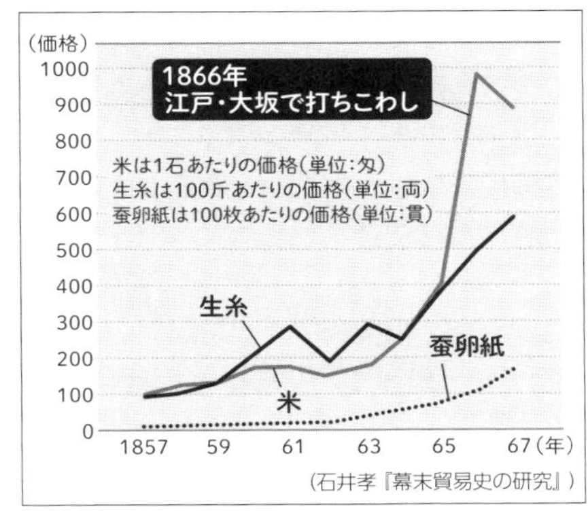

▲物価の上昇

別の方面からも「直弼憎し」の声が高まります。「天皇の許しを得ないで条約を調印した」ことを責めた一橋派の大名たちや、尊攘派の武士たちを弾圧した「安政の大獄」が原因です。こうして、1860年に桜田門外の変が起こります。直弼を暗殺した、水戸脱藩浪士（だっぱんろうし）たちの「斬奸主意書（ざんかんしゅいしょ）」の現代語訳の抜粋をみましょう。

このように横暴な国賊（こくぞく）❶をそのままにさしおいては、公（おおやけ）の政治が乱れ、夷狄（いてき）❷の大害をひきおこすので、……今般（こんぱん）天に代わって討ち果たしました。……公の政治が正道に戻り、尊王攘夷がなり、天下の万民が富士山のように安泰になることをねがうだけである。

❶井伊直弼。❷外国人。

(学習資料「日本史」編集委員会編『学習資料　日本史』、現代語訳)

ところで、私は勉強していて、井伊直弼という人は「頑固で話が通じない人」という印象が強かったのですが、どうも最近、例の「ひっくり返しがはやる法則」(→p.40)で、「いやいや、井伊直弼は**いい**人だった」という議論が目につく感じがします（シャレではありません）。

こぼれ話 井伊直弼は「いい人」だった？

井伊直弼は「いい人」だったかどうか、ですが、私はこう思います。どんなに歴史上の評価が低い人でも、「100％悪い人」はいない。ただ、「歴史の中で果たした役割を考えた時、一番大切な側面はどこなのか」を考え、そこでの行動が、その人の評価を決めるのではないでしょうか。私は直弼への評価は辛口ですが（直弼さん、ごめんなさい）、どうしてかと言うと、例えば、岩瀬忠震のような逸材も弾圧してしまうんですね。「幕府が、幕府にとって有能な人材を葬(ほうむ)り去ってしまう」という例は、けっこうみられます。

では次の問題です。

Q4 桜田門外の変は、日本の歴史をどう変えたでしょうか？

？？？？

衰えてきたとはいえ、当時の最高権力である幕府の、その最高実力者が、朝っぱらから江戸城の入り口で殺されてしまったのです。インパクトは大きいですよね。

尊攘派は、「テロで世の中を動かそう」と考えるようになったでしょう。外国人や、外国公邸となっていた寺などを襲撃する事件も起こります。2021年のNHK大河ドラマ『青天(せいてん)を衝(つ)け』でも描かれましたが、若き日の渋沢栄一(しぶさわえいいち)（いまの埼玉県の豪農の息子です）も、「横浜を焼討ちして、外国人とみたらかたっぱしから斬り殺す」計画を立てます（未遂）。そんな時代になりました。

▲桜田門外の変

こぼれ話『竜馬がゆく』、まだの方はぜひ

司馬遼太郎氏の『竜馬がゆく』(文春文庫、1975年)を、ぜひ読んでみてください。司馬さんがこれを書いている時、「東京神田の古書店街から、幕末関係の本がなくなった」などと噂されたそうですが、確かに歴史書を読み込んで書かれた感じがします(もちろん、これ自体はエンタメ小説であり歴史書ではありません。フィクションの部分が相当あります)。私がお勧めしたくなるのは、こんなシーンです。坂本龍(竜)馬の兄貴分の武市半平太が直弼暗殺を知らせに龍馬のところにやってきます。知らせを聞いて龍馬が「そ、それはまことか」と半平太の手を握ると、「うそはいわん。みろ、わしの歯を」。口を開けた半平太の口の中の肉がやぶれて歯に血がにじんでいる。

「ここへ来る途中も、そのことを思うと血が湧き、馬上でひとり歯を噛んだ」。

そりゃ盛りすぎだ、と思いますしもちろんフィクションでしょうけど、当時の尊攘派の若者の「たぎる思い」が伝わってくるようです。私は歴史を勉強する時、「熱い心とクールな頭」で向き合いたい、と思います。エンタメ小説『竜馬がゆく』は、熱い心を十分に満足させてくれます(私はこの本を読んでいる時、次の展開が気になって寝るのが惜しい気分でした)。そして、それを鵜呑みにするのではなく、「本当はどうだったんだろう?」と、頭を冷やして考えていくのがいいと思います。

また、ここで問題です。

尊攘派の武士たちは、日本のどこに集まったでしょうか?

? ? ? ?

京都ですね。ペリー以来の威嚇に屈する、腰抜け幕府は頼むに足らず。名だたる「外国人ぎらい」の孝明天皇がおわす京都に集まり、天皇から幕府に「攘夷の命令」を出してもらおう、というわけで

▲武市半平太

▲桂小五郎

す。

そのリーダーの1人はいま登場した土佐藩(いまの高知県)の武市半平太(1860年当時32歳)、もう1人は長州藩(いまの山口県の一部)の桂小五郎(同時期28歳)です。みんな若い!

一方、幕府はというと、井伊直弼が殺されて幕府独裁派はなりを潜め、老中の安藤信正を中心に公武合体路線をとります(公は朝廷、武は幕府)。そのために、孝明天皇の妹和宮を14代将軍家茂と結婚させます。
(→p.200)

こぼれ話 嫌がる和宮を説得したのは?

その時和宮には許嫁がいました。有栖川宮熾仁親王という人です。家茂との結婚の話を聞いて(結婚当時、2人とも17歳)和宮は泣いて嫌がったそうですが、熾仁親王が好きだったのか? それとも「江戸なんてド田舎に行くのはイヤ」ということだったのでしょうか? それは私にも分かりません。

彼女を説得したのは、兄の孝明天皇だったと言われています。孝明天皇の考えは佐幕攘夷(佐は「たすける」意)、つまり、幕府にはしゃんとしてもらって、攘夷をやってほしい、ということだったようです。

しかし、これはどうみても「天皇の妹を政治の道具にする」政略結婚でした。尊攘派は怒り、1862年信正は坂下門外で襲われます。一命はとりとめたものの、老中は退きます。さらに勢いづいた尊攘派は朝廷に働きかけて、1863年に家茂の上洛(上京)を実現し、そこで家茂は「攘夷の実行」を約束させられます。5月10日を期した攘夷が幕府から命じられ、長州藩(だけ)が外国商船を砲撃しました(直後の仕返しに、あっさり敗北)。いよいよ、外国との戦争勃発か…ここで大どんでん返しが起こります。

ここから、薩摩藩の立ち位置が重要になってきますが、複雑です。薩摩藩というと、西郷隆盛らが長州藩とともに倒幕、というイメージが強いのではないでしょうか。さらに言えば、薩摩も長州ももともとは関ヶ原の敗者側、「倒幕は関ヶ原以来の宿願達成」という見方もあります。「関ヶ原の遺恨」という側面がなかったとは思いません。でも、「ずっと倒幕を心に秘めて、実際の行動は意に反しておこなっていたか」というと、私は違うと思います。実は11代将軍家斉、13代将軍家定の正室は薩摩出身なんですね。ですから「親幕府」のスタンスの方が「ふつう」だったのではないでしょうか。また、これは薩摩だけではありませんが、当時「尊王」の思いは、ほとんどの藩で強かったと思います。ということは？

薩摩藩は、まずは「公武合体」が自分たちのアイデンティティとして「しぜん」だったと思います。当時、京都では長州藩が朝廷の尊攘派公家と結びつき、我が物顔でふるまっていました。薩摩藩としては、これはおもしろくなかったと思います。当時の藩主の実父であった島津久光が、1862年兵を率いて上京し、勅使とともに今度は江戸に行って、幕政改革を要求して実現します（文久の改革）。久光の上京をそのまま倒幕行動に結びつけようと集まった、薩摩藩の尊攘派を久光は一気に討ち果たします（寺田屋事件）。そして江戸からの帰り道に生麦事件が起こります。これは久光の大名行列を横切る形になってしまったイギリス人一行が殺傷された事件で、文化・習慣の違いが生んだ悲劇でした。

この生麦事件のあと、イギリス・フランスの艦隊が横浜にきて軍隊を上陸させます。横浜はイギリス・フランスの事実上の軍港になり、幕府は横浜に軍隊の駐屯を認めました。これは1875年まで続きます。日本が植民地化していく危険は、現実にあったのです。

さて、薩摩藩の動きとは別に、尊攘派が暴走します。長州藩と尊攘派公家が孝明天皇の大和行幸を計画し、神武陵や春日社で攘夷祈願をおこなったのち、天皇自ら攘夷の先頭に立つことを画策しました。これを攘夷親征論と言います。天皇が先頭に立ち、幕府は無用となるというわけです。ここで問題です。

攘夷親征を計画した尊攘派。孝明天皇はどうしたでしょうか？

ここで孝明天皇はキレました。なぜでしょう？…そう、孝明天皇は「佐幕攘夷」でしたよね。

薩摩は、会津藩主松平容保に説き、天皇の同意も得て、朝廷を我が物顔に動かす長州藩と尊攘派公家を京都から追放します。これが1863年、八月十八日の政変と言われるヤツで、ここでデビューしたのが新選組でした。

こぼれ話　リーダーなど農民出身の新選組

▲近藤勇（左）と土方歳三（右）

おなじみの新選組です。メンバーの中には武士出身の人もいますが、リーダーの近藤勇も、副長の土方歳三も農民出身でした。江戸時代の第一期だったら考えられない登場ぶりですよね。尊攘派テロリストの巣窟になっている京都に行く、将軍家茂(→p.200)の警護にあたる組織結成への応募がスタートでした。彼らが稽古していた、土方の郷里である日野宿（いまの東京都日野市）の道場は、世直し一揆(→p.215)に対する豪農たちの自衛の手段としてつくられたものだったようです。

1864年、京に進撃した長州軍は敗れ、リーダーの久坂玄瑞は戦死します。御所に向かって発砲した形になった長州軍は追討対象になり、西郷隆盛を参謀とする征討軍が出発します（第１次長州征討、総督は尾張藩主徳川慶勝）。さらに長州藩へは、５月10日の攘夷行動への報復として四国（英仏米蘭）艦隊が砲撃を加え、陸での戦闘で勝利します。長州藩は３人の家老が切腹して幕府に恭順（うやうやしく従う）の姿勢をみせて尊攘派は衰え、日本は公武合体で進んでいくかにみえました。

この第１次長州征討で、長州藩を完膚なきまでにたたきつぶすことも、十分考えられました。初め西郷はそのつもりだったようです。

そこにストップをかけたのが勝海舟だと言われています。勝は、古い体質の江戸幕府に見切りをつけ、今後の日本には長州のような勢力が必要だ、と考えていたようです。

実は、攘夷行動の一方で、1863年、長州藩はのちにイギリスで「長州ファイブ」と名づけられた５人の留学生をイギリスに密航させていました。イギリス公使館を焼討ちしたメンバーの井上馨、伊藤博文、山尾庸三や焼討ちメンバーでない井上勝、遠藤謹助、全員20代です。彼らは、旅の途中の上海で圧倒的な西欧列強の力を目(ま)の当たりにして、進んだものを学ばないと「本当の攘夷」はできない、と悟(さと)ったと言われています。

井上馨と伊藤博文は四国艦隊の攻撃の前に帰国し、藩のメンバーに相手の圧倒的な力を伝えて戦争を避けようとしますが、説得に失敗します。２人は命をねらわれ、現に井上の方は襲われて瀕死の重傷を負い、兄に介錯(かいしゃく)（首を切ってとどめを刺すこと）を頼むほどでした。四国艦隊の攻撃のあと、高杉晋作(たかすぎしんさく)がド派手な格好で藩家老の代理人を演じ、賠償金や長州にある彦島(ひこしま)の租借(そしゃく)（→p.248）という四国側の要求にも「砲撃は幕府の命令に従ったまで」と言ってピンチを乗り切った際も、井上や伊藤が通訳をつとめました。

当時幕府は「外国への渡航」は認めておらず、５人はまさに「密航」したのです。その後、井上馨や伊藤博文が明治政府で果たした役割は皆さんもご存知でしょうし、私も第13章で触れます。残りの３人も、井上勝は「鉄道の父」と呼ばれて新橋(しんばし)・横浜間の鉄道開設を皮切りに全国に鉄道網を広げ、遠藤謹助は造幣局長(ぞうへいきょくちょう)として「日本人には無理」とお雇(やと)い外国人に言われた貨幣鋳造を日本人だけで成し遂(と)げ、山尾庸三は工部省(こうぶしょう)のトップとしてとくに造船工業を牽引(けんいん)し…と大活躍しました。当時の長州藩の「攘夷路線」、奥が深い！！

これで第二期は終わりですが、1859年に貿易が始まった当時、輸出と輸入、どちらの額が多かったと思いますか？…「日本は遅れていたから、輸入額の方が多かったんじゃないか」って考えますよね。ところがギッチョンなんです。右のグラフ(左)でみるように、輸出額の方が多かったんです。何が売れたと思いますか？…これも、右のグラフ(右)でみてください。

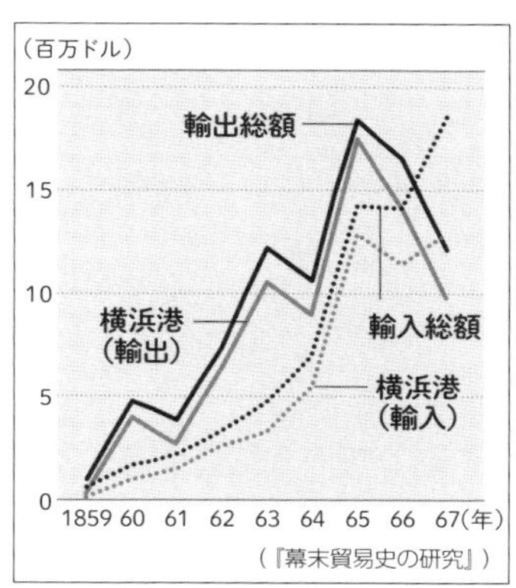

（『幕末貿易史の研究』）

▲輸出入額の変遷

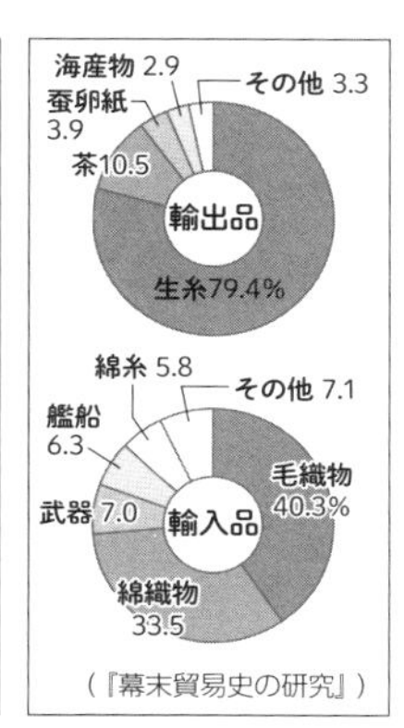

（『幕末貿易史の研究』）

▲主要輸出入品の割合（1865年）

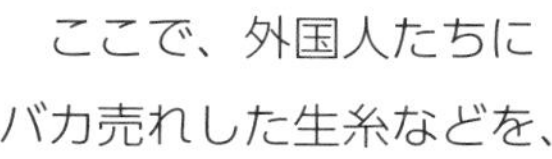
ここで、外国人たちにバカ売れした生糸などを、

江戸時代に定められた流通ルート(→p.179)を無視して、貿易の中心地だった横浜に直接運んでしまう動きが盛んになりました。これに対して1860年に幕府が「五品江戸廻送令（ごひんえどかいそうれい）」を発しますが、それがうまくいかなかったことは特筆に値すると思います(五品とは、雑穀・水油・蠟（ろう）・呉服・生糸)。

江戸幕府の力の源泉の1つが流通統制でした(→p.180)ね。こんなところからも、「幕府滅亡へのカウントダウン」が始まっていた、と言えるかもしれません。

幕末第三期——維新なのに「王政復古」

第二期の最後、京都から尊攘派が追われ、その中心だった長州藩は「恭順」の姿勢。孝明天皇は「我が意を得たり」って感じで、「公武合体」路線が確定したかにみえました。

さて、ここで**俯瞰**してみましょう。第1次長州征討は1864年でした。「これで幕府は安泰」だったはずが、その3年後、1867年には幕府は存在を否定されてしまいます。その間、いったい何があったんでしょうか？

・そう考えると、「ある人物の決起」がなかったら…その人物は、「恭順」とした長州藩の方針を「倒幕」に変えてしまいます。
・もう1つ言えるのは、「いくら長州藩の方針が変わったって、長州藩ただ1藩の力では、どうすることもI can notですよね。そこでもう1つ、藩の方針を変えた藩が登場します。どこでしょう？　また、その藩はどうして方針を変えたんでしょうか？
・さらに言えば、この2藩だけでは、幕府に対抗できなかったでしょう。あと、どんな力が必要でしょうか？
以上の3つを順次みていきましょう。

まず、ここで決起するのが高杉晋作です。彼の父親は「大それたことはしてくれるな」と晋作に言い続けるような人物で、晋作自身それに苦しみ続ける人生を送ってきたのですが、ここでふっきれるのですね。

こぼれ話 吉田松陰と高杉晋作

▲吉田松陰

▲高杉晋作

吉田松陰といえば松下村塾。彼はそこで塾生たちに「僕は君たちに何も教えられないかもしれない。でも、一緒に考えることならできる」という意味のことを言ったと言われていますが、教育者として素晴らしい姿勢だと思いますし、「双璧」と呼ばれた久坂玄瑞・高杉晋作をはじめ、伊藤博文や山県有朋ら、そうそうたるメンバーが巣立っていきました(教えたのは、たった1〜2年のことです)。吉田松陰は直情径行の行動型で、1858年にときの老中を暗殺しようとし、止めた高杉たちを「臆病者」としかったとされますが、それがもとで(しかも聞かれてもいないのに幕府の役人に独白して)処刑されました。

高杉晋作は、1862年に上海に行き、そこで「植民地の主人」のようにふるまう白人と、抵抗するでもなく、奴隷のようになっている中国人をみて、深い危惧の念をいだいたようです。

日本に帰り、1863年の「攘夷実行」の直後の欧米の仕返しに無力な武士たちをみて、農民や町人も加わった「奇兵隊」をつくります。その後も、お相撲さんの力士隊とか、いろいろユニークな部隊(まとめて「諸隊」)ができ、「諸隊諭示」というものがつくられますが、その内容が驚くべきものです。一部を紹介しましょう。

> 一　農事のさまたげ少しもいたすまじく、みだりに農家に立ち寄るべからず、牛馬等小道にであい候はば、道へりによけ、すみやかに通行いたさせ申すべく……
>
> 一　強き百万といへどもおそれず、弱き民は一人といへどもおそれ候事、武道の本意といたし候事
>
> (学習資料「日本史」編集委員会編『学習資料　日本史』)

これまで、日本にこんな部隊はあったでしょうか。省略した部分に「人家の菓物(ママ)・鶏・犬等を奪い候などは、もっての外に候」という文もありますが、戦国時代など、お腹を空かせた武士たちは、果物・鶏・犬などを奪い、腹の

足しにしてしまったのではないでしょうか。小道で牛馬と出会ったら、奇兵隊たちの方がよけて通行させる、というのです。それもこれも「強い相手なら100万人いたっておそれない、でも弱い一般ピープルは、たとえ1人でもおそれるのだ」という考えからでしょうね。

幕府に恭順を誓う藩指導部に対して晋作が決起した時、人数はわずか80人程度だったと言います。何しろ、その時奇兵隊を任されていた者も同調しなかったそうです（力士隊の隊長だった伊藤博文は同調しました）。しかし晋作の決起は農民たちに支持され、奇兵隊の本隊も加わって、ついに藩の主導権を奪います。「倒幕派」の誕生です。わずか80人の行動が、その後の日本の歴史を変えていくのです。それを支えたのは、下関（しものせき）の廻船（かいせん）問屋を営（いとな）んでいた白石正一郎（しらいししょういちろう）たちでした。

恭順から倒幕へと藩論を変えた長州藩に対して、幕府は全国に号令を下して、第2次長州征討（以下、征長）を起こします。将軍家茂も、自ら指揮をとる、と言って大坂城に向かいますが、なんと連戦連敗を食らいます。その原因はいくつか考えられますが、まず、先ほどの2つ目の疑問(→ p.210)で「方針を変えた藩」はどこか、から考えてみましょう。

それは薩摩藩でした。「公武合体」だったのに路線転換する背景には、幕府や会津藩などとの対立と、生麦事件の結果としての薩英（さつえい）戦争のあとの薩英接近があったと考えられます。

▲小松帯刀

前者の点では、幕府は外様（とざま）の薩摩藩を信用しきれなかったのか、一橋慶喜（「文久の改革」で「将軍後見職（こうけんしょく）」になっていました）・会津藩・桑名（くわな）藩（いまの三重県の一部）を中心とするグループ、すなわち一会桑（いっかいそう）政権と呼ばれた勢力で政治を動かしていこうとしたのです。後者の薩英戦争とその後の薩英接近については、次をみてください。

こぼれ話　薩摩とイギリスの接近

薩英戦争の結果はご存知ですか？　鹿児島市街は火の海になりましたが、イギリス側の油断もあり、死傷者数ではイギリスの方が上まわりました。

そして薩摩藩は、相手のすぐれた砲弾などに気づいて教えを乞(こ)おうとし、賠償金の支払いにも応じます。その姿勢にイギリスの側も「日本国内に信頼に足る勢力を見つけた」と認識を改め、両者は急接近します。イギリスの支援を受けた薩摩藩は、「幕府頼むに足らず。我々こそ、近代化の担(にな)い手」という意識が芽ばえたのではないでしょうか。

この頃の薩摩藩を引っ張っていたのは家老の小松帯刀(こまつたてわき)(29歳)、大久保利通(としみち)(34歳)、西郷隆盛(37歳)たちでした。カッコ内は薩英戦争当時の年齢です。みんな若い!!

こぼれ話 坂本龍馬登場!

龍馬は小さい頃は泣き虫で寝小便小僧で、お姉さんの乙女(おとめ)のかげにかくれて…という感じだったのに、剣術で自信をつけて大変身、といったところで私はファンなのですが、近年、ひっくり返しの法則通り、「龍馬はたいしたことなかった」「薩摩藩のスパイに過ぎなかった」といった議論を目にします。

▲坂本龍馬

私は、こうした議論がすべて当たっていたとしても、龍馬のすごさは変わらない、と思います。何しろ、彼と中岡慎太郎(なかおかしんたろう)(龍馬と同じく土佐藩出身、龍馬と一緒に暗殺された)とで「八月十八日の政変以来敵だった」薩摩と長州を結びつけたのです。薩長(さっちょう)同盟(どうめい)を文章で明記したものの裏には朱墨(しゅぼく)で「龍」とサインが残っているのですから、彼が大きな役割を果たしたことは間違いありません。その行動力がハンパない。

八月十八日の政変以来、長州の武士たちは、はいている草鞋(わらじ)の裏に「薩賊(さつぞく)」と書いていた、という挿話(そうわ)があるくらい憎(にく)んでいたのです。そこで「薩摩名義で新式の銃を購入し、それを長州に横流しする」「長州は、薩摩にとって不足しがちな米を送る」ということで両者を結びつけた、と考えられています。

先ほどの「幕府が第2次征長で連戦連敗した理由」の話にもどって、その理由の1つ目です。これまでみてきたことを背景として、第2次征長の時、長州には薩摩経由でゲットした新式銃(エンフィールド銃とちょっと旧式のゲベール銃)があったのでした。幕府には、ゲベール銃はありましたがそれも数は少なく、火縄銃(!)が多かったようです。そうした武器の違いが、幕府

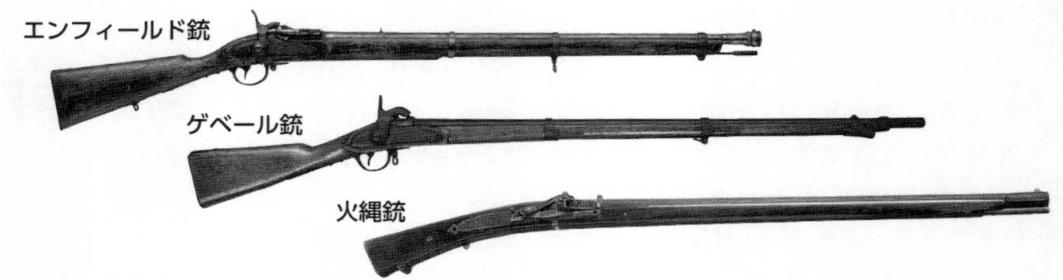

▲エンフィールド銃・ゲベール銃・火縄銃　エンフィールド銃(当時はミニエー銃と呼ばれていた)は、先込施条式と呼ばれ、銃身の内部にライフリング(らせん状の溝)が刻まれた、いわゆるライフル銃。その溝によって弾道が安定し、有効射程距離が格段に長くなる。ゲベール銃は先込滑腔式と呼ばれ、銃身内部の溝がなく、射撃の距離が長くなると、エンフィールド銃と比べて命中率が低下する。さらに火縄銃は、１発撃つと次の１発までに手間と時間がかかり、天候にも左右された。なお、戊辰戦争の時には、銃口から弾丸と火薬を入れる先込ではなくて元込、つまり手もとから弾丸を入れるようになった銃が使われるようになった。

が連戦連敗した理由の１つ。もう１つ、戦い方も違っていました。長州は、医者でありながらオランダ兵法を熟知した大村益次郎が「指揮官の号令一下、統制のとれた動きをする」軍隊をつくっていましたが、幕府軍の方は武士内部での身分格差にこだわっていて「指揮能力が低いのに身分が高いから指揮官」といったありさまだったようです。さらにもう１つの理由として、戦では、人夫や米の供出などで欠かせない民衆の支持。ここは、「諸隊諭示」(→p.211)が効いたところではないでしょうか。

ここで、以下のようなエピソードも注目されると思います。

こぼれ話「非義の勅命は勅命にあらず」

大久保利通らの反対を押しきって、幕府が第２次征長の勅許を朝廷から獲得した時、大久保は西郷宛ての手紙で、「天下万人御尤と奉存候てこそ、勅命と可申候得ば、非義勅命は勅命に有らず」と言い切っています。天皇を無条件に崇拝するのではない、ある種のクールさが大久保たちにあったことが分かります。

のちの大政奉還・王政復古の緊迫した場面でも、大久保や岩倉具視たちは天皇を「玉」と呼び、「玉をどちらが握るのか、が勝負を決める」とクールな姿勢を貫きました。

しかしそれでも多勢に無勢、仮に何年もこの第２次征長が続いたら、それはさすがに長州ももたなかったのではないでしょうか。しかしここで、幕府側にも続けられない事情がありました。1866年当時の勝海舟の文章が残っています。

> 第二次征長がこのように永びけば、下民一時の蜂起もはかりがたい。人心が幕府を離れていることは、日々明らかになっている。これはもっとも恐るべきことだ。
>
> （学習資料「日本史」編集委員会編『学習資料　日本史』、現代語訳）

考えてみてください。大軍での長州征討、そのためには金もいるし米もいるし人夫も必要ですが、それらはすべて一般ピープルの負担増大につながります。1866年5月にいまの兵庫県の西宮で主婦が起こした、米の安売り要求運動は、打ちこわしとなって大坂・兵庫さらに江戸に広がり、農村での「世直し一揆」も武蔵、奥州などで大規模に起こり、一揆・打ちこわしの件数は江戸時代最高を記録しました。この頃、各地で「世直し」を唱える一揆や打ちこわしの動きが目立ってきます。「世直し」とは、まるで市民革命でしょうか？…ただ、それは散発的であり、1つにまとめる指導部は存在していませんでした。でも、幕府の強大な権力も、民衆から年貢や人夫などを取り立ててこそ発揮されるわけですよね。そこが崩壊してきたわけです。勝海舟が恐れていた事態です。この年、大坂城で将軍家茂が亡くなり（21歳でした）、幕府は第2次征長を中止します。

全国に命令して、たかが長州一藩を相手にして勝てなかった…これは、幕府の権威を相当低下させたと思います。

意気上がる薩摩・長州。しかし、15代将軍となった慶喜は、フランスの支援を受けて軍事力強化に取り組みます。痩せても枯れても軍事力トップ(→p.172)の幕府がフランス流の近代的な軍隊を編成したら…と考えると薩長は焦ります。しかし悲しいかな、当時260以上あった藩のうち、倒幕をはっきり掲げるのは薩長のみ。あとは幕府寄りか日和見です。ここで先ほどの3つ目の疑問(→p.210)を考えましょう。さぁ、幕府に対抗できる権威ある存在は…？

▲徳川慶喜

それは天皇ですね。ところがギッチョン、この時の孝明天皇の考えは、どうでしたっけ？…そう、「佐幕攘夷」でした。これでは話になりません。

…と、ここで孝明天皇が急死して、当時16歳の、のちの明治天皇が跡を継ぎます。なんというタイミングの良さ！　これについては天皇毒殺説もあり、私もそうではないか、と考えてきましたが、近年有力な反対説も出ているようです。本当のことは分かりませんが、薩長にとって絶妙なタイミングであったことは確かだと思います。

こぼれ話　坂本龍馬登場！（その2）

この頃、龍馬は同じ土佐藩の後藤象二郎と相談して「船中八策」とのちに呼ばれるプランを作成したと言われます。そのうちの3つの抜粋を紹介しましょう。

一．天下の政権を朝廷に奉還せしめ、……
一．上・下議政局を設け、……
一．……新に無窮の大典(憲法)を撰定すべき事。

（平尾道雄『坂本龍馬海援隊始末記』）

議政局というのは、いまでいう国会でしょう。上・下とあるのは、イギリスやアメリカの国会が上・下の2院からなっていることからでしょうか。

この3点も「龍馬のオリジナルではない」「だからたいしたヤツじゃない」という議論が近年目につきますが、私は、オリジナルではないにしても、「現にこうやって世の中を動かすのがすごい」と思います。後藤象二郎は土佐藩の実質的最高権力者だった山内豊信(容堂)にこれを説き、豊信が慶喜に説いて大政奉還にいたった、と考えられるからです。

1867年の10月14日におこなわれた徳川慶喜による大政奉還と、ほぼ同時に「討幕の密勅」が出された、というのも、この幕末最終段階でのすごい話ですよね。そして、私は「大政奉還は、逆転満塁ホームラン」だと感じています。どういうことかというと、天皇の権威を利用して薩長が武力倒幕を考えていたのをストップさせた、と思います。その理屈はこうです。

もともと「征夷大将軍」である幕府の将軍は、建前上「天皇から政治を委任されている」形です。「委任したのに、いい政治をやらないから、討ってしまえ」と密勅(天皇からの秘密の命令)が出たのに、「ど～も、すみませ～ん！」

「お返ししますぅ」と慶喜が頭を下げてしまった。さぁ力づくで討っちまおう、と腕を振り上げた薩長も、「うっ」となりませんか？　これではケンカになりません。「大政奉還」されても、朝廷に政治のノウハウは不足しています。徳川氏は最大の大名として残り、それを中心とした諸藩の連合政権ができる、というのが現実的な可能性だったと思います。

こぼれ話 「密勅」偽勅(ぎちょく)説と坂本龍馬

「討幕の密勅」と呼ばれるものをいまみても、最後の３人の署名はみな同じ筆跡ですし、天皇のハンコ（御名御璽(ぎょめいぎょじ)）もありません。当時からも一部で言われていましたが、私は偽勅ではないかと思います。

また、大政奉還が龍馬のアイディアだとすると、「薩長を結びつけた龍馬が、なぜ土壇場(どたんば)で慶喜を助ける案を出したのか」という疑問が残ります。いろいろな説が出されていますが、何しろこのあと龍馬は1867年11月15日に中岡慎太郎とともに暗殺されてしまいます（龍馬33歳、慎太郎30歳）。

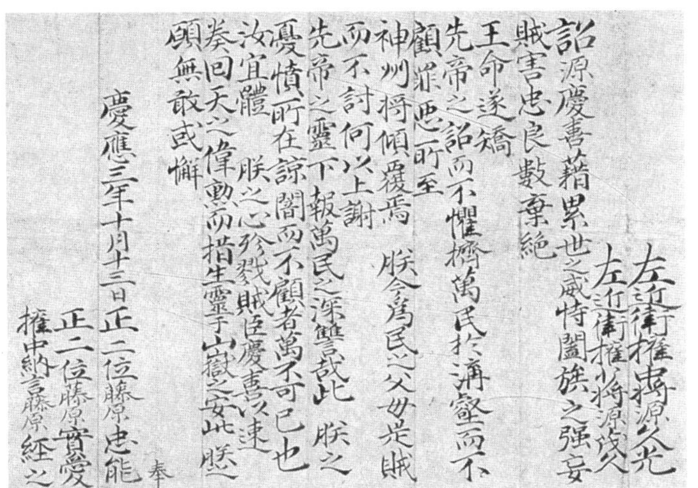

詔源慶喜藉累世之威恃闔族之強妄
賊害忠良數棄絶
王命遂矯
先帝之詔而不懼擠萬民於溝壑而不
顧罪悪所至
神州将傾覆焉　朕今爲民之父母是賊
而不討何以上謝
先帝之靈下報萬民之深讐哉此　朕之
憂憤所在諒闇而不顧者萬不可已也
汝宜體　朕之心殄戮賊臣慶喜以速
奏回天之偉勲而措生霊于山嶽之安此朕之
願無敢或懈
慶應三年十月十三日　正二位藤原忠能　奉
正二位藤原實愛
権中納言藤原經之
左近衛権中将源久光
左近衛権少将源茂久

▲討幕の密勅

この頃の討幕派のリーダーは公家の岩倉具視、大久保や西郷でした。彼らにとって、「最大の大名として慶喜が残り、新政府は慶喜が仕切る」なんて、とんでもないことです。もし孝明天皇を毒殺していたとしたら、「あんなにアブナイ橋を渡ったのに、なんてこった！」ではないでしょうか。そこで12月９日、王政復古のクーデタがおこなわれます。この年、民衆の間では「ええじゃないか」の大乱舞がおこなわれていて幕府の機能はマヒ状態、その中を薩摩藩などの軍勢が上京します。天皇の御所の周囲は会津藩などが警備していましたが、「どけどけ、天皇の命令が出たぞ」とかなんとか言って薩摩などの兵に変えられ、「王政復古の大号令」が出されます。

そこには「摂関、幕府等廃絶」と書いてあり、「慶喜抜き」の新政府が樹立され、「諸事神武創業ノ始メニ原づく政治がおこなわれる、とされました。以前に「江戸幕府の滅亡は、大政奉還の時でなく王政復古の大号令の時と考えた方がいいと思う」とお話しした(→p.169)理由はここにあります。

ここで、源頼朝や織田信長の時に考えた、「その当時の歴史的課題は何だったのか」について考えてみましょう。

産業革命を経て、圧倒的な経済力を持った欧米諸国から迫られて、日本は「開国」し貿易を始めました。それまでの江戸時代のように「幕府が強大な力でもって流通や情報を統制して、人々の自由な商工業を許さない」ようなシステムでは、もう対処できません。ざっくり言えば、「欧米諸国並みの『近代化』をどうおこなうか」が歴史的課題だったと思います。

では、それにどう対処するか。江戸幕府（徳川氏）が健在で近代化をリードする、という選択肢もあり得ました。そうなったらどうなっただろうか、ということはちょっとあとで考えます。また、市民革命が起こる、という選択肢もありましたが、いままでの経過をみてきて、どうでしょうか。「世直し一揆や打ちこわしで幕府の支配を動揺させる」「『ええじゃないか』で幕府の機能をマヒさせる」といったこと以上には進まなかった感じがします。各地で蜂起はあっても、全国に革命的な動きを広げるような、統一的な指導部は存在しませんでした。結局、「幕府と同じ武士勢力」と「公家勢力の一部」が「天皇の権威を利用して」おこなう形になり、彼らにとっては「王政復古」という性質の「変革」しか思いつけなかった、ということだったのでしょう。

クーデタのあと、戊辰戦争の中で「明治」と元号が変えられ、一世一元の制を採用して、明治新政府が確立していきます。「江戸幕府に代わる権力の正統性」は、あくまでも「天皇の権威」にありました。その政府はどんな政治をおこなっていきそうでしょうか。あ、そうそう、江戸城総攻撃に向かう「官軍」の大総督は有栖川宮熾仁親王(→p.206)でした。恋の恨み？

戊辰戦争の中で、私が注目したいエピソードが３つあります。

まず１つ目。初戦の鳥羽・伏見の戦いに参加した、新政府軍と旧幕府軍の人数は、5,000人 VS. 15,000人だったと言われています。この時の西郷隆盛の手紙が残っています。

> 京都から摂津にかけては、（幕府は）よほど人心を失ったようで、今日に至っては伏見のあたりは兵火のために焼亡いたしましたが、薩長の兵隊の通行のたびごとに、老若男女は路頭に出て、手を合せて拝し、有難や、有難やと申す声ばかりいたし、戦場にも食糧を持ち出し、汁をこしらえ酒をくんで戦兵を慰問し、薩摩藩内の人民より秀れて見えました。　（学習資料「日本史」編集委員会編『学習資料　日本史』、現代語訳）

いかに一般ピープルが薩長に期待していたか、が分かりますね。この頃、人々の間では「ご一新」という言葉がよく使われたようです。江戸幕府の支配が終わり、一新された政治がおこなわれる、ええじゃないか！というわけです。

人数は少なくても、武器や戦い方に勝り、民衆の支持を受けた方が勝つ、どこかでみた話ですよね(→p.214)。長らく幕府に忠誠を誓い、鳥羽・伏見でも初めは旧幕府軍に属した淀藩など、次々と新政府軍に寝返りました。まさに「勝てば官軍、負ければ賊軍」です。ところがギッチョン、鳥羽・伏見で勝利して、江戸城に逃げた慶喜を討とう、と思った「官軍」も、すぐには動けませんでした。お金がなかったのです。どうしたか…これまで幕府の特権商人をしていた三井とか、鴻池とかの大商人からお金を借りて、やっと出発することができました。…以上が１つ目のエピソードです。

２つ目。江戸城に向け東に向かう「官軍」の先がけとして「年貢半減」の立札を立てていく、赤報隊という部隊がありました。官軍の通り道では、官軍に味方するか旧幕府に味方するか迷っていた藩もありました。そこで赤報隊が立札を立てたらどうなるでしょう。「官軍が勝ったら年貢が半分になるのに、幕府に味方するなんてトンデモナイ」と民衆は思ったでしょうから、迷っていた藩が幕府に味方したらどうなるか…ところが、いまの長野県の下諏訪というところで、官軍本隊から呼び出しを受けた赤報隊の幹部たちは、「偽官軍」として処刑されてしまいました。ちょっと考えてみたいのですが、赤報隊の仕事も命がけです。軽い気持ちではやっていなかったでしょうし、第一「年貢半減」なんて大事なこと、許可なしにやるでしょうか？…

3つ目。戊辰戦争は1868年1月に始まり、1869年5月まで続きますが、1868年3月、江戸城総攻撃の予定日の前日に「五箇条の誓文」が発表されます。その翌日、庶民向けに発表された「五榜の掲示」に注目したいと思います。その内容は教科書にある通り、「**旧幕府の民衆に対する政策をそのまま引き継いでいた**」(㊔p.230)ものが目立ちます。「五箇条の誓文」とエラく違う気がするのですが…。

では、もし、江戸幕府が続いていたらどうなったでしょうか。

最近、「江戸幕府が続いていたら太平洋戦争はなかった」、つまり「薩長中心の明治政府は好戦的・侵略的だった」という議論を目にします。いろいろそれに対してお話ししたいこともありますが、「たら、れば」のテーマでもありますし、ここでは1つだけにしておきます。

もし「江戸幕府が続いて、あのまま江戸幕府による近代化がおこなわれていたら」、かなり日本はフランスに主権を侵害されていたと思います。例えば、「日本の貿易を独占するフランスの会社を設立する」とか、「北海道の産物の開発権を担保にして600万ドル借金する」とかいった計画が進んでいました。これらは、大政奉還などで雲散霧消します。

ところで、幕末にはイギリスが薩長に、フランスが幕府に肩入れしました。

へたをすれば、日本内部の戦争が英・仏の代理戦争のようになったり、どさくさまぎれに植民地化されたり、なんてことを本気で心配していた人も当時いたと思います。どちらかと言うとフランスの方に「その気」があったという感じがしますが、それをおさえた人に、イギリスの初代駐日公使オールコックがいます。彼が書いた本『大君の都』の一部を下に紹介します。この本は、いまでも『大君の都』上・下(岩波文庫、1962年)で読めます。

日本人の性格のなかには狂信的な愛国心がつちかわれている。そして、もしこの隠れた愛国心がかき立てられるようなことがなければ、我々

> の相手とするのはただ大名と封建諸侯だけであろう。いったん戦争がはじまって、万一軍隊が無法な略奪行為や破壊行為を犯すならば、一般大衆の敵意を買うおそれがある。　　（『大君の都』、現代語訳）

いかがですか？　一般ピープルをおそれている点、どこかでみたような考え方ではありませんか？…「弱き民は一人といへどもおそれ候」の「諸隊諭示」ですね。それはおそらく高杉晋作の考えだと思いますが、オールコックと一致していると思います。

この章の最後に、戊辰戦争の中で姿を現してくる明治新政府は、「晋作・龍馬なき新政府」だったことに注目したいと思います。

これまでみてきたように、幕末の決定的な局面を打開するうえで、高杉晋作と坂本龍馬の果たした役割が大きかったことは、お認めいただけると思います。ところがギッチョン、いよいよ新政府発足、という段階で、２人はこの世にいませんでした。

龍馬は先ほどみたように暗殺されます、晋作は肺の病気だったようで、第２次征長の戦闘の際に、悪化をおして戦い、龍馬より前に亡くなります（29歳）。

２人のいない新政府、ぶっちゃけ、近代化の具体的なビジョンは持っていなかったと思います。1871年という大事な時期に、岩倉具視を団長に大久保利通、木戸孝允（きどたかよし）（桂小五郎）ら政府の超重要人物たちが渡米欧するのですから。そしてドイツ（プロイセン）をお手本に決めます。木戸孝允の日記には、

> 建国の大法はデスポチックにこれなくては相すみ申さず

つまり、「国づくりの基本方針はデスポチック（専制的、独裁的）でなくては」という意味の文言がみえます。「デスポチックに国づくりを進めよう」という考えから、議会が強い権限を持っていたイギリス・フランスなどではなく、皇帝の権限が強かったドイツをお手本に選んだのでしょう。彼らがドイツを訪れたのは1872年、その前年の1871年にドイツは帝国として統一を成し遂げていました。キラキラしていたことでしょうね。

幕末から明治時代へ
現代まで続くシステムづくり

どんな国をつくっていこうか

江戸幕府は倒れました。平和だけど不自由だった近世社会に代わって、どんな近代社会をつくっていきましょうか？

先ほどお話ししたように(→p.218)、当時の歴史的課題は、一言で言うと「近代化」だったと思います。産業革命を成し遂(と)げて格段に生産力がアップし、議会で国民の意見を反映していくシステムをつくっていた欧米に、どう肩を並べていきましょうか？

その欧米諸国は、世界各地に植民地や市場を広げていました。西アジア、南アジア、中南米、アフリカ沿岸部、…あと残っていたのは？　そう、東アジアとアフリカ中央部くらいですよね。その東アジアは、どうなっていたでしょうか。

中国では女真族(じょしんぞく)が漢(かん)民族を支配している清(しん)王朝が続いていました。朝鮮は、その清王朝に属国として朝貢(ちょうこう)する関係にあり、まだ鎖国を守っていました。日本は、産業革命の１つ手前の工場制手工業（マニュファクチュア）が国内の一部で始まっている、という状況でしたね(→p.192)。欧米の進出を受けて、日本も対応を一歩間違えれば植民地化されるかもしれない。そういった危機感もあったと思います。

ここで**俯瞰**(ふかん)してみると、日本では鎌倉時代から広がってきた貨幣経済が、鎌倉幕府を滅亡へ導いたとお話ししました。その後の動乱を収める一歩寸前までいった織田信長は、経済力をほかの戦国大名の誰よりも重視し、秀吉・家康もその方向で進んできました。江戸時代も、農業をはじめとする諸産業は目覚ましく発展し、商人たちが力をつけていきました。しかし、自由な商品づくりや販売には強権でブレーキがかけられていましたね。

改革はまずはそこからです。1871年、江戸時代には禁止されていた田畑勝手作りが許可されます。何をつくってもいい、「近代化」のスタートは切られました。しかし、なんといっても「晋作・龍馬なき新政府」、そこからどうやって進んでいきましょうか？

2つの時期に分ける

また俯瞰してみましょう。明治時代を前半・後半の２つの時期に分けるとしたら、その境目は何になるでしょうか？

？？？？

当時の歴史的課題は一言で言えば「近代化」、現代まで続くシステムの確立です。１つだけ境目を設(もう)けるとすれば、1890年の第１回帝国議会の開会、でどうでしょうか。

偶然ですが、明治は45年に明治天皇が亡くなって大正(たいしょう)元年になる（一世一元の制(→ p.218)）ので、1890年すなわち明治23年は、ちょうど、そのど真ん中になりますね。まず前半部分では、江戸幕府を倒して、明治新政府はどういう近代化政策をとったのか。そのことと、それに対する国民のリアクションがテーマです。

明治時代略年表	
1868	明治と改元
1869	版籍奉還
1871	廃藩置県
1876	日朝修好条規
1877	西南戦争
1881	自由民権運動盛ん
1889	大日本帝国憲法
1890	第１回帝国議会
1894	領事裁判権撤廃
1894	日清戦争
1895	三国干渉
1898	初の政党内閣
1900	立憲政友会成立
1902	日英同盟
1904	日露戦争
1911	関税自主権回復
1912	明治天皇逝去

そのお話に入る前に、当時の政府の偉(えら)い人たちは、まさに「命がけ」だったことをお話ししたいと思います。何人もの人たちが暗殺されました。大村益次郎(→ p.214)、政府参与だった横井小楠(しょうなん)、参議だった広沢真臣(まさおみ)、そして大久保利通…。岩倉具視も襲撃を受けます（外濠(そとぼり)に転落して命拾い）。殺そうとした人たちは士族で、それだけ彼らの憎(にく)しみも強かった、ともいえるでしょうが、「そういう時代だった」ということは頭に置いて、みていきたいと思います。

だから政府の偉い人たちは立派だったとか、「その意気込みに感動して」すべてを支持する、とか言うつもりはありません。戦国時代の武将たちが「命がけ」なのはまぁ仕方ないというか、「当たり前」でピンときませんが、いまの私たちと同じように洋服を着ている人たちが「命がけで政治をおこなっていた」ということは、つい忘れてしまいがちな「**盲点**」ではないか、と思います。

明治時代前期――「上からの近代化」と自由民権運動

江戸時代の幕藩体制からこんにちの都道府県制に移るまでには、版籍奉還（はんせきほうかん）と廃藩置県（はいはんちけん）がおこなわれました。そして、その中間段階では、教科書にあるように、

徴税と軍事の両権はこれまで通り各藩に属していた。こうした中、新政府は限られた直轄地（府・県）からの年貢徴収をきびしくおこなったため、新政府に対する一揆が各地で続発し、また、諸藩でも江戸時代とかわらない徴税に民衆の不満が高まった。（㊙p.236）

という状態でした。その150年後に生きている私たちは、「まぁ、そんなにいっぺんには変わらないよね」とか余裕こいていられますけど、当時生きていた人たちにとってはどうでしょう？

幕末期は「ご一新」がはやり言葉でしたよね。「ええじゃないか」と踊っていたけど、興奮がさめてみたら、「あれ？　なんも変わってないぞ」状態だったわけです。「年貢半減」なんて嘘っぱちでした（だから赤報隊を「偽官軍」として処刑したんですね）。1869年に大久保利通が岩倉具視宛ての手紙で、「王政復古を『ありがたい』とする言葉を聞かないどころか、『旧幕府の政治よりも困苦している』という声を聞く」という意味のことを書いています。

「なんも変わってない」どころか、これも教科書にあるように、

奇兵隊をはじめとする長州藩諸隊の旧隊士たちの一部は、藩の軍事力再編成に反対し、武力で鎮圧された。（㊙p.236）

というわけで、倒幕に貢献したからといってハッピーな「その後」があるわけではありませんでした。ざっくり言って、当時生きていた一般ピープルのうちの多くの人々は、「新政府への信頼」をあまり感じていなかったようです。（→p.244）

そして中央政府はといえば、またまた教科書にあるように、

政体書(せいたいしょ)による太政官(だじょうかん)制は改められ、祭政一致(さいせいいっち)・天皇親政(しんせい)の方針から大宝令の形式を復活して、神祇(じんぎ)官を太政官の外におき、太政官のもとに各省をおく組織となった。 (㊩p.237)

ということで、戊辰戦争中に制定された、政府の仕組みを定めた政体書では神祇官は太政官の下の一部局でしたが、今度は太政官と同格になってしまいました。王政復古の大号令で「諸事神武創業ノ始メニ原」づく政治と唱(とな)えたあとは、701年に出された「大宝令の形式の復活」です。これで明治「維新」といえるでしょうか(さすがに、これは廃藩置県後に改められますが)。

廃藩置県の2年前におこなわれた版籍奉還とは何でしょうか。版は土地、籍は人民です。奉還は？…以前「大政奉還」ってありましたね。つまり、藩主たちが「天皇に土地と人民をお返しする」ということです。明治新政府は結局、天皇という権威を借りて、これからの政治をおこなっていこうとしたわけですね。

また、各藩や明治新政府の立場に立ってみると、「お金の問題」がとんでもなく大変だったと思います。まず各藩ですが、財政難の話をしてきましたね。それに戊辰戦争の多額の出費が重なって危機的な状態にありました。廃藩置県後に新政府が肩代わりした、諸藩の借金と何の裏づけもない藩札(はんさつ)(藩が発行したお札)の合計額を年収と比較すると、当時274藩のうち210藩が100%を超(こ)え、56藩は300%を上まわっていたと言われています。廃藩置県は、薩摩藩の実質的権力者の島津久光など強烈に反対した人もいましたが、「ありがたい」と感じた藩主たちも多かったのではないでしょうか(その時点では彼らは、たっぷり収入も保障されていましたし)。

▲岩倉使節団 左から木戸孝允・山口尚芳(やまぐちなおよし)・岩倉具視・伊藤博文・大久保利通。

こんなすったもんだのあと、

岩倉使節団が出発します。彼らは、いわば「近代化のお手本」を探しに行った、と言えると思います。「歴史は、様々な選択肢の中から、たまたまそこで選び取られた方向の積み重ねで進んでいく」と私は考えていますが、実際の歴史でそのことは忘れ去られがちだと思います。その点で、まさにこの時は、「様々な選択肢があった」ことがよく分かる例だと思います。次をみてください。

こぼれ話 岩倉使節団の「選択」

使節団がまわった国は、アメリカ・イギリス・フランス・ベルギー・オランダ・ドイツ・ロシア・デンマーク・スウェーデン・イタリア・オーストリア・スイスの諸国でした。アメリカで大歓迎を受けます。イギリスでは大砲製造のアームストロング社で自ら案内役をつとめたアームストロング氏に会って、「容貌愚ナルカ如シ、凡ソ諸方ヲ回リ、高名ナル製造家ニ逢フニ、往々ニカカル人多シ」と『特命全権大使米欧回覧実記』(同伴した久米邦武が編纂)が書き残すような印象を持ちました。「容貌愚なるが如し」というのは馬鹿にしているのではなくて、中国の歴史書『史記』で老子が孔子をいさめた時の言葉です。「人格者は、一見愚かにみえる(逆に言うと、孔子は才気走っていて君子とはいえない、と批判している)」ということです。使節団メンバーは、イギリスの大工業を支えているのは、こうした人格者の民間資本家だ。日本でもそうした資本家を育てていかないといけない、と考えたのではないでしょうか。

フランスでもやはり感動するのですが、ちょうど民衆による、世界史上でも注目される自治政府だったパリ・コミューンの傷跡が残っていて、「ぞっとした」という意味の感想が残されています。「あまり民衆に権利を認めてはならない」と感じたのかもしれません。すでにお話ししたように、使節団はドイツをお手本に決めるわけですが(→ p.221)、「もしこの時、同じ小国である北欧の国をお手本に選んでいたらどうなっていただろう？」と思わずにはいられません。平和と社会福祉で第一次世界大戦や世界恐慌に対処し、現在も高い経済生産性を誇る国々です。

さて、この使節団の渡米欧の最中に、西郷隆盛を中心とする留守政府が近代化政策を推進します。ここで問題です。

「近代化」というと、以下の８つのことは必須のことに思えます。確かに、このうち７つはすぐにおこなわれますが、１つだけ、明治政府が初めおこなおうとしなかったものがあります。どれでしょうか？

①身分にとらわれない兵制／②身分による呼称や扱いをやめる／③近代的な税制／④工業化をはじめとする産業の近代化／⑤進んだ文化の取り入れ／⑥学制(がくせい)／⑦外交／⑧国会をつくる

？？？？

正解は⑧です。「デスポチック」(→p.221)ですものね(龍馬が生きていればどうなったでしょう)。それでは、①〜⑦の順にみていきます。

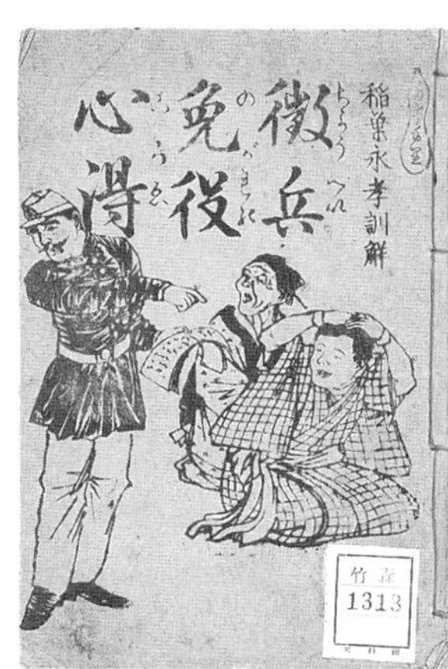

▲『徴兵免役心得』

①まず1873年に出された徴兵令(ちょうへいれい)ですが、教科書にあるように、「実際に兵役についたのはほとんどが農村の二男以下であった」(㊫p.238)ということは覚えておいてください。初めは、当時の大金(代人料270円)を払った人や、一家の戸主や跡取りの長男などは免除されていたのです。徴兵逃れのためのノウハウを書いた本(『徴兵免役心得(ちょうへいのがれのこころえ)』)が大いに売れ、未亡人に「僕と再婚を」、子どものいない老夫婦に「僕を養子にして」、といった申し出が殺到したそうです。そうすれば、戸主や跡取り息子になれますものね。…でも、なんか「のどか」な感じもしませんか？　こうした免除規定は、1880年代には、次々になくなっていきました。

②次に身分に関して、華族(江戸時代の大名や公家)、士族(大名以外の武士だった人)に支払われていた「秩禄(ちつろく)」(江戸時代の給料にあたる家禄と王政復古の功労者に支払われる賞典禄(しょうてんろく)をあわせたもの)の支給を止める代わりに一時金を希望者に支給しました。「これで希望する人はいると思う？」と高校生に聞くと「思わない」と返事がかえってきます。…歴史は、自分たちと同じ人間がつくっているんですね。

大日本帝國政府
地券
三河國碧海郡西端村
一田壱畝廿五歩
持主 杉浦豊吉
地價四円七拾三銭
右検査之上授與之
明治十一年六月一日
愛知縣

▲地券

「何もしなくても、華士族に国家予算の３割程度出費する」状態でしたが、財政難の新政府にはたまりません。金券の形の証書を渡して一気に秩禄を全廃します（「秩禄処分」）。士族には廃刀令(はいとうれい)も出されます。

③地租改正(ちそかいせい)については「地券(ちけん)を発行して土地の所有権をはっきり認めた」点がまさに「近代化」ですよね。江戸時代、土地を耕作している人がその土地を自由に処分することは、できませんでした。平安時代終わりの話を覚えてますか？　「きょう帰った時、僕の家、あるかなぁ？」状態でしたよね(→p.100)。地租改正でやっと安心！　でも「従来の年貢による収入を減らさない方針で進められたため、農民は負担の軽減を求めて各地で地租改正反対の一揆をおこし」（㊙p.239～240）と教科書にあります。では、問題です。

当時の政府にとって、確実な税収は何があったでしょうか。「従来の年貢を減らさない方針」ということは、どうやって地価(ちか)を決め、その「３％」の地租を決めたのでしょうか？　また、せっかく決めた「３％」をあとで「2.5％」に下げますが、それはなぜでしょう？

？？？？

当時の政府にとって、確実な税収は、ほとんど「地租だけ」と言っていい状況でした。近代化政策でお金はいくらあっても足りず、しかも各藩の借金を肩代わりし、秩禄が支出の３割を占める…こんな状況で、政府にとっては「従来の年貢を減らさない」が至上命題でした。

はじめ政府は、収穫米の価格から肥料代などを差し引く、というやり方で地価を、そしてそこから地租を決める方針でした。ところがギッチョン、申告されたものをもとにして算定された新地租の見込みが、従来のものの84％になりそうだ、となって、各府県の１反あたり収穫量は地租改正事務局の「目的額」を下まわることは許さない、そしてそれを市町村などの下部へ割り当てていく、という方式に変更しました。

　これに対して大規模な一揆が起こり、1877年に2.5％に下げます。農民たちの中では、「竹槍で　どんと突き出す　２分５厘」ということがうたわれたようですが、その実施年に注目してください。1877年…って、何が起こった年でしょうか？

　そうです。政府は、鹿児島で不気味な沈黙を続けている西郷さんが反乱の首謀者になり、各地で起こった「地租改正反対一揆」と結びつくのを恐れたのでしょう。2.5％になって一揆が沈静化したあと、西郷さんの西南戦争が起こります。

　④殖産興業では、「自力にこだわった近代化」が注目です。もちろん富岡製糸場などの官営工場をつくって、スタートでは「お雇い外国人」の指導を仰ぎます。ところがギッチョン、工部大学校（のちの東京大学工学部）をつくって技術者の養成に努め、お雇い外国人の契約期間が残っているのに「もう来ないで結構です」と言って抗議されるくらい「自力」にこだわりました。外国人に教わることに安住したとされる当時のインドや、民間企業育成より役人の利害が優先された当時の中国との違いが、そこにありました。資金についても、ふつうは外国から借りておこなうものですし、お雇い外国人たちからもそう勧められましたが、一部の例外を除いて日本は借りようとしませんでした。お金を借りることから植民地化されかねない、という判断があったのではないでしょうか。

　この「自力による近代化」に興味を持たれた方には、石井寛治氏の『明治維新史』（講談社学術文庫、2018年）・『日本の産業革命』（講談社学術文庫、2012年）がお勧めです。世界の動きとの関連や、豊富な登場

▲富岡製糸場

人物にドキドキハラハラしながら当時のリアルに迫れます。

⑤文明開化では、明治時代の初期には、欧米から入ってきた自由主義、個人主義などの思想が流行しました。天賦人権という考え方について、植木枝盛は『民権自由論』という著作で次のように書いています。

ルーソー❶と云ふ人の説に、人の生るるや自由なりとありて、人は自由の動物と申すべきものであります。されば人民の自由は縦令社会の法律を以て之を全うし得るとは申せ、本と天の賜にて人たるものの必ずなくてならぬものでござらう。……自由は天から与えたのじゃ。とんと民権を張り自由をお展べなさいよ。

❶ルソー。18世紀のフランスの啓蒙思想家。　（『民権自由論』）

天から与えられた、つまり「人が生まれながらに持っている権利」という考え方は、いまの日本国憲法につながっていきます。何でしょうか？…そう、「侵すことのできない永久の権利」とされている基本的人権につながる考え方だと思います。明治時代前半に盛んになる運動のネーミングも、この植木枝盛の著作からきている感じがしませんか？　何という運動でしょう？…そう、「自由民権運動」ですね。それから気をつけたいと思うのは、個人主義というワードです。現代だったら「自己中」と思われそうですが、これは「１人の人間の生命は地球よりも重い」という表現が、その言葉のニュアンスを伝えてくれていると思います。

こぼれ話　田中正造と「個人主義」

あとで、足尾鉱毒事件のところで出てくる田中正造。彼はいまの岩手県の一部にあたる江刺県の役所に勤めていましたが、冤罪で投獄され、次々に同室の者が凍死したり病死したりする環境の中で１冊の本に出会い、出獄後は自由民権運動に身を投じたと言われています。この時出会ったのがイギリスの著作家スマイルズの本を中村正直が翻訳した『西国立志編』という本で、中村正直が記した序文の中の「人間１人の生命は全地球より重い」というフレーズに衝撃を受けたそうです。

人々の日常生活に大きな影響を与えたものとしては、暦法の変化があります。明治５年12月３日を明治６年１月１日として、それまでの太陰太陽暦（月の満ち欠けを基準にし、それだけだと１年が365日に足りないので、閏月を設けて補正する暦)に代えて太陽暦を採用しました。それと同時に、神武天皇が即位したとされる年を元年とする日本紀元(→p.39)(皇紀)を決めます。そして、それまで人々に親しまれてきた五節句(ひなまつりの上巳の節句や、端午の節句など)を廃止して、紀元節(神武天皇の即位日とした2月11日(→p.39))や天長節(明治天皇の誕生日である11月3日)を国の祝日と定めました。

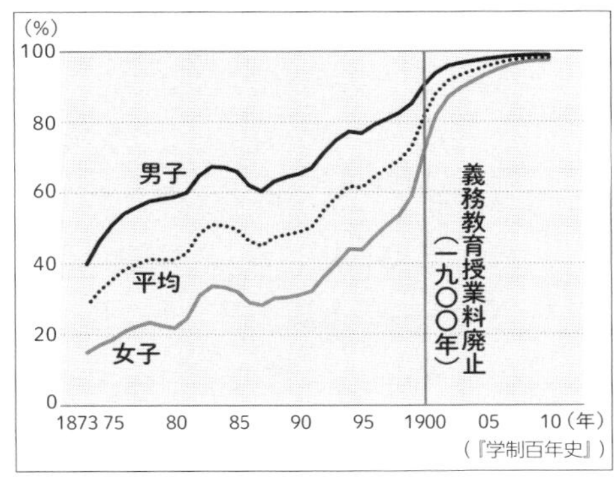

▲明治時代の就学率

⑥学制では、初期の就学率がどんなものだったか、をぜひみてください。なぜこんなに低いのか？　当時の農民たちのリアルな思いとしては「子どもも大事な働き手」ということだったのではないでしょうか。小学校の教員の給料や学校の建設費も民衆の負担で、反対一揆も起こります。

この学制についての政府の布告の冒頭は、以下のような感じです。

人々が自分でその身を立て、資産をたくわえ、家業を盛んにして、その人生を完成するものはほかでもなく、身を修め、知識を広め、才能や技芸をのばすことによるものである。　(『法令全書』、現代語訳)

つまり、「身を立てる」には学問が必要だ、ということですね。「個人の独立」ということが、「国家の独立」のためにも重要だ、と考えていた人が福沢諭吉です。彼が刊行した『学問のすゝめ』は、世間に流布した部数が300万部を超えた、と言われる大ベストセラーでした。当時の日本の人口はだいたい3,000万人と考えられますから、日本人の10人に1人の手に渡ったことになりますね。冒頭で「天は人の上に人を造らず、人の下に人を造らず」とあって、そのあと「では、貧富の差などが生まれるのはなぜ？」と問いかけて、「それは学ぶかどうかによる」と結論づけているわけです。明治政府の出した、学制についての布告と、ドンピシャにあっていますね。そして、その後の諭吉が書いたものを読むと、「江戸時代、各藩に分かれていた日本で、いかに国民意識を形成していくか」ということを大きな目標にしていたと感じられます。何しろ、江戸時代の人々にとっての「おらが国」は藩だったと思います。

⑦外交では、アジアに対して居丈高な態度が目立ちます。江戸時代では、例えば朝鮮に対して下にみるのではなく、むしろリスペクトし合う関係だった、と前にお話ししました(→p.173)。明治政府の姿勢は、明らかに違います。当時、朝鮮も琉球も中国の清王朝を宗主国としていました。清を「親分」とし、自分は「子分」で朝貢し、その代わり「自国の王と認めてもらい」保護を受ける関係です（「植民地」とは違い、独立国である点は注意してください）。日本は清と「互いに領事裁判権を認め合う」という点で、初めて他国と「対等」な条約を結びましたから、朝鮮や琉球に対して「おまえの親分と対等なんだから、おまえは日本より下だ」という意識があったのではないでしょうか。

琉球漁民が台湾に漂着して現地の住民に殺された時、清は「野蛮人どもがやったことだから、自国（清）には責任がない」という態度をとります。「自国民が殺された」として日本は台湾に出兵します。「清と戦争か？」と日本国内も緊張しますが、大久保は自ら清に乗り込んで交渉に当たりました。イギリスの調停もあって、清が日本の行為を正義の行動としてお金を払うことで決着します。…これも「殺された琉球漁民の遺族に払う」のでなく日本に払う、というのは「琉球は日本領」と認めたことになる、と感じますが、いかがですか？

こぼれ話　琉球をめぐる日清の交渉

琉球の帰属をめぐっては、日清の対立が続きます。交渉の中で、日本側から「沖縄本島とその周辺は日本領、宮古島や石垣島など先島諸島は中国領」という妥協案も示されますが、これは清が拒否します。結局、日清戦争で決着がつくことになってしま

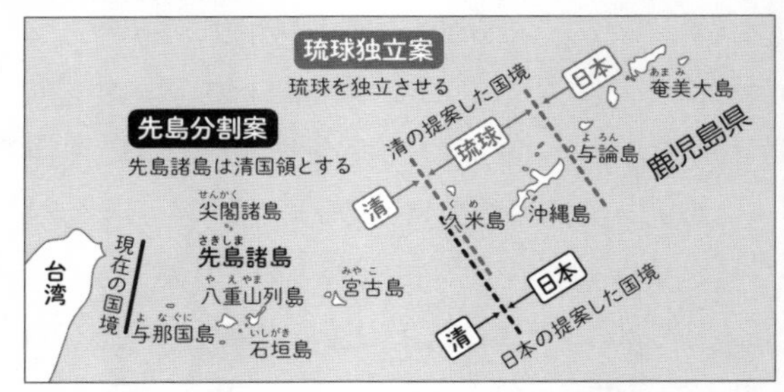

▲日本側の、先島諸島を中国領とする案の地図

います。

朝鮮に対しては、江華島(こうかとう)事件という挑発行為をおこなって、軍隊を派遣して圧力をかけ、1876年に日朝修好条規を結びます。その時日本側の担当者は、朝鮮に向かう船内でペリーの本を読んで行ったそうです。そしてアメリカなどに結ばされた不平等条約を、今度は朝鮮に結ばせるのですが、日朝の関係と日米の関係の違いを考えたいと思います。日朝修好条規では、日米修好通商条約と同様に、日本側にだけ領事裁判権が認められています。これが結ばれたのは2月ですが、8月に定められた貿易規則では、日本の輸出品に対する関税の免除が決められました。日米の関係は「協定関税」、つまり日本は「自分で関税の率を決められない」不平等でしたが、日朝の関係では、朝鮮は「関税をかけられない」のです。もっと不平等なんですね。

以上、政府の「近代化」政策を①〜⑦(→p.227)に沿ってみてきましたが、ここで問題です。

「近代化」政策に、どんな人たちが反発し、どんな行動が起こったでしょう？　「反乱」が起こった地域はどんなところでしょう？

？？？？

これは、これまでもうお話ししてきた部分もありますが、農民たちからは、徴兵令・地租改正・学制に対して一揆が起こりました。「**流れが命**」で、当時の農民たちの気持ちを考えてみてください。これまで江戸時代が260年くらい続いていましたよね。農民たちにとって、江戸時代は不自由でしたが、「年貢さえ納めれば終わり」でした。1649年に幕府が出したと言われてきた「慶安(けいあん)の触書(ふれがき)」(最近は、別の時期で「幕府が出したものではない」という説が出されています)にも、「年貢さへすまし候へば、百姓ほど心易(やす)きものはこれ無く」という言葉がありました。それがここで「兵隊を出せ」「子どもを学校に通わせろ。教員の給料や学校の建設費も負担せよ」ときたわけです。

士族たちは、自分たちの特権が奪われて生活の資(もと)が奪われる徴兵令、そして先ほど②でお話しした秩禄処分・廃刀令に強く反発する動きを起こします。

政府高官へのテロ(→p.223)や武力による反乱です。反乱が起こった地域は西日本、とくに、かつての長州・肥前(いまの佐賀県)など倒幕の主力になったところが目立ちます。そして1877年に、かつての薩摩で西郷さんが西南戦争を起こして敗れ、「あの西郷さんでもダメなのか」と反乱はもう起こらなくなります。その後、1874年に板垣退助らが提出した「民撰議院設立の建白書」をきっかけとした、言論による自由民権運動が盛んになっていきます(しかしテロは続きます。大久保利通暗殺は1878年)。いわゆる「征韓論」がもとで、留守政府の中心だった西郷隆盛が下野したあとは、大久保利通の独裁だったとみていいと思いますが、大久保も殺され、政府は伊藤博文や大隈重信らに「世代交代」します。

では、ここで問題です。

自由民権運動が要求したもので、おもなもの2つを挙げてみましょう。また、政府の対応はどういうものだったでしょうか。

？？？？

建白書のタイトルが示している「民撰議院設立」つまり「国会開設」が1つですね。そして、この運動に地域を代表する有力農民が加わりはじめると、「地租軽減」が重要な要求として掲げられます。

政府の対応は「アメとムチ」に例えられます。例えば、1875年に「漸次立憲政体樹立の詔」(アメ)を出す一方で、自由な政府批判を許さない讒謗律や新聞紙条例を出す(ムチ)といった具合です。

そして政府最大のピンチは「北海道開拓使官有物払下げ」が新聞報道された1881年だったでしょう。税金約1,400万円ともいわれるお金をかけてつくったものを、38万円余りでしかも無利息30年払い、開拓使長官黒田清隆と同じ薩摩閥の政商五代友厚らに払い下げる、と報じられました。「こんなことが起きるの

▲札幌麦酒醸造所(開拓使官有物)

も国会のチェックがないからだ！」「すぐに国会を開け！」といった声が噴出します。

ここで伊藤博文は、早期国会開設のために新聞記者に払下げの情報をリークした、と考えられた大隈重信を辞職させます。そして「明治23(1890)年に国会を開く」詔(みことのり)を出し、払下げは中止してピンチを乗り切りました(明治十四年の政変と言います)。国会開設に向けて、板垣退助は自由党、下野した大隈重信は立憲改進党(りっけんかいしんとう)という政党をつくります。幕末の「世直し」を唱えた行動の限界は、「全国的な統一された指導部を持たなかったこと」だと先ほどお話ししましたが(→p.218)、ここでそれができたわけです。各地で憲法案を自主的につくる動きが起こります。この民間の自主憲法案は私擬(しぎ)憲法と呼ばれました。

こぼれ話　植木枝盛の憲法案の内容がスゴい

私擬憲法の中でも私が注目するのは、先ほど文明開化の話で登場した植木枝盛がつくった「東洋大日本国国憲按(あん)」です。少し引用します。

・日本ノ国家ハ日本各人ノ自由権利ヲ殺減(さつげん)スル規則ヲ作リテ之(これ)ヲ行フヲ得ス

・日本ノ人民ハ思想ノ自由ヲ有ス

・政府国憲(こっけん)ニ違背(いはい)スルトキハ日本人民ハ之ニ従ハサルコトヲ得

・政府恣(ほしいまま)ニ国憲ニ背(そむ)き擅(ほしいまま)ニ人民ノ自由権利ヲ残害シ建国ノ旨趣(ししゅ)❶ヲ妨(さまた)クルトキハ、日本国民ハ之ヲ覆滅(ふくめつ)シテ新政府ヲ建設スル事ヲ得

❶本来の目的。ここでは、「人権の保障」を意味する。　（牧野伸顕文書）

いかがですか。人権を保障するばかりでなく、抵抗権や革命権まで規定しています。私擬憲法には、このほかにも、山深い東京五日市(いつかいち)の農村青年の学習グループがつくった「五日市憲法草案」などがあります。彼らは、仕事を終えて夜集まったりして、討議して204カ条に条文をまとめました。

この頃が自由民権運動が一番盛んな時だったでしょう。ところがその一方で、西南戦争の際、不換紙幣(ふかんしへい)を乱発したことなどをきっかけに激しいインフレが起こります。貿易取引で用いられる銀貨に対して紙幣の価値が下がりました。これを放置していたら、どうなるでしょうか。定額の地租は紙幣で納められますから、政府の収入は実質的に減少します。ここで、まず大蔵卿の地位にあった大隈重信、次いで松方正義がデフレ政策をとります。さぁ、問題です。

お金が多すぎて価値が下がり、インフレになりました。では、世の中のお金を減らして価値を上げるために、あなただったらどうしますか？　そうしたら、一般的に景気はどうなるでしょうか？　一番影響を受けるのは、誰でしょう？

？？？？

世の中に出まわるお金の量を減らせばいいのですから、増税が手っ取り早いですね。そして、殖産興業でつくった官営工場などは払い下げて、政府の支出を減らします。景気は、お金の量が減るのですから、悪くなります。でも物価も下がるから、消費者としてはプラスマイナスゼロかもしれません。影響は、ものをつくっている農民が受けます。とくに、当時「生糸が高く売れる」というので養蚕をやっていた人が多く、当時養蚕には借金がつきものでした。それでも、「高く売れるから余裕で返せる」と考えていましたから、生糸の値段が暴落したらすぐさま影響を受けます。自由民権運動から手を引くものが多くなり、同じ事情で過激化する人々も現れます。そんな中、党員の統率に自信を失ったのか、自由党は解党してしまい、立憲改進党も一時大隈らが離党してしまいます。こうして1884年頃、自由民権運動はいったん衰退してしまいます。

それをしり目に、伊藤博文は憲法づくりに渡欧します。そして、植木枝盛らの私擬憲法案などとは似ても似つかない、ドイツ流の憲法案を自分の別荘で練り上げます。1884年に華族令を出し、1885年に内閣制度をつくって初代首相になります。…逆に言うと、ここまで「律令官制」は生きていたんですね。このあと1889年２月11日に大日本帝国憲法が発布され（２月11日とは？(→ p.39)）、1890年に第１回衆議院議員総選挙がおこなわれて帝国議会がスタートし

▲伊藤博文

ます。…1885年から1890年までの流れ、何か順番が変じゃないですか？

内閣が、選挙よりも憲法よりも先に発足していますよね。当時の内閣は「超然主義」を標榜していました。つまり「国民の選挙結果なんて関係ない」というわけです。

大日本帝国憲法には、どんな特徴があったでしょう？

？？？？

現在の日本国憲法と比べてみましょう。主権は天皇、ですから天皇がつくり、天皇しか変えられません。国民は「臣民」つまり天皇の家来で、国民の権利の保障は「法律の範囲内で」とされました。国会も内閣も「天皇を助ける」ためにあり、軍隊を動かす統帥権も天皇が持っていました。この憲法に続いて制定された民法（旧民法）では戸主（一家の主人）の権限が強く、それを受け継ぐのは長男、という「家」の制度が確立しているのが重要です（個人でなく「家」！）。この民法も当初の案では、家父長制という、男性の戸主重視の制度は認めながらも、夫婦中心に家族を考えていこうとしたものでした。これに対して反対論が唱えられ、変えられてしまいました。戸主の長男が「家」の全財産を受け継ぎ、家族を扶養する、という江戸時代の武士の制度を引き継いだのです。基本的人権は家族の中でも無視されていました。結婚も戸主の同意が必要です。女性は結婚によって夫の「家」に入り、私有財産も夫に管理され、親権もなく、姦通は女性のみが刑法で処罰されることになりました。女性は、江戸時代の「三従の教え」が続いている感じですね。

「上からの近代化」いかがでしたか？　ただ、大日本帝国憲法では内閣についての定めがなく、運用しだいでは、大正時代に成立した「政党内閣」、つまり「国民の選挙の結果多数の当選者を出した政党が内閣を組織する」余地があったことも、おさえておきたいことです。

明治時代後期——２つの戦争による「大国化」と産業革命

さて、1889年発布の大日本帝国憲法で、日本は実質的にアジア初の「憲法を持つ国」になりました（「実質的に」としたのは、形式的にはオスマン帝国のミドハト憲法というのが1876年に公布されているのです。…しかしこれは1878年に停止されてしまいました)。そして衆議院議員総選挙もおこなわれて帝国議会もスタートし、「政治的な意味での近代化」は、一応おこなわれた、と言っていいと思います。でも経済的にはまだまだ、ですし、世界的にみると欧米列強は帝国主義と呼ばれる段階に入っています。銀行がたくさんの資金を供給して重工業が発達し、動力も石炭から石油に変わります。植民地獲得競争も全世界規模で展開され始めていました。幕末の日本にやってきた頃の欧米諸国と比べても、段違いにパワーアップされていたのです。そんな中に、よちよち歩きの日本が放り出されたかっこうなんですね。さて、どうなっていくのでしょうか？

この明治時代後期の中でも**俯瞰**してみましょう。223ページの略年表をみてください。年表にないことも少しつけ加えて、後期の流れを整理してみます。

・条約改正
・日清(にっしん)戦争と三国干渉(さんごくかんしょう)
・初めての政党内閣と立憲政友会(りっけんせいゆうかい)の成立
・日英同盟(にちえいどうめい)、日露(にちろ)戦争
・桂園時代(けいえんじだい)
・産業革命、明治時代末の「いきづまり」
・社会運動の発生
・明治の文化(前期、後期通じて)

というわけで、日清・日露両戦争が占める役割が大きいことが予想されますし、これからみていきますが、しょっぱなの条約改正から、もう完全に「国際情勢がカギを握る」ことが分かると思います。2つの戦争もまさにそうです。もう、「自国内のことだけみていく」のでは済まない時代に、完全に入っていくんですね。それをまず、お伝えしておきたいと思います。

(1)条約改正

条約改正の道のりを、担当者ごとに表にしてみました。これをみて、様子がガラッと変わるのは、いつからですか？　それは、なぜ？

不平等条約の改正
岩倉具視：主に法権回復を目指すが、途中で断念。
寺島宗則：税権回復を目指して米国は賛成、英・独などが反対し失敗。
井上　馨：法権と、税権の一部回復を目指すが国内の反対が強く失敗。
大隈重信：法権等の回復を目指す。米・独・露賛成も国内の反対で失敗。
青木周蔵：法権と、税権の一部回復を目指し、英も賛成にまわる。
陸奥宗光：法権と、税権の一部回復に成功。

？？？？

ちょっと考えてみてほしいのですが、日米修好通商条約以来、欧米列強は、みんな最恵国待遇(→p.202)を受けることになっています。…ということはですよ、例えば最初の岩倉使節団の時はまぁ予備交渉として、次の寺島宗則外務卿(てらしまむねのりがいむきょう)の時、アメリカが日本の関税自主権について賛成してくれるんですね。ところがギッチョン、イギリス・ドイツが反対します。そうしたら、なにしろアメリカは最恵国待遇を受けるんですから、「アメリカに対してだけ輸入品に関税を自主的にかける」わけにはいかないんです。まして、帝国主義の弱肉強食の時代、日本のためを思って、なんて「お人好(ひとよ)し」はいない、と覚悟しておいた方がいいですよね。

▲ノルマントン号事件の風刺画　1886年、イギリスの貨物船ノルマントン号が紀伊半島沖の熊野灘(くまのなだ)で沈没。イギリス人船員は全員救助されたが、日本人乗客は全員水死した。だが、領事裁判によって船長は最初無罪、のちに禁錮(きんこ)3カ月となっただけで賠償もなかった。フランス人画家ビゴーの作品。

この条約改正というのがいかに難

題か、想像がつくと思います。そこで次の井上馨はどうしたでしょう。鹿鳴館が有名ですが、①外国人の内地雑居（これまでは、外国人の生活は「居留地」のみ）、②外国人が被告の裁判には過半数の外国人判事の任用、などといった思い切った条件を出します。

これには政府内部や自由民権運動側からの反発もあったところに、ノルマントン号事件が起こって井上は辞任。その次の大隈重信は、大審院（いまの最高裁判所）に外国人判事を任用する案が『ロンドン・タイムス』にスッパ抜かれ、日本国内の反対派によるテロにあってしまいます。ここで問題です。

Q9 **この頃、世界最強の国はどこでしょう？**

？？？？

イギリスですね。そのイギリスは、初めは話に乗ってくれていませんでした。

ところがギッチョン、その流れが劇的に変わります。次の青木周蔵外相の時、イギリスが態度を変えるんです。訪日したロシア皇太子が負傷した大津事件で青木は外相を辞任し、交渉も中断しますが、次の陸奥宗光外相は青木を直接の担当者にして、日英通商航海条約の調印にこぎつけます（領事裁判権撤廃、対等の最恵国待遇、関税自主権一部回復）。なぜイギリスが態度を変えたか？　教科書にも書いてあります。「シベリア鉄道を計画して東アジア進出をはかるロシアを警戒」（㊙p.257）したというわけです。なにしろ、皇太子を送ろうとした欧米諸国なんて、それまでありませんでした。日本に好意を示したロシアと日本が結びつくのを恐れ、むしろ日本をロシアに対する防壁に使おう、といったねらいだったと思います。お人好しでも何でもなくて、国際情勢の影響がもろに出る時代の象徴的な事態でした（関税自主権は1911年に完全に回復されます）。

こぼれ話　日本中が震撼した大津事件

シベリア鉄道の起工式のついでに日本に立ち寄ったロシア皇太子ニコライ。滋賀県の大津市で、警備の巡査が彼にいきなり斬りつけました。まさか警備の巡査が斬りつけるとは思わなかったでしょう。傷は頭蓋骨にも達しているという知らせが政府にも届き、急遽明治天皇が見舞いに駆けつけました。

しかし新幹線などない時代の悲しさ、ニコライが入院した京都に着いた時には、もう彼は就寝中。翌日見舞った明治天皇のことを、ニコライは記録に「心労のためか、顔がひどく醜くみえた」という意味のことを書き残しています。おそらく天皇は、一睡もできなかったのではないでしょうか。

▲人力車に乗るニコライ

天皇だけではありません。大国ロシアと戦争になったらどうしよう。とにかく自分のできることを、と「私が死んでお詫びをします」とカミソリ自殺する女性が出たり、犯人の名前「津田」「三蔵」と同じ姓名は当村では許さないと決議する村が出たりする事態となりました。ロシアとの国力の差、一般ピープルもひしひしと分かっていたのではないでしょうか？

幸いニコライ、日本を悪く思わなかったらしいです。しかしこの人、のちにロシア皇帝となるニコライ２世その人です。ということは、1917年のロシア革命で家族もろとも殺される運命。つくづくツイてない人っているんですね。

⑵朝鮮問題、日清戦争と三国干渉

朝鮮問題については、国王高宗の実父大院君一派、国王、国王の奥さんの閔妃一派の３グループで考えましょう。初め閔妃一派は親日派で、日本の支援のもとで新しい軍隊をつくりました。これに対して、給料や食糧などで差をつけられた旧軍が怒って反乱を起こしたのが1882年の壬午軍乱で、教科書に「**これに呼応して民衆が日本公使館を包囲した**」（㊖p.257）とある点に注目したいと思います。ここで「**流れが命**」です。1876年の日朝修好条規（→p.233）で「関税免除」になった日本人商人はずいぶん朝鮮の人々を見下したり、我が物顔でふるまったり、まぁ反感を買っていたようですね。そして軍乱の結果、閔妃一派も親清派になってしまいます。「日本をお手本に近代化を」と考えた金玉均らのクーデタである1884年の甲申事変も失敗に終わります。大院君一派はもともと親清派ですから(閔妃一派とは仲が悪い)、教科書にある通り、**「2度の事変を経て、日本の朝鮮に対する影響力が著しく減退する一方、清の影響力は強化された」**(㊙p.258)わけです。この事態に福沢諭吉が失望して、「脱亜論」を発表することは重要ですね。

こぼれ話「もう、おまえたちは友人じゃない」

福沢諭吉が1885年の『時事新報』の社説で以下のように書きました。

> 今日の謀を為すに、我国は隣国の開明を待て共に亜細亜を興すの猶予ある可らず、寧ろ其伍❶を脱して西洋の文明国と進退を共にし、其支那❷朝鮮に接するの法も、隣国なるが故にとて特別の会釈に及ばず、正に西洋人が之に接するの風に従て処分す可きのみ。悪友を親しむ者は共に悪名を免かる可らず。我れは心に於て亜細亜東方の悪友を謝絶するものなり。
>
> ❶「その仲間」ということ。❷中国のことを当時そう呼んだ。（『時事新報』）

中国や朝鮮に対しては、ヨーロッパ諸国と同じ姿勢で接しよう、というわけです。これからのち、「脱亜入欧」というスローガンが流行します。

日清両国は「今後朝鮮に出兵する場合には、互いに事前通告する」ことを約束し合います(「行文知照」といいます)。壬午軍乱の頃から、日本政府は軍隊の強化に乗り出しました。先ほど「1873年に徴兵令が出された当初は、免除規定が広くあって、ちょっとのどかな感じ」「でも、免除規定は1880年代に次々になくなっていった」とお話ししましたが、それに当たります。1882年に「軍人勅諭」を出して、「軍人は政治にかかわらず、天皇に忠節を尽くせ」「死は鳥の羽毛よりも軽いと覚悟せよ」と命じました。「戒厳令」といって、法律を停止し、「治安維持」の名目で軍を動員できるようにもしました。軍の編成も大陸での作戦に対応するものに改め、「免役」と呼んだ免除規定は「徴兵猶予」と改めました。1890年の第1回帝国議会で山県有朋首相は「利益線演説」と呼ばれた演説をおこない、「独立自衛のためには、主権線である国境を守るだけでなく、その外側の利益線も守らねばならない」としました(朝鮮が念頭にあるのでしょう)。

そこに起こったのが1894年の甲午農民戦争と呼ばれる反乱です。対応に苦しんだ朝鮮政府は、どの国にSOSを出したでしょうか？　それまでの経緯から清国に決まってますよね。出動する前に「行文知照」で清国が日本に連絡すると、日本は朝鮮政府から頼まれてもいないのに出兵し、農民軍はこれをみて政府と和解します。ということはですよ、もう清国軍も日本軍も「朝鮮にいる理由」がなくなったわけですよね。このあと、教科書には「**日清両国は朝鮮の内政改革をめぐって対立を深め**」(㊔p.258)と書かれていますが、日本は朝鮮から「お呼びでない」わけで、何しろ当時の朝鮮政府は清国べったりになっているわけです。ここから日清戦争になってしまったのですから、おそらく「仕掛けた」のは日本だったでしょう。

こぼれ話　内村鑑三、福沢諭吉と勝海舟

この日清戦争は「朝鮮を属国扱いする清」に対して「朝鮮を独立させてあげる正義の戦争」だ、としたのが当時新聞記者だった内村鑑三で、福沢諭吉は「文明と野蛮の戦い」として日清戦争を大いに励ましました。

これに対して、勝海舟は大義名分を欠く「不義の戦争」として反対します。いまからみて、諭吉と海舟の対立、あなたはどう考えますか？　なお、内村鑑三は日清戦争後の日本の朝鮮に対する態度をみて、「私は間違っていた」と考えたようで、日露開戦には反対します。

日清戦争に踏み切ったのも、国際情勢が影響していると思います。さっきお話しした、不平等条約の半分以上改正に成功した日英通商航海条約が結ばれたのが1894年7月16日、日本軍の朝鮮王宮占領が1894年7月23日です。イギリスがロシアの東アジア進出を警戒して、それまで乗ってくれなかった条約改正交渉の流れが変わったんでしたよね。「世界最強」のイギリスが日本に好意的になった、これには勇気づけられたと思います。日清戦争の戦費は、

▲**日清戦争の風刺画**　「漁夫の利」という中国の故事をもとに、魚は朝鮮でそれをめぐって日本と清が争い、ロシアが虎視たんたんとねらっていると描いている。ビゴー作。

当時の日本の国家予算全体の約２倍かかりました。これは増税と国債(こくさい)(国の借金)でまかなわれました。

日清戦争の勝利は、日本の国民意識の形成に大きな影響を与えたと思います。「**流れが命**」です。ここまでのお話をふまえて、「日清戦争の勝利が、多くの日本人にはどう受け止められたか」想像してみてください。

ここで、当時リアルタイムで生きていた人の残した記録を紹介します。

根本的に地方民の心を動かして、明治の新政府に服従し中央政府を信頼するようになったのは、日清戦争の賜物(たまもの)であったように思われる。……日清戦争になるまでの私の周囲は、ことごとく反明治新政府の空気に満たされていた。……国民の興奮は非常なものだった。大人も子供も老人も、女も、明けても暮れても戦争のことばかり談(はな)し合った。……私は母に言い付けられて、一日に何度も警察前の掲示板を見に行ったものだ。そして見て来るごとに勝利なのだから、実に嬉しくって堪(たま)らなかった。だが、この平壌の陥落した捷報(しょうほう)❶を得た時くらい人々の悦(よろこ)んだ時はなかろう。仕事をしていた男は仕事を止(や)めて悦んだ。掃除していた女は箒(ほうき)を投げ出して悦んだ。子供は絶叫した。女や老人は涙を流した。

❶勝利の知らせ。　　(生方敏郎『明治大正見聞史』、生方はジャーナリスト)

時間を戻して想像してみてください。長く続いた江戸幕府が倒れた、「ご一新だよ、ええじゃないか」と思っていたのに、その期待は裏切られた。開拓使官有物払下げ事件も起こり、当時の明治政府に対しては「薩長の藩閥政治」という批判が共有され、「なんか政府も信用できないし、むしゃくしゃするなぁ」的な思いが強かったのではないでしょうか。そうしていたら、1891年の大津事件で「大国ロシアと、どうなってしまうんだろう」というド緊張状態になりました。1894～95年の日清戦争もまた、大国と意識していた清との戦争で国民的な緊張状態が共有されていた中、大勝利を成し遂げました。先ほど引用した生方敏郎(うぶかたとしろう)の記録にも、こうあります。

私等子供の頭に、日清戦争以前に映じた支那(しな)❶は、実はこの位立派な、ロマンチックな、そしてヒロイックなものであった。その時まで、私たちが見た物聞いた物で、支那に敵意を持つか支那を軽(かろ)んじたものは、ただの一つもなく、支那は東洋の一大帝国として見られていた。戦争

> が始まると間もなく、絵にも唄にも支那人に対する憎悪が反映して来た。……戦争で清国と接触した結果、少しは支那文明が輸入されたが、あまりに脆く敗北したという事実が、日本国民をしてすっかり支那を安く値踏みさせた。
>
> ❶中国に対する当時の呼び名。　（生方敏郎『明治大正見聞史』）

「政府はよくやった」「日本ってすごい」的な空気が広がったんじゃないでしょうか。しかしそれは、その対極に「中国はたいしたことない」「朝鮮はちょろい」といった、「ほかのアジアの人々を軽蔑する風潮」をともなっていた、というところに注意が必要だと思います。福沢諭吉が目標にしていた「国民意識の形成」がこうしてなされたことは、のちの歴史に大きく影響したと思います。

しかし、いまから冷静に考えてみると、日清戦争は、日本側は「挙国一致」的な雰囲気でしたが、清の方は西太后の時代で、国がまとまっている感じではありませんでした。下関条約の中国側代表としても有名な李鴻章が率いる軍隊を主力とした、「中国のほんの一部の軍隊」と戦ったのでした。先ほどお話しした通り(→ p.222)清という王朝は漢民族の王朝ではなく、満洲地方にいた女真族と呼ばれた人々が、漢民族を支配してつくった王朝でした(辮髪という、独特の髪形を強制しました)。そして地図からも分かるように、戦場は中国全土ではなく、朝鮮半島と遼東半島、山東半島の一部にすぎないものでした。このことは、覚えていてくださいね。

▲日清戦争関係図

下関条約の結果、台湾・澎湖諸島(→ p.249地図)(台湾の西にある60余りの小島群)に加えて遼東半島までゲットした日本に対して「ちょっと待った!」をかけてきたのがロシアですね。シベリア鉄道をつくったロシアが、ねらう中国に入っていく通り道が遼東半島でした。ドイツ・フランスを誘っての三国干渉、日本は「NO!」とは言えません。清からの賠償金を増額することで良し、とするしかありませんでした。日清戦争勝利で盛り上がっていた国民の間にロシアに対する嫌悪感が広がったことでしょう。政府は「臥薪嘗胆（がしんしょうたん）」、薪（まき）に横たわって熊の胆を嘗（な）める、つまり「いまは我慢だ、仇（かたき）を討とう」と呼びかけます。

▲「臥薪嘗胆」（イメージ）

考えてみれば、三国干渉に対しては、イギリスは日本の味方になってくれなかったんですね。

この、日清戦争でゲットした賠償金は、当時の日本の国家予算の約３倍という巨額のものでした。これを軍事的な使途（しと）でなく、産業の拡大に使おう、と提案したのが渋沢栄一です。彼は大阪の仲間に呼びかけて決議をあげようとしますが、それに待ったをかけたのが横浜正金（しょうきん）銀行の高橋是清（これきよ）（のちの首相、蔵相で二・二六事件で殺される）でした。もしこの時、対ロシアで軍事大国化する道ではなくて、産業近代化の道をたどっていたら、その後の歴史はどうなっていたでしょうか…？

⑶初めての政党内閣、第２次山県内閣と立憲政友会の成立

私は高校で教えていて、明治十四年の政変(→ p.235)の対立構造を「プロイセン流の伊藤 VS. イギリス流の大隈」と説明してきました。基本的には間違った認識ではないと思うのですが、伊藤が立憲政友会をつくるところで「ん？」となっていました。「伊藤は、板垣や大隈などの政党勢力と対立してきたのではなかったっけ？」と考えて分からなくなっていました。最近になって、「最初の政党内閣の首相に、私が大隈を推薦した」という伊藤の書簡があることを知り、「伊藤も、いずれは政党政治、と考えていた」ということで腑（ふ）に落ちまし

た。

また、先ほど「日清戦争で国民意識が形成された」とか「挙国一致だった」とかお話ししましたが、日清戦争前後から、それまで政府と対立していた自由党や進歩党（しんぽとう）（もとの立憲改進党）などが政府に接近するようになったことは重要な変化だと思います。さらにその事態を深読みすると、かつては「地租軽減」が地主の、そしてひいては自由党などの野党勢力の大事な要求でしたが、米価が上昇して、定額の地租はあまり地主の負担にならなくなり、むしろ政府に「積極的な政策」を求めるようになってきた、という事情があったのではないでしょうか（当時の有権者は「直接国税15円以上納める者」で、ほとんどが地主でした）。自由党と進歩党は合同して憲政党（けんせいとう）という政党をつくり、初めての政党内閣である大隈内閣（第１次）ができます。この内閣は短命に終わりますが、それはもとは別々の政党だった自由党系と進歩党系の分裂対立が原因と考えられています。進歩党系は憲政本党（けんせいほんとう）を結成しました。その後、第２次山県有朋内閣の政策に批判的になった憲政党（旧自由党系）の人々は、かつて自分たちを弾圧していた伊藤博文に接近し、解党して立憲政友会を結成します。こうした自由党の「変節（へんせつ）」について、のちに大逆（たいぎゃく）事件で処刑される幸徳秋水（こうとくしゅうすい）は、記者をしていた『万朝報（よろずちょうほう）』という新聞に「ああ自由党死すか」と書きました。

このあとも「政党の離合集散」は複雑です。でも、これも**俯瞰**してみると、憲政党＝旧自由党系、憲政本党＝旧進歩党（さらに言えば旧立憲改進党）系、と考えると見通せます。先走って言えば、憲政党系が立憲政友会で、憲政本党系がのちの立憲同志会（どうしかい）→憲政会（けんせいかい）→立憲民政党（みんせいとう）につながり、さらに戦後の自由党と民主党（1955年合同して自由民主党）にまでつながる、と考えると複雑なことが整理されるのではないでしょうか。

そして政党勢力と断固対決するのが第２次山県有朋内閣で、政党員が高級官僚になれないようにする文官任用令（ぶんかんにんようれい）の改正をおこないます。また、政治や労働運動を規制する治安警察法（ちあんけいさつほう）公布と並んで定めた「軍部大臣現役武官制（ぐんぶだいじんげんえきぶかんせい）」（海軍大臣や陸軍大臣は現役でなければならないという決まり）は、このあと非常に重要な役割を果たすことになります。

こぼれ話 治安警察法

1900年に制定された治安警察法は以下のような内容を定めていました。

・兵士、警察官、教員、学生、女性などは政治上の結社に加入できない

・女性や未成年者は政談集会に参加できない

・「安寧秩序を保持する」ため警察官は集会や屋外の運動の制限・解散・禁止をおこなえる

・労働者のストライキやそれを煽動すること、農民の小作争議などを禁止する

あとで触れる日本の産業革命は1880年代頃に始まり、労働者の運動など、これまでにない社会問題がおこってきていました。1900年というのは労働組合運動が発展しつつあった時期で、それに対してこの法律がつくられたのでしょう。また、産業革命によって資本主義社会が成立してきますが、それを批判する社会主義の考えも徐々にみられてきました。1901年には最初の社会主義政党である社会民主党が結成されましたが、治安警察法により、結成直後に解散を命じられたのです。

⑷列強の中国進出と日英同盟、日露戦争とその後

さて、日清戦争の結果は、日本史にも世界史にも重大な影響を及ぼしました。その後の歴史をみると、勝利した日本は「勝ち組」に入って帝国主義諸列強（＝いじめっ子）の仲間入りをし、清は「負け組」、「いじめられっ子」の側にまわることになりました。おそらくですが、欧米列強も「日清戦争は清が勝つだろう」と思っていたのではないでしょうか。国土は広く人口も多い、資源は豊富だし茶・陶磁器・絹など輸出で儲けている、何よりも態度が尊大、「眠れる獅子」と例えられていたのは有名ですね。それが、ひよっこみたいな日本に負けてしまった。「なんだ、たいしたことないじゃん」。そこで欧米列強は「租借」、つ

▲「眠れる獅子」（イメージ）

まり「期限を決めてその区域を借りる」という方法で、中国各地に進出して勢力範囲を確保してしまいます。ここで問題です。

Q10 列強の勢力圏の地図をみて、とくに日本人から憤激（ふんげき）の声がおこったのは、どこでしょう？

？ ？ ？ ？

ロシアの遼東半島の租借ですね。何しろ「清に返せ」と三国干渉をやっておいて、返したらチャッカリ租借しちゃうんですから。

この列強の租借について、「清は、なぜ租借要求を断（ことわ）れなかったんだろう？」と素朴に疑問に思っていました。下関条約の賠償金については、金持ちの清は楽勝で支払ったのかと思っていましたが、列強から借金して払ったそうです。そのため、断れなかったとのこと。うーん、やっぱり日清戦争の影響は大きい！！　これで疑問が解決しました。

その後、遼東半島を含めて、当時日本が満洲と呼んでいた地域をロシアが事実上占領してしまいます。日本政府内は、伊藤博文らの「満韓交換による日露協商」論 VS.「日英同盟による対露強硬」論に分裂しますが、ときの桂内閣は後者で進みます。国内も「対露強硬＝戦争も辞さず」論と非戦・反戦論に分かれます。

ここでも、当時世界最強のイギリスが日本に味方してくれたということをどう考えたらいいでしょうか。それまで列強間の国際関係（露仏（ろふつ）同盟、独墺（どくおう）同盟、仏（ふつ）独（どく）対立など：墺はオースト

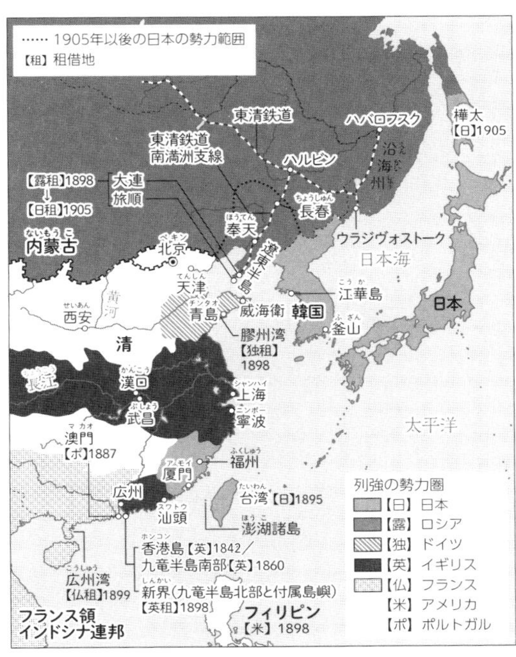

▲東アジアにおける列強の勢力圏

リア)の中でイギリスは、「名誉ある孤立」と余裕こいていました。そのイギリスが、世界で初めてパートナーに選んだのが日本、というのを高校生の頃の私は心地よく感じていましたが、弱肉強食の帝国主義時代は甘くありません。イギリスの意図は風刺画がよく表している通り、「ひよっこの日本を利用してロシアをたたく」ものだったと思います。ところで、フランスの応援を受けていたロシアの陸軍は当時世界最強とも言われていました。そんな国を相手にした戦争です。日清戦争は、増税や国債でなんとか戦費をまかなったとお話ししました(→p.244)。日露戦争でもそれはやるのですが、それだけではとても足りません。イギリスとアメリカから外国債などの形で、大量に借金しました。

▲日英同盟の風刺画　『中央新聞』1903年10月13日掲載。「火中の栗を拾う」という中国の故事をもとに、「ひよっこ」の日本を、老大国のイギリスがけしかけている。その先には、栗(韓国)を焼いているロシア。アメリカは様子をうかがっている。

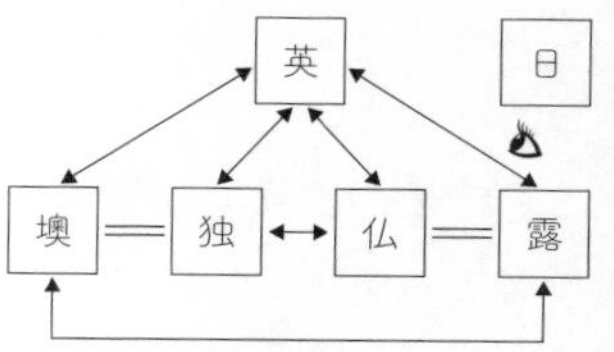

▲列強の関係図　露(ロシア)の目がどこを向いているか？

さて、「日露戦争は日本が勝った」と言われますが、リアルにみてどうだったでしょうか？

日本側が莫大(ばくだい)な犠牲を払った旅順(りょじゅん)攻防戦で、ロシアは頑丈(がんじょう)なトーチカと呼ばれる防御設備を確立し、その小さな窓から、当時最新鋭の機関銃を使って一斉銃撃をおこないました。それに対して日本軍の攻撃は右の絵をみてください。小銃の先に刀をつけて、ほと

▲旅順攻防戦を描いた絵

んど突撃あるのみ。これでは死体の山を築いて終わり、でしょう。二百三高地と日本軍が名づけた小高い丘があって、それを日露両軍が取っては取られを繰り返し、両軍兵士の死体が折り重なって丘の形が変わってしまったと言われる激戦を経て、ようやく日本軍が丘を制圧してそこから攻撃し、なんとか旅順を占領したと言われています。

こぼれ話「君死にたまふことなかれ」

この激烈な旅順攻防戦を闘う日本軍の中に、歌人与謝野晶子の弟がいて、彼を案じた歌を、晶子は雑誌『明星』に発表します。

あゝをとうとよ君を泣く　君死にたまふことなかれ
末に生れし君なれば　親のなさけはまさりしも
親は刃をにぎらせて　人を殺せとをしえしや
人を殺して死ねよとて　二十四までをそだてしや

その続きで晶子は「旅順の城はほろぶとも　ほろびずとても何事か」「すめらみことは戦ひに　おほみづからは出でまさね」(「すめらみこと」は天皇の尊称)などと歌いました。この歌に批判の声があがり、晶子の家には石が投げつけられたそうです。しかし、晶子は「少女と申す者、誰も戦争ぎらいに候」と答えたと言われています。

日露戦争の戦場の地図をみてください。旅順・大連(この２つは港町で、冬でも凍らない不凍港が欲しいロシアにとって死守したいところでした)をなんとか陥落させた日本軍は、奉天でも勝利します。しかしそこで、もう弾薬不足になってしまいました。児玉源太郎満洲軍総参謀長など当時の日本の戦争指導者たちは、「優勢なところで停戦」と初めから考えていました。日本海海戦では、はるかバルト海の基地からやってきて、しかも途中の補給地にはイギリスの植民地が多くて嫌がらせをされ、フラフラだったバルチック艦隊に勝てました

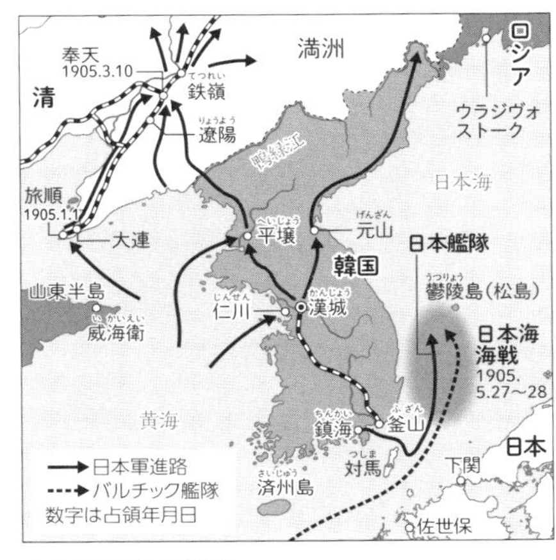

▲日露戦争関係図

が、そこが当時の日本の国力の限界だったようです。そのころロシア国内では第１次ロシア革命が起こり、ロシアも戦争どころではなくなりました。実は、ロシアはシベリア鉄道(先の地図の、はるか北側を通っています)を使って新手(あらて)の軍隊を次々に満洲奥地に送り込み、そこで決戦をしようという作戦だったようです。…そういう意味では、ロシア革命は、日本軍にとってあまりにもラッキーでした(日本軍はスパイを送り、ロシア革命が盛大になるように仕組んだ面もあるようです)。アメリカの仲介で、日本とロシアはポーツマスで講和条約を結びます。

日露戦争が1905年に日本優勢のうちに終わり、1910年に日本は韓国(朝鮮は、1897年に「大韓帝国」と名称変更)を併合します。ここで「**流れが命**」で、日清戦争後、日韓関係がどうなったかみておきましょう。

日清戦争は、「朝鮮をめぐる日清の対立」が一番大事なポイントだった、と言っていいと思います。前にお話ししたように、清は朝鮮の宗主国、朝鮮は清の属国という関係でした(→p.232)。それに対して日本は、例えば1876年の日朝修好条規の第一款(かん)の冒頭に「朝鮮国ハ自主ノ邦(くに)ニシテ、日本国ト平等ノ権ヲ保有セリ」と書かれているように、「属国扱いする清とは違って、朝鮮の自主独立を支援する」と唱えていました(「それなのに条約は不平等なの？」とツッコミを入れたくなりますが)。

それで243ページの「こぼれ話」で紹介したように、内村鑑三も「日清戦争は正義の戦い」だと全世界に高らかに宣伝したわけです。

ところがギッチョン、日清戦争で朝鮮王宮を占領した日本軍は大院君をかつぎ出しますが、これは閔妃一派に倒され、閔妃は清に代わってロシアを頼りにするようになります。そうしたら、教科書にあるように、

日本の公使三浦悟楼(ごろう)は大院君を再び擁立しようと公使館守備兵に王宮を占拠させ、閔妃殺害事件をおこした。　(㊡p.260)

という展開になりました。「あれ？　自主独立を支援するのなら、ロシアを頼るかどうかも、朝鮮の人たちが決めることじゃないの？」と、またまたツ

ッコミを入れたくなりますよね。だいたい、王妃を殺してしまうんですよ。…私の「海外旅行」は、「飛行機嫌い」のせいでまだ人生で２回だけですが、そのうちの１回がソウルです。旧王宮(景福宮)に行ってみました。めちゃくちゃ大きい絵の看板があって、何かと思ってみたら閔妃殺害事件の絵でした。おそらく、日本人でこの歴史的事実を知っている人はそう多くないでしょう。でも、「やった方はすぐ忘れてしまうが、やられた方はずっと忘れない」ということだと思います。こうした事態の進行をみて、内村鑑三は「日清戦争を正義の戦争とアピールしたのは間違っていた」と自己批判したのではないでしょうか。勝海舟が「不義の戦争」と言った(→p.243)のも、こうした点だったのでしょう。

話を戻して、閔妃殺害事件のあとどうなったかというと、先ほどの教科書の記述の続きに、

王妃を殺害された国王高宗はロシア公使館に逃れ、親露政権が成立した。

(㊎p.260)

とあります。この政権が「大韓帝国」と国号を改め、国王も皇帝になったのです。

日露戦争が始まってすぐの1904年２月、日本は日韓議定書を結びます。「大韓帝国の皇室の安寧あるいは領土の保全に危険ある場合は」大日本帝国政府は「軍略上必要の地点を臨機収用することを得る」とありますが、その後、実際にやったことは「日本が日露戦争を戦う上で必要な場所は取り上げてしまう」ことであり、例えばその土地の持ち主が抵抗したら逮捕する、ということでした。このあと、次々と韓国政府の権限を奪っていくのですが、時には大軍を送って、その威嚇の下に何回も協約を調印していきました。そして1910年に完全に植民地にしてしまいます。

日露戦争後の国際関係の中で、もう１つ注目したいのはアメリカとの関係です。先ほど日本はイギリス・アメリカから外国債などの形で借金をしたとお話ししました。ここで問題です。

Q11 アメリカはどんな目的で日本を応援したんでしょう？

？？？？

イギリスは「ロシアの東アジア進出を、日本を使って止めたい」という思惑でしたよね。アメリカは、まだ中国に進出していなくて、「門戸(もんこ)開放」つまり「オレも入れてよ」ということだったと思います。そうしたねらいもあって、日露戦争の仲介に乗り出した面もあったでしょう。

具体的には、教科書にあるように、日本がロシアから租借権を譲り受けた南満洲鉄道(みなみまんしゅうてつどう)(略称「満鉄」…日本側での呼び名ですが)について、

> 1905年には、アメリカの鉄道企業家ハリマンが満鉄共同経営を提案したが、日本政府はこれを拒否した。 (㊫p.265)

という事態が起きました。このことは、アメリカ側から言わせれば、「おいおい、誰のおかげで大国ロシアと戦えたと思ってるの？　恩知らず！」ということになるでしょうか。これも教科書にありますが、

> 1906年にサンフランシスコでおこった日本人学童の入学拒否事件をはじめ、カリフォルニア州を中心にアメリカ国内で日本人移民排斥(はいせき)運動が激化した…… (㊫p.265)

という事態が起こります。この時点で「太平洋戦争への道はもう始まっていた」という人もいます。私は、まぁその後関係が好転する時期もあるとは思うのですが、こうして流れをみていてつくづく思うのは、以下のようなことです。

戦争というのは、一度始めてしまうと、トンデモナイことが起きるものだ。日清戦争に勝利したら「それで終わり」でなく、今度はもっと大きな敵、ロシアが登場する。そこで日露戦争もなんとか優勢のうちに終わらせたら、「やれやれ。やっと終わった」ではなく、さらに大きな敵、アメリカが登場する、と…。

こぼれ話 日露戦争とアジア

「ひよっこ」みたいなアジアの日本が、アジアを次々に植民地化しようとしている欧米の一角ロシアに勝利した(私は「勝利」とは思えませんので、「優勢のうちに終わった」とお話ししましたが)！　これはアジア諸国を勇気づけた、という面は確かにあったと思います。例えばインドで独立運動をおこない、独立後初代首相となったネルーも、「アジアの一国である日本の勝利は、アジアのすべての国ぐにに大きな影響をあたえた。わたしは少年時代、どんなにそれに感激したか」と娘宛ての手紙で書いています。

しかし、ネルーはその後の手紙に、こう書いています。「ところが、その直後の成果は、少数の侵略的帝国主義諸国のグループに、もう一国をつけくわえたというにすぎなかった。そのにがい結果を、まず最初になめたのは、朝鮮であった。」(ネルー著・大山聰訳『父が子に語る世界歴史４』)

(5)桂園時代

先にお話ししたように、日英同盟や日露戦争を推進した時の首相は桂太郎でした。これを第１次として、その後大正に改元される頃まで、ホントに桂、西園寺、桂、西園寺と交互に首相になるのですね。「桂園時代」とは言い得て妙だと思います。西園寺公望は立憲政友会総裁として、桂は元陸軍軍人、長州閥として力を持っていました。

彼らの政策で私が注目するのは、まず1906年の鉄道国有法に象徴される立憲政友会(第１次西園寺内閣)の積極政策で、なんか戦後の自民党政治の「公共事業で道路や橋などをつくり、景気を良くして、豊かなまちをつくります」的なやり方と共通するものを感じます。

もう１つは1908年の第２次桂内閣の戊申詔書です。それを出した背景として、教科書にあるように、

日露戦争での勝利によって日本も列強の一員に加わると、明治維新以来の国家目標は一応達成されたという気持ちが国民のあいだに強まり、国家主義に対する疑問が生まれてきた。……人生の意義に煩悶する青年層が現れた。

(教p.265)

といったことがあり、かつては教科書のこのあたりに、1903年に起こって大センセーションをまき起こした一高生（いまの東京大学教養学部）藤村操（ふじむらみさお）の自殺と後（あと）追い自殺の流行のことが載っていました。

こぼれ話　藤村操、華厳（けごん）の滝（たき）で自殺

かつての教科書に載っていたエピソードです。彼は「万有の真相はただ一言、『不可解』」などという、「巌頭之感（がんとうのかん）」と呼ばれる詩を滝の上の木を削って書き残して、日光の華厳の滝で入水自殺をしました。そのことが伝わると、後追い自殺が続き、華厳の滝が「自殺の名所」扱いされてしまう事態となってしまいました。当時、学問は立身出世のためとされ、操はその中でエリートと目（もく）される存在だったわけです。その時代の雰囲気、あなたはどう感じますか？

⑹産業革命、明治時代末の「いきづまり」

日本の産業革命は、どういう工業部門でおこなわれたでしょうか？そこで働いていた人たちを現在と比べると、どんな違いがあるでしょうか？

？？？？

まずおさえておきたいのは、日本の産業革命は、綿糸を生産する紡績（ぼうせき）業が中心で、そこで主として働いていた人たちの多くは女工、つまり女性が多かった、ということです。

こぼれ話　当時の製糸工女の工場跡に行ってみた

紡績業の大型機械とは違いますが、当時の輸出品のトップだった生糸の生産は、日本を支える存在だったといっても過言ではないでしょう。私は大学時代のゼミの先生の専門が製糸業であったことから、長野県の岡谷（おかや）の製糸工場跡を訪れたり、かつて女工さんだった方の実演をみせていただいたりする機会があり、一生忘れられない衝撃を受けました。

まずその実演からご紹介しましょう。彼女は腰かけていて、目の前には洗面台のようなスペースにお湯が入れられています。まず、足元のカゴをつか

▲女工の作業の様子（模型）

むと、その中にある繭を適量、お湯の中に入れます。足踏みミシンの踏み台みたいなところに置かれていた両足を動かすと、洗面台の向こうにある、穴がついた道具が４つ、上下に激しく動き始めます。右手で竹ボウキのようなものを使って、その道具の穴に１つ、また１つと１つの穴に全部で４個の繭の糸の端を入れていきます。そうするとその糸がよりあわさって、１本の生糸になります。繭は引っ張られてお湯の中をグルグル回転していますが、やがて糸がなくなります。そうすると目にもとまらぬ早業で、新しい繭の糸の先端を道具の穴に補給するのですが、とにかくその間、足は止まらないのです。女工さんの目の前で常に16個の繭がグルグルまわり、なくなった糸を補給する…こんな作業を、１日12時間とか、景気がいい時は18時間とかやったというのです。女工さんたちは糸の量とムラの少なさを調べるデニール検査というヤツで成績をつけられ、真ん中の成績の人は決まった給料をもらえますが、成績が上の人はどんどんアップし、逆に下の人はどんどん減らされる…肺結核になった人も多かった、というのもうなずけました。

では、男性はどんなところで働いていたか、というと鉱山などで、ここでも重労働が待っていました。世界史の産業革命初期のイギリスでも同じことがおこなわれていました。

さて、日清・日露戦争を経て、日本は台湾をはじめとする植民地を持ち、さらに旅順・大連や満鉄の租借権(→ p.254)をゲットしました。欧米帝国主義諸国と肩を並べて「大国化」したといえるでしょう。では「大国化」してめでたしめでたしか、というと、実は深刻ないきづまりに陥っていたのです。次の「こぼれ話」をみてください。

こぼれ話　同時代の夏目漱石がみた「いきづまり」

いまお話ししている時代を、リアルタイムで生きた作家に夏目漱石がいます。彼が1908年に発表した作品『三四郎』の中で、ヒゲの男広田先生は三四郎に「日本人はダメだ」と語ります。三四郎が「然し是からは日本も段々発展するでせう(しょう)」というと、広田先生は「亡びるね」と言い放ちます。もう少し具体的に述べている部分が1909年に発表された作品『それから』の中にあります。ある登場人物は、「日本程借金を拵へて、貧乏震ひをしてゐる國はありゃしない。……牛と競争をする蛙と同じ事で、もう君、腹も裂けるよ」と語ります。

当時の日本の「いきづまり」とは、具体的にはどういうことだったでしょうか？　夏目漱石が作品に書いたことも参考にして考えてみましょう。

？？？？

▲国民の貧窮　重税に苦しむ民衆の姿。当時の雑誌『東京パック』より。左でムチをふるっているのは桂首相を描いている。

一番深刻なのは、英米から借りていた借金だと思います。その利子すら払えない状況でした。貿易は大幅な赤字。そして国民の負担はというと、すでに日清戦争で増税して戦費をまかない、賠償金は国民にはまわりませんでした。政府は「臥薪嘗胆」と呼びかけましたね(→ p.246)。日露戦争でも増税でした。これ以上の負担はもう無理、ということで、いきづまっていたのです。一方で軍部は、軍備拡張を計画していました。

⑺社会問題の発生

社会問題が生じてくるのも、産業革命初期のイギリスと同じです。産業革命で社会経済は「資本主義」の段階になり、生産力は大幅にアップしました。しかし、その基本は「競争」です。例えば大量生産ができたとしても、それが高くて売れなければつくった人たちが生活できなくなってしまいます。つくっている方はコストがかからないように、できるだけ「長時間、低賃金」で働かせようとするわけです。それから、例えば生産の過程で有毒物質が出たとしても、それを除去するには、そのためのコストがかかります。それなら、生産者はできるだけ知らん顔。日本には「水に流す」という言葉がありますが、まさに川などにたれ流してしまおう、としたわけです(産業革命初期のイギリスでも、有害物質を川にたれ流していました)。

働いている人たちの抵抗の手段、それはストライキ・暴動などの形をとりました。日本で最初のストライキは、1886年、山梨県甲府市の雨宮製糸(あめみやせいし)で女工たちが起こしたものだと言われます。再三暴動を起こしていた、長崎県の高島炭鉱(たかしまたんこう)での労働の実態が雑誌に暴露されてセンセーションをまき起こしたのが1888年。栃木県足尾銅山の鉱毒が渡良瀬川(わたらせがわ)に流されて被害が出ている、と田中正造が衆議院に質問書を提出したのが1891年でした。

ストライキの煽動や労働組合への加入の働きかけを禁じ、屋外の集会や示威(じい)行動を警察が任意に禁止・解散させられるとした治安警察法が公布されるのは、先ほどお話しした第2次山県内閣の時で、1900年でしたね。(→p.248)

こぼれ話　南北朝正閏(せいじゅん)問題

閏とは「正統でない」「あまりもの」といった意味です。閏(うるう)年といった使い方をしますよね。

さて、1911年、帝国議会で「国定教科書に『南北朝並立』の形の記載がある」ことが問題視されました。後醍醐天皇にそむいた「逆賊」(と当時言われていました)足利尊氏がたてた北朝は認められない、南朝こそ正統で、北朝は偽朝というわけです。当時は第2次桂内閣でしたが、桂首相は教科書の改訂を約束し、記述は「南北朝」が「吉野の朝廷」と変えられ、歴代天皇の表から当時の北朝が除かれる事態になりました。

「歴史は、『本当はどうだったのか』を追求するものだ」と考える私などからすると、歴史上確かに存在した北朝の存在を「偽りだ」として「抹殺する」ことは、事実の理解をゆがめることだと思います。…この本を読んでくださってきた方でしたら、この「暴挙」がどんなにおかしいことか、もう気づかれているのではないでしょうか。そう、1911年当時も、「ときの天皇は北朝の血統」だったのです。「いまの天皇は、偽りの朝廷の子孫」だということになってしまいますよね。それこそ、天皇をないがしろにすることではないでしょうか。

(8)明治の文化

明治時代初期に流行した思想と、中期以降盛んになってくる思想とは、明らかに違うと感じられます。どう変わったでしょうか？

この本でも、明治時代初期の「文明開化」の時期に流行したもので「個人主義」に注目しましたね(→ p.230)。それに対して、日清戦争前後から目立ってくるのが「国家主義」だと思います。一番分かりやすい例だと思うのは、「こぼれ話」で紹介した「君死にたまふことなかれ」(→ p.251)で、これは個人主義ですよね。それに対して石が投げられた、というのが国家主義の時代の風潮を表していると思います。1890年に「教育勅語」が出されて学校で徹底的に強調されます。祝日には生徒を登校させて、校長先生が勅語を朗読し、その中で「一旦緩急あれば、義勇公(ぎゆうこう)に奉じ以て天壌無窮(てんじょうむきゅう)の皇運(こううん)を扶翼(ふよく)すべし」(国家の一大事の時には皇室の運命を助けなさい)という部分をとくに強く読んだそうです。教育の現場での、以下の「こぼれ話」をみてください。

こぼれ話　内村鑑三と栃内泰吉(とちないたいきち)、「御真影(ごしんえい)」と奉安殿(ほうあんでん)

内村鑑三は勤めていた一高で、教育勅語への拝礼を「神の前の平等、を信じるキリスト教徒としてできない」と拒否して辞めさせられました。

一方、岩手県の小学校の先生だった栃内泰吉は、1896年の三陸(さんりく)大津波の際、家族を避難させたのち学校に行き、明治天皇・皇后の写真(御真影)を身につけて外に出ようとしたところ津波にのまれて殉職しました。この死が各新聞で賛美され、「生きて忠義を尽くすべきだ」と論じた新聞には非難が集中したのです。御真影は、ふだん学校の構内にある奉安殿に置かれ、生徒や教職員は登下校の際、その前で最敬礼することが義務とされました。

こうした教育がその後もおこなわれて、子どもたちの心はどうなったでしょうか。太平洋戦争中の沖縄戦で急に召集された「ひめゆり部隊」の女生徒だった方の証言で、「私たちはふだんから天皇陛下に命をささげなさい、と教わっていたので、召集にも『いやだ』とか『こわい』とか少しも思いませんでした」というものが強く印象に残っています。

▲北里柴三郎

科学の分野では、北里柴三郎にまつわるエピソードを紹介したいと思います。

北里柴三郎は、ドイツに留学しました。そこでコッホ博士に師事します。コッホ博士はコレラ菌の培養をおこない、結核の治療法を発表してのちにノーベル賞を受けました。そこで柴三郎は世界で初めて破傷風菌の培養に成功します。不可解なのは、のちに二番煎じの成果を発表したドイツ人の研究者がノーベル賞を受けたのに、柴三郎が受賞していないことですが。柴三郎は帰国してからも、香港でペストが流行すると現地に渡って、世界で初めてペスト菌を発見し、彼の研究のおかげで、日本でペストが流行しないで済んだとされています。

文学では、「写実主義」→「ロマン主義」→「自然主義」という、いわば「はやりの変遷」に注目しましょう。

「写実主義」を提唱したのが坪内逍遥で、「小説の中心は人情、百八煩悩を描くもの」とし、二葉亭四迷の言文一致（書き言葉と話し言葉の一致…彼のペンネームは「くたばってしめぇ」からとったとされる）による『浮雲』や尾崎紅葉の『金色夜叉』がウケました。…『金色夜叉』のおもな登場人物、お宮と貫一の銅像が、いまも熱海の海岸にあります。フィクションである小説の登場人物が銅像になっているのです。

「ロマン主義」から「自然主義」に作風を変化させたのが島崎藤村で、「ロマン主義」についての授業で彼の詩『惜別の歌』を歌うのが私の授業のルーティンでした。「自然主義」では『破戒』を取り上げ、「主人公には、親から固く戒められたことがあった。それは何だったか、なぜそれを彼は破ってしまうのか…」と話したものでした。

▲島崎藤村

先ほど、明治時代末の経済的な「いきづまり」についてお話ししましたが、この時期には、「新しい時代を予感させるもの」もありました。例えば、「デパートの開業」もそうです。「三井の越後屋呉服店からのデパート」といえば？…「三越（みつこし）」ですね。

もう１つ、ジェンダーなどの視点で、次の平塚（ひらつか）らいてう（と書いて「らいちょう」と読みます）と松井須磨子（すまこ）のエピソードをみてください。

こぼれ話　女性の自立　新しい時代の芽生え

▲平塚らいてう

平塚らいてうといえば「元始（げんし）、女性は実に太陽であった。真正（しんせい）の人であった。今、女性は月である。他に依（よ）って生き、他の光によって輝く、病人のやうな蒼白（あおじろ）い顔の月である。」に始まる、雑誌『青鞜（せいとう）』創刊号に載った文章が有名ですが、これが1911（明治44）年のことでした。その頃、演劇で『人形の家』（イプセン作）が人気を博し、主演の松井須磨子が一躍スターになりました。『人形の家』のストーリーは、まさに「女性の自立」です。薄い文庫版でいまも手に取れますから、ぜひお読みください。

最後に、「生活様式の洋風化」の点では、まだまだ都市部が中心で、例えば電灯も、農村部ではまだ普及していない（では夜の明かりは？…ランプですね）ことに注意してください。

明治時代、どういう時代だったと感じられましたか？

長かった江戸時代のいわゆる「鎖国」状態から、日本より一足早く近代化を遂げた国があった世界に飛びこんでいきました。殖産興業、富国強兵、文明開化、…。「進んだ」欧米に追いつき、追いこせ、という感覚にしだいに支配されていった感じがします。

そして日清・日露の戦争を経て脱亜入欧、欧米帝国主義列強と形の上では肩を並べる状態まできました。「大国化」したわけですが、工業力、国民の暮らしなどトータルでみて、あなたはどう感じられましたか？

ここで、以下のような見方もできると思いますが、いかがでしょうか。

江戸時代から明治時代への転換で失われた「価値あるもの」も多かったので

はないか。転換があまりにも急激におこなわれたため、一時期には「日本の古いものには価値がない」といった傾向がみられました。例えば明治時代初期、政府の神道重視政策もあって「廃仏毀釈」と呼ばれた動きが強まり、仏像が放置されたり寺が壊されたりしました。岡倉天心やフェノロサの努力がなかったら、いま残っている仏像彫刻の傑作も多くが失われてしまったでしょう。

明治時代に来日した外国人の中には、そうした風潮を嘆き、「古き日本の良さ」を書きとどめた人もいました。それが失われてしまったものであるならば、現代の私たちが「知らない」日本の姿です。それを知ることは、無駄なことではないと思います。渡辺京二氏の『逝きし世の面影』(葦書房、1998年)という本があります。ここには、先にお話ししたような来日外国人の記録がたくさん収められています。少し紹介しましょう。

「絵のように美しい景観」「いたるところに満ちている子供たちの愉しい笑い声」「男も女も子どもも、みんな幸せで満足そうにみえる」「街路が掃ききよめられてあまりにも清潔」「一般民衆は丁寧で親切で、無邪気で人なつこく善良で、好奇心にとみ、生き生きとしていた」「子供は少し大きくなると外へ出され、遊び友達にまじって朝から晩まで通りで転げまわっている」「労働者は何かする時には必ず歌を歌う」…。

子どもについての記述をみながら、私はどうしても思い出してしまうテレビの映像がありました。NHK の『街に子どもがあふれていた』(2006年11月5日放映)という番組です。それは1964(昭和39)年の東京都荒川区の映像で、住宅街の通り、それもときおり自動車も通る街路を子どもたちが埋め尽くして遊んでいる光景です。なかには、野球をしている子どもたちがいて、窓ガラスの割れる音も聞こえてくるのです。…あの子どもたちは、いまどこに行ってしまったのか？

ひところ、江戸時代ブームがありました。「究極のエコ社会」などと、上水道が備わって、糞尿まで肥料に活用する(何しろお金で買われて、さらにそれを買い取る組合まであったそうです)理想的な循環型社会として江戸時代を讃美する傾向がありました。

私は、ここで「明治時代より江戸時代の方が良かった」「江戸時代に戻れ」などと主張する気はまったくありません。ただ、こうしたことを知ることは、「いまを絶対化せず相対化する」ことにつながる、と思います。そして過去の叡智(えいち)を学んで未来に生かすことこそ、「歴史に学ぶ」ことだ、ということを強調したいと思います。歴史に学び、それをどう未来に生かすか、ということは、「いま」を生きている私たちにかかっていると思うのです。

話を戻します。私は、明治時代末の日本はいきづまり状態にあった、とみていますが、これからどうなっていくんでしょうか？

明治時代から大正時代、戦前の昭和時代へ 時代は大きな分かれ道へ

「分かれ道」としての大正時代、戦前の昭和時代

明治時代末、日本は経済的に深刻な「いきづまり」状態にあったことをお話ししてきました(→p.258)。「これからどうなっちゃうんだろう？」と心配になりますよね。ここで、その「解決・克服」の方法としては、２つの方向があったと思います。

１つは、「もっと軍備を拡大し、植民地も増やしちゃおう」という方向で、Ａプランと名づけましょう。もう１つは「もう借金もなし、軍備は縮小、ほかの国と協調していこう」という方向で、Ｂプランとします。大正時代と戦前の昭和時代の日本は、基本的にこの２つの方向を揺れ動くことになります。

そこで、この２つの方向を意識しながら、

⑴1913　大正政変
⑵1914～　第一次世界大戦は「天の助け」
⑶1918　米騒動と政党内閣の成立
⑷1921～　ワシントン体制――世界的なＢプラン
⑸　社会運動の勃興と普通選挙法の実現
⑹　戦後恐慌から1927　金融恐慌へ――昭和史の開幕
⑺1927～　田中義一内閣
⑻1929～　世界恐慌、昭和恐慌とテロ
⑼1931～　満洲事変と相次ぐテロ、軍部の台頭
⑽1937～　日中戦争と国家総動員
⑾1941　太平洋戦争へ
⑿文化

の順にみていきたいと思います。

⑴大正政変

1911年に辛亥革命が起こりました。中国を支配していた清王朝が倒され、漢民族がリードする中華民国が1912年に成立します。

「民国」という国名に注目してください。アジアで初めての、王様や皇帝がいない共和国の誕生です(そういえば、1910年に日本が併合したのが大韓帝国で、いまの韓国の正式名称は大韓民国ですね)。天皇制をとっている日本政府や軍部にとっては、この影響が及んではまずい。政府は米英両国に共同で干渉することを提案しますが、拒否されます。軍部は満洲とモンゴルの王族をおしたてて「第１次満蒙独立運動」を計画しますが、失敗しました。

こうした状況の中で、陸軍省軍務局長だった田中義一(のちの首相)たちは、1912年末の予算編成にあたって朝鮮に２個師団の増設を要求します。朝鮮の「治安維持」と満洲の「権益保護」のため、として。

明治時代末の「いきづまり」を背景に、1911年に成立した第２次西園寺内閣はＢプランでいこうとして、この陸軍の２個師団増設要求に「NO!」の回答を出しますが、ここで上原勇作陸相は単独で天皇に辞表を出し、後任も出さないという姿勢だったので、1912年12月５日、内閣は総辞職します。このことは、当時「陸軍のストライキ」と呼ばれました。では問題です。

▲西園寺公望

なぜ内閣は総辞職に追い込まれたのでしょうか？　これまでお話ししてきたことから考えてください。

？？？？

これは「軍部大臣現役武官制」(→p.247)が効いているのですね。現役、というのに陸軍が後任を出さなかったら、陸相不在になってしまいます。現在だったら、ただ首相が後任者を選べばいい話です。

ここで、内大臣という、宮中の職についていた桂太郎が、1912年12月21日に第３次内閣を組織すると、「宮中と府中(政府など、一般の仕事)

の区別を乱すものだ」という抗議の声が高まり（第1次護憲運動）、連日国会を多数の一般ピープルが取り巻く事態になりました。明治から大正に改元され、長く続いた明治時代が終わって、「なんか新しいことが起きそうだ」という雰囲気もあったようです。

▲桂太郎

桂首相は立憲政友会の不満分子を集めて、立憲同志会という新党をつくろうとしましたが、内閣不信任案が国会で可決されるような状況でした。民衆が国会を取り巻く中で1913年2月11日、在職50日余りで退陣します。「民衆の運動で内閣が倒れる」という、明治時代にはなかったことが改元後すぐに起こった、そこで「大正政変」とネーミングされました。

こぼれ話 「大正政変」ルポルタージュ

軍部が「現役武官制」を利用して西園寺内閣を倒し、宮中に入っていた桂が組閣するという事態に、世論は反発しました。ところが、宮中の内大臣として天皇の詔勅をつくる地位にあった桂は天皇に特別の詔勅を出させて組閣を進めます。今度は海軍が「海軍の充実を約束しなければ大臣を出さない」と、「海軍のストライキ」を起こしますが、桂はまた詔勅を使っておさえます。

こうした展開に、立憲国民党の犬養毅、立憲政友会の尾崎行雄、無所属議員、新聞記者らは「憲政擁護会」を組織します。商工業者や民衆も加わり、東京の歌舞伎座で3,000人とされる人々が集まって第1回大会を開き、「閥族打破、憲政擁護」を宣言しました。1912年12月19日のことです。すると桂は議会を15日間停会とし、その間に新しい政党（のちの立憲同志会）をつくろうとします。停会明けに国民・政友両党が提出しようとする、桂内閣を弾劾し不信任の意志をつきつけようとする決議案には234名が署名しました。彼らは胸に白バラをつけて登院します。

すると桂はまた議会を5日間の停会とし、天皇から政友会総裁の西園寺公望に「争いをやめよ」という詔勅を出し

▲議会を包囲する民衆

てもらいます。この時犬養毅は、西園寺に「総裁は辞任し、政友会としては反対を続けよう」と提案したと言われています。このままでは、議会で内閣不信任が決議される、と考えた桂はまたも3日間の停会を命じます。その知らせを聞いて、早朝から議会を取り囲んでいた数万人とされる民衆は憤激しました。民衆は警官隊や憲兵(兵士や国民の、軍隊に対する犯罪を取り締まる)と衝突し、各地の交番や警察署を襲い、桂を支持した新聞社に投石・放火しました。

桂は閣議で衆議院の解散を決め、これを大岡育造議長に告げます。すると大岡は「もし解散するなら、世はあげて内乱をひき起こすかもしれない」と言い、桂は衆議院の解散ではなく内閣総辞職を決意したと言われています。

第2次西園寺内閣が政権についていた1912年3月、美濃部達吉の『憲法講話』が刊行されました。ここで美濃部は「統治権の主体は国家にあり、天皇は国家の最高機関として憲法に従って統治権を行使する」と説明しました。立憲君主制に近づけようとする立場であり、政党内閣を要求する運動につながる考え方です。これは「天皇機関説」と呼ばれました。

▲美濃部達吉

⑵第一次世界大戦は「天の助け」

長州閥で陸軍出身の桂首相のあとは、薩摩閥で海軍出身の山本権兵衛が組閣しました(第1次)。この内閣は文官任用令(→p.247)改正で政党員も高級官僚になれるようにしたり、軍部大臣現役武官制(→p.247)を改めてリタイアした人もなれるようにしたりしましたが、汚職事件でまた一般ピープルの抗議行動が激化して退陣しました。第2次西園寺内閣総辞職から、1年3カ月余りで3つの内閣が倒れる事態です。次期首相を天皇に推薦する元老(首相経験者など)は人気取りで大隈重信を次期首相に推薦します(第2次)。

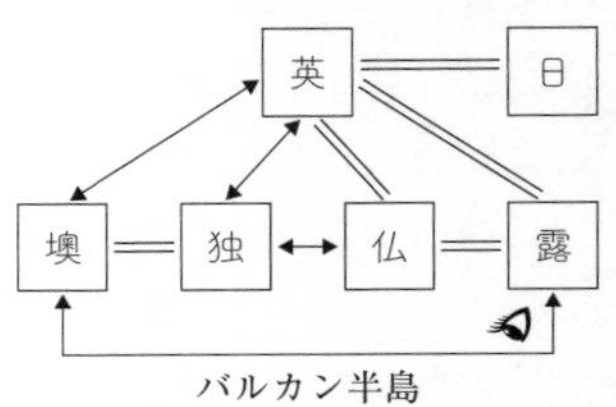

▲**列強の関係図** ロシアの目が、今度はどこを向いているか?

ここで起こったのが第一次世界大戦！ 250

ページでみた列強の関係図は日露戦争直前のものでしたが、今度はどう変わっていますか？　あの時は英露の東アジアでの対立が焦点でしたが、今度はバルカン半島（「ヨーロッパの火薬庫」）をめぐる墺露の対立が焦点です。英仏露の三国協商（きょうしょう）VS. 独墺伊の三国同盟の戦いである（イタリアは戦争が始まると協商側で参戦）大戦勃発の知らせを聞いて、元老の１人である井上馨は、こんな意見を大隈首相らに伝えました。

今回欧州ノ大禍乱ハ、日本国運ノ発展ニ対スル大正新時代ノ天祐（てんゆう）ニシテ、日本国ハ直（ただち）ニ挙国一致ノ団結ヲ以（もっ）テ、此天祐ヲ享受（きょうじゅ）セザルベカラズ。（『世外（せがい）井上公伝』）

「天祐」とは「天の助け」ということです。それでは問題です。

ここで「天の助け」と言っているのはなぜでしょう？　この時の日本の状態について、お話ししてきたことから考えてください。

？？？？

「経済的な深刻ないきづまりを打開しよう」ということだと思います。戦場は遠いヨーロッパ。さらに深読みすれば、欧米諸国に余裕がない隙（すき）に、中国などに進出しちゃおう、という意図もあったかもしれません。では、もう１つ問題です。

日本が参戦するのは、三国協商側でしょうか、三国同盟側でしょうか。そして、どんな行動をとったでしょうか？

？？？？

日英同盟が生きていますから、三国協商側ですね。そして、中国におけるドイツの租借地である山東半島の青島（チンタオ）や、ドイツ領だった赤道以北の南洋諸島を攻撃し、ドイツ軍の主力はヨーロッパ戦線におり、日本が攻めた地域は手薄な状態であることをいいことに、占領しています。

第一次世界大戦は、人類が経験したことがない悲惨な戦争でした。1914年から18年まで続き、１カ所の戦闘で約150万人の死傷者が出たり、戦車・毒ガス・飛行機などが使われて、爆撃などで子どもや女性など非戦闘員の死者も出たりする（女性の部隊もありましたが）ありさまで、まさにヨーロッパ諸国は「死闘」を繰り広げていました。これはチャンス、と考えたのか、大隈内閣は中華民国の袁世凱政権に、いわゆる二十一カ条の要求を突きつけます。当時の中華民国は、辛亥革命後に軍事勢力である軍閥が各地方に割拠して、分裂状態に陥っていました。

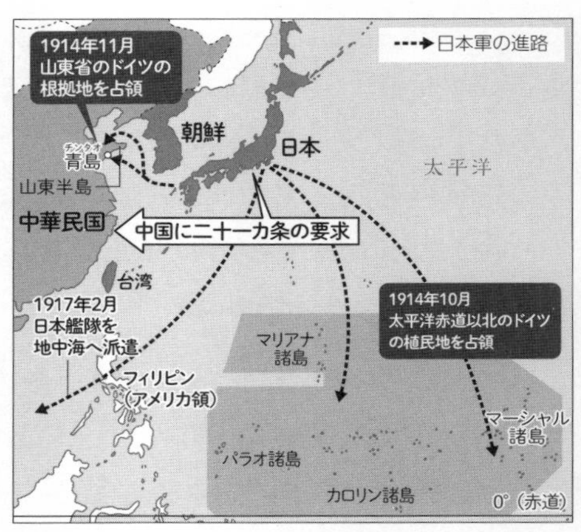

▲第一次世界大戦への日本の参戦

その内容のポイントは、①山東省のドイツ租借権の継承、②旅順・大連・満鉄等の租借期限の99年延長、③中国政府の政治財政・軍事部門に日本人顧問を置く（「他国には内緒で」と伝えたが中国が暴露し、アメリカなどが非難したため撤回）といったもので、武力で威嚇して、③以外をのませました。

一方、これに対して「青島は断じて領有すべからず」という論説を、石橋湛山（ジャーナリスト、のちに首相）が『東洋経済新報』誌上で発表していることが注目されます。彼は「亜細亜大陸に領土を拡張すべからず、満洲も宜しく早きにおよんで之れを放棄すべし」と訴えました。こうした拡張政策は中国などの現地の人々の反発を招き、米英両国からは危険視されて東洋の平和を害する、と主張したのです。こうした主張は「小日本主義」と呼ばれました。

このほか、日本政府は第一次世界大戦中に起こった1917年のロシア革命で成立したばかりの社会主義政権を倒そうと、シベリア出兵をおこないました。

「経済的ないきづまりの打開」は一時的には見事に成功します。

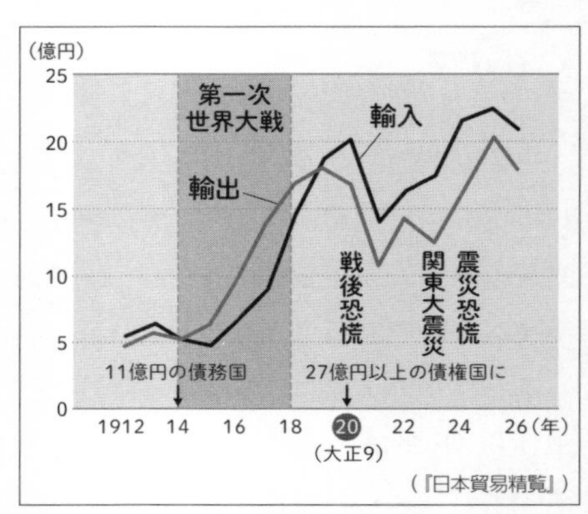

▲第一次世界大戦前後の日本の輸出・輸入

「成金」と呼ばれた、にわか金持ちが急増します。しかし第一次世界大戦が終わってヨーロッパ諸国の商品がアジア市場に戻ってくると、また輸入超過になって日本経済は大戦前に逆戻りしてしまいます（戦後恐慌）。

こぼれ話　成金の代表格？　急成長した鈴木商店

▲**成金の風刺画**　当時の最高額紙幣だった100円札に火をつけ、「どうだ明るくなったろう」と言って女性に靴を探させる成金を風刺している。本文の鈴木商店とは関係はない。和田邦坊作。

鈴木商店、ってご存知ですか？　なんか、商店街にあるお店みたいですよね。日本の歴史上に名高い鈴木商店は、教科書では昭和初期の金融恐慌で経営破綻した会社、としてしか登場しないような感じです。しかし、その急成長は驚きです。明治時代初期に個人商店としてスタートし、金子直吉という番頭さんがスゴい手腕を発揮して、まず日清戦争後に台湾の樟脳油の独占的な販売権を得ました。樟脳とはクスノキから抽出した成分を用いた防虫剤で、そのあとに残った油も利用価値がありました。最大の飛躍は第一次世界大戦で、造船に目をつけて鉄を買い占め、いきなり三井・三菱に並ぶ大商社にのしあがりました。1920年の全盛期には三井・三菱をはるかに上まわる売上高を誇りました。その系列会社には、神戸製鋼所などがあります。

⑶米騒動と政党内閣の成立

先ほど、「1917年のロシア革命に対してシベリア出兵をおこなった」とお話ししましたが、これをきっかけにして米価が暴騰し、歴史上有名な事件が起こります。何でしょうか？

？？？？

「米価の暴騰」がヒントになりますよね。「米騒動」です。東京をはじめ１カ月余りにわたって全国で起こりました。起こらなかったのは5県のみとされています。約70万人(数百万人という説も)が参加したと言われ、日本の歴史上空前の規模の民衆運動だった、と言っていいと思います。1917年にすでに米価は上がりはじめていましたが、米商人などがシベリア出兵による米不足を当て込んだ米の買い占めをおこない、1918年に価格がさらに急騰しました。第2次大隈内閣に代わった長州陸軍閥の寺内正毅(まさたけ)内閣が、米騒動の新聞報道を許さなかったりして世論の追及を受け総辞職すると、元老の山県有朋も政党内閣を認めます。華族でなく「平民宰相(さいしょう)」と人気があった、立憲政友会総裁の原敬(はらたかし)首班の内閣の成立です。陸相・海相・外相以外は立憲政友会員だったため「初の本格的政党内閣」と呼ばれます。こうした事態を生んだきっかけをつくったものとしても、米騒動は重要です。大正時代、第3次桂、第1次山本についで、3人も「民衆の行動が大きな力を発揮して内閣が倒れた」わけです。

こぼれ話 ドキュメント米騒動

1918年7月22日夜、富山県魚津(うおづ)町で主婦たちが、県外への米の積み出しの中止を要求しようと話し合いました。翌日には海岸に集まって積み出しを阻止しようとします。これをきっかけとして、8月3日には魚津町だけでなく西水橋(にしみずはし)町などの主婦を中心とした町民たちが行動します。以下は、『東京朝日新聞』の当時の記事の一節です。

> 富山県中新川(なかにいかわ)郡西水橋町町民の大部分は出稼(でかせぎ)業者なるが、本年度は出稼先なる樺太(からふと)は不漁にて、帰路の路銀に差支(さしつか)ふる有様にて、生活頗(すこぶ)る窮迫し、加ふるに昨今の米価暴騰にて、困窮愈(いよいよ)其極(そのきわみ)に達し居(お)れるが、三日午後七時漁師(りょうし)町一帯の女房連二百名は海岸に集合して三隊に分れ、一は浜方(はまかた)有志、一は町有志、一は浜地の米屋及び米所有者を襲ひ、所有米は他に売らざること及び此際(このさい)義侠(ぎきょう)的に❶米の廉売(れんばい)❷を嘆願し、之(これ)を聞かざれば家を焼払ひ、一家を鏖殺(おうさつ)❸すべしと脅迫し、事態頗る穏(おだや)かならず。
>
> ❶おとこぎで。❷安売り。❸皆殺しにする。
>
> (『東京朝日新聞』1918年8月5日)

こうした新聞報道をきっかけに、全国の数多くの都市で米商人・富商・地主・精米会社から交番・警察署などが襲われ、焼打ちがおこなわれました。

米を買い占めている、と思われた鈴木商店も焼打ちをかけられます。寺内内閣は８月14日に新聞が米騒動を報道することを禁止しますが、８月半ばから騒動は地方の町村や炭鉱に広がりました。寺内内閣の新聞報道禁止に対して、東京・名古屋・大阪の新聞記者の集まりが非難の声をあげ、さらに80社を超(こ)える関西の新聞社の大会が内閣弾劾を決議します。

こうしたことが起こった、当時の時代のムードをリアルにつかみたいと思います。第13章でお話ししなかったのですが、実は1905年、日露戦争後のポーツマス条約に対して、講和反対の国民大会が日比谷(ひびや)公園で開かれました。その大会に参加した民衆が暴徒化したことに触れたいと思います。歴史上「日比谷焼打ち事件」と呼ばれるこの事件は、「条約で賠償金がまったくとれない」ことへの不満が爆発したと考えられています。もちろん、米騒動とはまったく性質が違うと思いますが、日比谷焼打ち事件も政府寄りの新聞社を襲ったり、交番・警察署などに焼打ちをかけたりしました。こうしたことは新聞報道されていました。おそらく、日露戦争での増税などに対する不満が、広く潜在的にあったからこそ、こうした行動が起こったのでしょう。そうした点は、この米騒動も同じだと思います。267～268ページでみた、大正政変が起こった時の民衆の行動もそうでしたね。

▲日比谷焼打ち事件

「不満が高まったら直接行動に訴える」ムードが共通していると思われます。政府側からみると、日比谷焼打ち事件の際も、『東京朝日新聞』など20紙以上の新聞を発行停止にするなど、新聞報道に神経をとがらせていました。戒厳令(→p.242)を出し、軍隊を出動させて鎮圧に当たらせました。この日比谷焼打ち事件では、戒厳令が３カ月近くたってとかれたのち、桂内閣は総辞職しています（米騒動でも軍隊は出動しましたが、戒厳令は出されませんでした）。

元老の山県が米騒動の大規模化にあたって、国民の歓心(かんしん)を買うためには政党内閣だ、と考えたことも、当時のリアルを理解するうえで重要ではないでしょうか。それには、先ほどお話しした美濃部達吉の「天皇機関説」と並んで、1916年に吉野作造が提唱した「民本主義」が大きな影響を与えていると思います。吉野作造の「民本主義」は英語のデモクラシーの訳として有名ですが、ここで問題です。

▲吉野作造

Q5 なぜ「民主主義」でなく「民本主義」と訳したんでしょう？

？？？？

これは次の史料をみてください。

憲政の本義を説いて其有終の美を済すの途を論ず

民本主義といふ文字は、日本語としては極めて新らしい用例である。従来は民主々義といふ語を以て普通に唱へられて居ったようだ。……然し民主々義といへば、社会民主党などゝいふ場合に於けるが如く、「国家の主権は人民にあり」といふ危険なる学説と混同され易い。

（『中央公論』1916年１月号）

社会民主党を覚えていますか？　248ページで出てきた、最初の社会主義政党でしたね。この史料で吉野は「民主々義というと、社会民主党の『人民主権』のような『危険な学説』と混同されやすい」といっています。いまでは「国民主権」は危険でも何でもない考えですが、この大正時代では、危険だと思われていたんですね。

⑷ワシントン体制――世界的なＢプラン

先ほど「これまで人類が経験したことがない悲惨な戦争」とお話しした第一次世界大戦が終わると、世界的に一気にＢプランのムードが高まります。ヴェルサイユ条約が結ばれ、国際連盟が発足します。

こぼれ話　日本は世界のBIG4の一員に（？）

国際連盟の提唱者はウィルソン米大統領ですが、民主党出身で、共和党が多くを占める上院の賛成を得られず、連盟には参加できませんでした。社会主義国ソ連も、敗戦国ドイツも不参加で、日本は英仏伊とともに常任理事国、「四大国」の１つになりました。

長く続いた戦争で、国力を消耗したイギリスに代わって世界一の地位を占めたのは、日本同様に戦場から遠くボロ儲けしたアメリカでした。

国際連盟では「民族自決」ということが叫ばれ、それに力を得てアジアで民族的な運動が日本に対して起こります。1919年、日本が二十一カ条の要求で押しつけた「山東省の旧ドイツ租借地の継承」を返還するようヴェルサイユで求めて果たせなかった中国では、学生が先頭に立って五・四運動が起こります。それより早く朝鮮では三・一独立運動が起こります（日本は厳しく弾圧）。

一方、アメリカは海軍軍備制限とアジア太平洋地域の問題を審議するワシントン会議を1921年に開きます。ここで一番注目されるのは、日英同盟協約の終了です。ここで問題です。

日英同盟の終了が日本にとって持つ意味は何でしょうか？

考えてみると、日本が日清・日露両戦争に踏み切れたのは、当時世界最強のイギリスが日本に好意的だったからではないでしょうか。ここで日本は、大きな「後ろ盾」を失ったのです。そのせいか、日本はワシントン会議で決まったことに全面的に協力し、山東省の租借権も手放します。海軍軍備制限条約で決まったことも誠実に実行し、1928年には「戦争放棄」を定めた不戦条約に調印して、対米関係も日露戦争後の対立関係から好転します。ここで決まった国際秩序はワシントン体制と呼ばれます。

いいことづくめのようですが、見方を変えれば、ワシントン体制とは、「米英仏などが優位な現状の秩序を維持しようとするもの」であり、そうした「大国に追随し、自らは劣等な地位に甘んじる」のはおかしい、という意見も

▲北一輝

出てきます。ファシズムはご存知ですか？　のちのドイツのヒトラーが有名ですね。国内では反対意見を許さず一党独裁の体制をとります。自国の優位性を強調し、劣っているとする他民族などに排外的な態度をとるのが特徴です。ファシズムを唱える人をファシストと言いますが、日本のファシストである北一輝が『日本改造法案大綱』を発表したのは1923年（執筆したのは1919年）でした。彼はその著作で「一人残らず国論を統一して憲法を停止し、戒厳令を布いて天皇を奉じた国家改造をおこなう」ことを提唱しています。

⑸社会運動の勃興と普通選挙法の実現

大正政変、米騒動で「民衆の行動で内閣が倒れる」ことを経験した日本。海の向こうのロシアでは、皇帝や貴族たちの政権が、労働者や兵士などの革命によって倒されました。これらを背景として、これまで虐げられてきた人々の運動がさかんに起きます。では、問題です。

「これまで虐げられてきた」というのは、具体的にはどういう人たちでしょう？　また、そうした運動が、ほぼ共通して要求していたことは何でしょうか？

？？？？

労働者・小作人・社会主義者・女性・差別を受けてきた人たちなどです。労働組合や小作人の組合が増え、ストライキや小作争議が頻発します。日本農民組合・日本共産党（共産主義は社会主義のパターンの１つです）・いわゆる被差別部落の人たちが結成した全国水平社の結成は西暦何年ですか？…すべて1922年です。また、明治時代末でお話しした(→ p.262)女性の自立を目指す運動の結果、やはり1922年に治安警察法第５条が改正され、女性も政治演説会に参加できるようになりました。これらの風潮は、何と呼ばれるでしょうか。

そう、「大正デモクラシー」ですね。労働者は、明治時代は女工が多数を占めていましたが、この頃から男性が増え、サラリーマン(→p.256)が大量に生まれました。そして、ほぼ共通していた要求が「普通選挙」でした。1923年には、もう導入する方針が固まっていましたが、同年の関東大震災の発生と、摂政裕仁親王（のちの昭和天皇）狙撃事件で見送られました。

水平社宣言

全国に散在する吾が特殊部落民よ団結せよ。……人の世の冷たさが、何んなに冷たいか、人間を勦ることが何んであるかをよく知ってゐる吾々は、心から人生の熱と光を願求礼讃するものである。水平社は、かくして生れた。人の世に熱あれ、人間に光あれ。　（『水平』）

こぼれ話　流言でパニックにならず、自分の頭で考えられる人に

関東大震災の混乱の中で、多数の朝鮮人や中国人、労働組合員や社会主義者が殺されたことはご存知でしょうか。「朝鮮人が井戸に毒を投げ込んだ」などの流言によって、一般ピープルも自警団を結成し、在郷軍人などの指導のもとに「朝鮮人狩り」をおこないました。在郷軍人とは兵役を終えて予備・後備役となっていた人たちです。背景の１つには、1919年の三・一独立運動に対する厳しい弾圧(→p.275)から「仕返しがあるんじゃないか」という恐怖心が広くあったことが挙げられています。

その中でも、自分の判断を貫いた人もいました。神奈川県の鶴見警察署の大川常吉署長もその１人です。以下は警察の記録です。９月２日、自警団員が「毒入りの瓶を持っている」と４人の男を朝鮮人だとして突き出しました。すると大川署長（当時46歳）は「それなら諸君の前で飲んでみせよう」と瓶の中身を飲んで無実を証明したそうです。さらにその翌日、大川署長が多数の朝鮮人たちを警察署に保護すると、約1,000人の群衆が署を包囲して「朝鮮人を殺せ」と激昂しました。それに対し大川署長は「朝鮮人たちを殺すならこの大川から先に殺せ」と訴えて群衆を解散させたということです。

パニックになりがちな状況でも、自分の頭で考えて行動できる人になりたいですね。

関東大震災は、第一次世界大戦後の戦後恐慌が続いていた日本に、追い打ちをかけた面もありました。

1925年、加藤高明内閣(与党ははじめ憲政会・立憲政友会・革新倶楽部の三党連立。のち憲政会単独。憲政会は、桂太郎がつくろうとした立憲同志会の後身)のもとで、いわゆる普通選挙法が成立し、25歳以上のすべての男性が衆議院議員の選挙権を持つことになりましたが、同じ年に治安維持法も制定されました。

治安維持法

第一条　国体❶ヲ変革シ、又ハ私有財産制度ヲ否認スルコトヲ目的トシテ結社ヲ組織シ、又ハ情ヲ知リテ❷之ニ加入シタル者ハ、十年以下ノ懲役又ハ禁錮ニ処ス。

改正治安維持法(1928年)

第一条　国体ヲ変革スルコトヲ目的トシテ結社ヲ組織シタル者、又ハ結社ノ役員其ノ他指導者タル任務ニ従事シタル者ハ、死刑又ハ無期若ハ五年以上ノ懲役若ハ禁錮ニ処シ、情ヲ知リテ結社ニ加入シタル者又ハ結社ノ目的遂行ノ為ニスル行為ヲ為シタル者ハ、二年以上ノ有期ノ懲役又ハ禁錮ニ処ス。

❶国家体制。❷事情を知ったうえで。　　(『官報』)

ここで問題です。

この治安維持法、直接的にはどういう団体を標的にしたものだったでしょう?

? ? ? ?

1922年に結成された日本共産党(→p.276)だったと考えられます。しかしその後、この法律は、思想の自由の侵害に大きな力を発揮するようになります。例えば太平洋戦争中に「戦争反対」と言っただけで逮捕された、といった話は各地にありました。そして「おまえは共産党だろう」といった追及を受け、「違います」と言っても当時は拷問を受けたりしたのです。

いまの憲法のもとでは「内心の自由」が基本的人権として認められています。心の中で何を思おうが自由です(処罰の対象になるのは、具体的な行為です)。ところがギッチョン、この法律は「お前は共産党だろう」という言いがかりで、取り調べや逮捕がおこなえるような状況をつくってしまいました。「考え方を罪に問う」というのは、おそろしいことではないでしょうか。もちろん、いま、この法律は存在しません。

また、この時の加藤高明内閣以後、二大政党の立憲政友会と憲政会（のち立憲民政党）が交代で内閣を組織することが「憲政の常道（けんせい じょうどう）」と呼ばれる慣行になりました。

⑹戦後恐慌から1927金融恐慌へ――昭和史の開幕

昭和と改元された年についてのエピソードです。

こぼれ話 1週間しかなかった「昭和元年」

大正天皇は1926（大正15）年12月25日に亡くなります。その日のうちに「昭和」と改元され、年明けの1927年1月1日からは「昭和2年」となりました。ですから、「昭和元年」は1週間しかありません。

この逆パターンが1989（昭和64）年にありました。1月7日に昭和天皇が亡くなり、翌日「平成」と改元されたので、「昭和64年」は1週間しかなかったのです。そう刻印されたコインの値打ちが上がるんじゃないか、としばらく釣銭をチェックしていたものでした。

実質的な昭和の幕開けとなった1927年にたいへんなことが起きました。その話に入る前に、「**流れが命**」です。

第一次世界大戦の前からの「日本の経済の動き」をサクっと振り返ってみましょう。

？？？？

第一次世界大戦は「天の助け」でしたよね（→p.269）。その前、つまり明治時代末の日本は、いきづまり状態でした。それが一気に解決！…と思ったら、戦争が終わった途端に逆戻り。戦後恐慌でした（→p.271）。そこに追い打ちをかけるように起こったのが関東大震災でした（→p.277）。

決済不能の手形を多く抱えている銀行が多い中、聞かれてもいないのに片岡直温（かたおかなおはる）蔵相が「ただいま、東京渡辺銀行が破産いたしました」と国会で発言したのです。当の銀行が営業している最中に。その銀行はもちろん、「あそこの銀行は経営が危ないんじゃないか？」と思われていた銀行には、「破産する前に自分の預金をおろそう」という人たちが押しかけました。これを「取付け騒ぎ」といいます。そうすると、銀行はどうすると思います？　なぜ、こんなことになってしまったのでしょうか？

まず、「手形」の「決済不能」について説明しましょう。

▲取付け騒ぎ

こぼれ話「手形が決済不能になる」とは？

銀行Ａに口座をもつ企業Ｂが、企業Ｃから代金100万円の商品を購入したとします。この時Ｂは、Ｃに現金でなく、60日などの期限をつけた手形を発行します（「振り出す」と言います）。期限の日に、Ｃがその手形をＡに持ち込めば、100万円プラス期限までについた利子を加えた額を現金で受け取れるわけです。…こうして、商品の売買の際に現金を使わなくても取引が成立するわけですが、Ｂは、その期限までに銀行Ａの口座に、100万円プラス利子分のお金以上の額を入れておかないといけません。もしそれができないと、手形はあってもＢはＣにお金を払えません。この状態を「決済不能」と言います。もう１つ、銀行が困る場合があります。それは、手形の期限以前にＣがお金を欲しいと思った場合、その手形を銀行に持っていけば、期限まで待ったらもらえる金額よりも低い額で銀行が買ってくれます。これを「割り引く」と言います。そこで、その手形は銀行Ａが持つことになりますが、Ｂが期限までにお金を用意できないとその手形が決済不能になります。

Ｂのような会社が関東大震災で被害を受け、決済不能になる手形が多かったので、そういう手形を震災手形と呼びました。関東大震災のあとに政府が出した法令は、「震災手形割引損失補償令」で「震災前に銀行が割り引いた手形のうち、決済不能になった損失を日本銀行が補塡する」ものだったのです。

さぁ、「取付け騒ぎ」が起きると、銀行はどうすると思いますか？…銀行の支払い能力を超えそうになると、閉めちゃうんです。バブル崩壊後の1997年にも各地で起こりました。なぜでしょうか？

こぼれ話 なぜ「取付け騒ぎ」で銀行が閉まるのか

極端な話、その銀行に預金している人が全員、「預金をおろしたい」と申し出たとしたら、銀行は返すことができません。逆に考えてみてください。

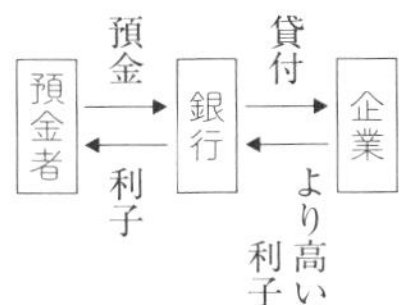

▲預金者・銀行・企業の関係図

もし、預金者全員のお金が銀行の地下の金庫（本当に地下なのか知りませんが）にあったとしたら、お金は増えませんよね。いまは微々たるものとはいえ、預金には利子がつきます。その利子はどこからつくんでしょう？

それは企業に貸して、預金者に渡すよりも高い利子をとっているわけです（企業だけでなく、住宅ローンなど庶民向けもありますが）。ところがギッチョン、関東大震災などで企業が倒産したりして、銀行が貸したお金が戻ってこなくなったらどうでしょうか（戻る見込みがない、貸したお金を何というでしょう？…そう、それが「不良債権」ですね）。

取付け騒ぎが起こり、銀行の休業が続出してしまった事態を金融恐慌と呼びます。これが起こった時の若槻礼次郎内閣（第1次、与党は憲政会）は総辞職し、次の田中義一内閣（与党は立憲政友会、憲政会は立憲民政党に変わる）はなんとかこれを鎮めます。どんな方法をとったと思いますか？

▲裏白紙幣

「預金を返してくれ」と預金者が押しかけたんでしたよね。それで銀行が閉まってしまうと、まだ営業している銀行にも人々が押しかけるでしょう。このままではパニックの連鎖です。そこで「銀行は３週間返金しなくていい」というモラトリアム（支払猶予令）を発し、その３週間でお札（日本銀行券）をバンバン刷りました。「限られた期間で、とにかく大量に刷ろう」としたので、表だけ印刷した「裏白紙幣」もあったのです。

これを銀行の窓口にどん！と積み上げることによって、「この銀行は不良債権が多くて、そのうちつぶれちゃうんじゃないか。その前に預金を引き出さないと」と思っていた人も安心した、それで金融恐慌は収まった、とされています。蔵相高橋是清のアイディアだったそうです。

「いやぁ良かった良かった」で、この話を終わらせてしまっていいでしょうか？

⑺Aプランの田中義一内閣

金融恐慌で第１次若槻礼次郎内閣が総辞職した、とお話ししましたが、その直接の原因は教科書にもある、

> 経営が破綻した鈴木商店に対する巨額の不良債権を抱えた台湾銀行を緊急勅令によって救済しようとしたが、枢密院の了承が得られず、総辞職した。
>
> （㊜p.300～301）

ということ（枢密院は天皇の最高諮問機関）ですが、もう１つの原因として、当時中国で進行していた北伐（あとで説明します）への態度がBプランでけしからん、という野党立憲政友会の攻撃がありました。そこで、今度は立憲政友会を与党として成立した田中義一内閣は、国外に対してはAプラン、国内に対しては強権的な政策をとります。なお、先ほどお話しした鈴木商店（→ p.271）は、緊急勅令による融資が得られなかったため、倒産してしまいます。

1925年に普通選挙法（と治安維持法）が成立したことをお話ししましたが、それによる初めての総選挙が1928年におこなわれました。その際、治安維持法でメインター

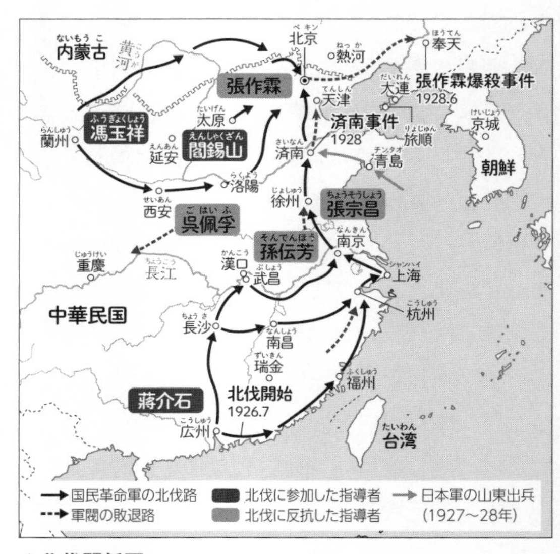

▲北伐関係図

ゲットとされていったん姿を消した日本共産党がビラ配布などをおこなったので、政府は一斉に逮捕し、治安維持法(→p.278)の最高刑を死刑・無期とし、協力者も処罰対象にしました。これらの取締りにあたったのが特別高等警察（特高（とっこう））で「鬼よりコワイ」「泣く子も黙る」と言われました（何しろ、特高は一般ピープルの近くで、一般ピープルと同じような格好をしていて、「危険だ」と判断した人をどんどんつかまえてしまうのです）。

さて、当時の中国は、どんな状態だったでしょうか？　日清戦争の相手だった清は、もう倒されましたよ。その後、どんな国ができましたか？　その国はどんな状態でしたか？　各地に割拠している軍閥を倒して中国を統一しようという動きが、南方の(→p.270)蔣介石（しょうかいせき）を中心に起こっていました。これが北伐です（地図参照）。

ここで問題です。

あなたが当時の日本の指導者だとしたら、中国が分裂状態にあるのと、統一されるのとどっちが好都合ですか？

？　？　？　？

現代のような平和な時代でしたら、「分裂しているより、統一されていた方が交渉相手に迷わなくて済むからいい」と考えるかもしれませんね。でも当時は、旅順・大連・満鉄などを租借している状況でした。統一されると民族意識が高まって、「旅順・大連などを返せ」と言ってくるかもしれません（事実そうなりました）。先ほどの「第１次若槻内閣への野党立憲政友会の攻撃」というのは、Ｂプランの「国際協調路線」で北伐にも「不干渉」だった内閣に対する攻撃でした。

租借地とその周辺の守備にあたった部隊、陸軍の関東軍（かんとうぐん）は満洲(→p.249)を拠点とした軍閥の張作霖（ちょうさくりん）と結びつき、田中内閣も３度にわたって山東半島に出兵し、そこで北伐軍を食い止めようとしました。ところがギッチョン、関東軍は、自分が守備している満鉄を使って張作霖を爆殺し、それを中国軍のしわざとして、一気に満洲を支配する謀略を実行に移します。しかしこれは、責任の所在をあいまいにしようとした田中首相に天皇が激怒したくらいミエミエの行為でした。田中内閣は総辞職、北伐も完成してしまいます。

こぼれ話 「関東軍」の名前の由来

かつてセンター試験にも出題されましたが、関東軍は、別に「関東地方出身の兵士を集めたから関東軍」といったことが名前の由来ではありません。

万里の長城には、いくつも関所がありますが、その１つ、山海関という関所の東を中国では「関東」と呼んでいました。そこで、租借した地域を日本は「関東州」と名づけたのです。関東州を守備する部隊だから「関東軍」というわけです。

⑻世界恐慌、昭和恐慌とテロ、軍部の台頭

世界史上の第二次世界大戦も、満洲事変に始まる日本の戦争も、**俯瞰**してみると世界恐慌が「第一次世界大戦後の軍縮からの流れが変わる」ターニングポイントになっているように感じられます。

世界史でいえば、世界恐慌で各国に余裕がなくなって、ニューディール政策とかブロック経済とか「自国ファースト」の雰囲気が強まる中、「持たざる国」といった言い分でイタリア・ドイツが対外侵略を始める、といった風にみえます。

日本史ではどうでしょうか。

①世界恐慌の影響を、国内の状況とのダブルパンチで受けた。

②工業生産などでみるかぎり、「日本は恐慌を脱出することができた」が、それはなぜか。一方、影響が深刻に残ったのはどこか。

といった視点が大切ではないか、と思います。以下にみていきましょう。

Ａプランの田中義一内閣（立憲政友会）が天皇の不信を買って総辞職したあとは、Ｂプランの浜口雄幸内閣（立憲民政党）が登場します。この内閣がデフレ政策をとります。ここで問題です。

金融恐慌の「解決策」を思い出して、なぜデフレ政策をとったのか、考えてみてください。

？？？？

裏白紙幣などの荒業（あらわざ）・裏技で金融恐慌を鎮めた、というお話をした時、「いやぁ良かった良かった、でこの話を終わらせてしまっていいでしょうか」とお話ししておきました。ガンガンお札を刷って街中に出まわらせたら、ふつうどうなりますか？

明治時代にもありましたね（→p.236）。あの時は、そこで蔵相松方正義がデフレ政策をとったのでした。今度は昭和初期の話です。教科書には、こう書いてあります。

1920年代の日本経済は、都市化や電力利用の普及に関連して重化学工業の発展がみられたものの、慢性的（まんせいてき）な不況の状態にあった。再三の恐慌に対して、政府はそのつど救済措置をとってきたが、それは経済の破綻を一時的に回避しただけであった。工業の国際競争力不足による輸入超過と1917（大正6）年以来の金輸出禁止が続く中で、外国為替相場は動揺と下落を繰り返した。

（㊙p.301）

これをなんとかしよう。金輸出を解禁して、国際的な競争の荒波に突入したら、例えば企業の倒産も増えるかもしれない。お札をたくさん刷るのをしなかったら不景気になるだろう、でもいままでそれらを恐れてきたから、国際競争力もつかなかったのではないか。「痛み」を覚悟して、本当に強い産業をつくっていかなくてはならないのではないか…。この政策の当否を判断できる力は私にはありません。しかし感動するのは、首相の浜口や蔵相の井上準之助（じゅんのすけ）が、全国をまわって国民にこの政策を訴えた姿です。そりゃあみんな景気がいい方がいい、その真逆をやるといったら支持を失うかもしれない、でもこの国の将来をみすえたらこれしかない、

▲井上準之助

▲株価暴落で混乱するウォール街

そう浜口・井上コンビは考えたのではないでしょうか。

ところがギッチョンなんです。ちょうどその頃、世界恐慌！！

いまからみると、「タイミング悪すぎたんじゃないの？」「世界恐慌のニュースを聞いたら、いったんデフレ政策を中止できなかったのかなぁ？」などと考えてしまいますが…うーん、ホントのことは分かりません。現代だって一時的には、世界恐慌の時の水準を上まわるような株価下落も起きますが、たいてい回復します。それと同じことを期待したのかなぁ…？

米価・繭価は暴落、1930年は豊作すぎてまた米価下落、1931年は異常気象で大凶作、と農村が悲惨な状態になり、教科書にあるように「**子女の身売りが続出する**」(㊂p.304)状況になりました。

「身売り」を伝える新聞記事

村の夜道は真っ暗だった。村には外灯がなかった。それは昭和六年の凶作から廃止になったのだ。凶作は色んな意味で村から『明るさ』を奪って行く。今度はまた娘を凶作は村から奪ひ去らうとしてゐる。もう幾人も奪って行ってしまった。／『これがその、娘が化けた四十円の家ですよ』と教へられた。窓から洩れる鈍い電灯の光で畑の菜っ葉が真白な霜に萎れているのが見えた。この村としては割合に小綺麗な家だが、これが一人の津軽娘が娼妓に売られた身代金で買はれた家かと思ふと、異様な汚感に襲はれざるを得なかった。

(『東京朝日新聞』1934年12月1日)

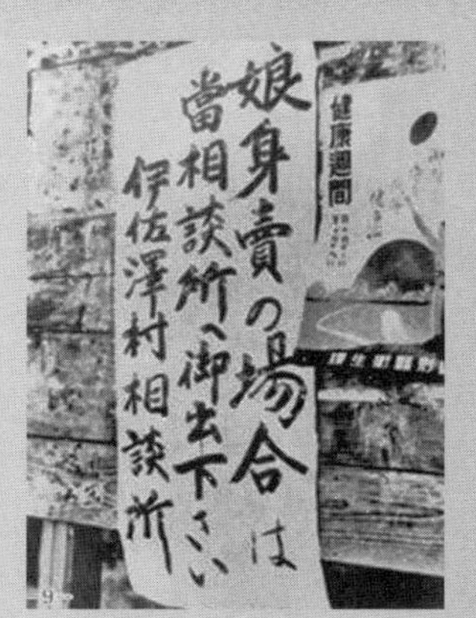

▲身売り相談所

一時期は「大学は出たけれど」というのがはやり言葉になるくらいの就職難になりましたが、工業生産は1933年には他国に先がけて回復しました。なぜでしょうか？　浜口首相がテロで重傷を負って(あとでお話しします)退陣したのち、次の犬養毅内閣(立憲政友会)の高橋是清蔵相は金輸出再禁止、円の金兌換停止をおこないました。大幅な円安となり、綿織物の輸出が世界一になるまでに拡大しました。そして教科書にある以下の点が注目されます。

輸出の躍進に加え、赤字国債の発行による軍事費・農村救済費を中心とする財政の膨張で産業界は活気づき、日本はほかの資本主義諸国に先がけて1933(昭和８)年頃には世界恐慌以前の生産水準を回復した。とくに、軍需と保護政策とに支えられて重化学工業がめざましく発達し、……産業構造が軽工業中心から重化学工業中心へと変化した。 (p.308)

これで、明治時代の産業革命当時の「軽工業国」から、産業構造の中心が重化学工業にシフトするわけですが、「赤字国債」「軍事費」「財政の膨張」といったワードを頭に入れておいてくださいね。実は高橋是清は、軍部からの要求による軍事費拡大に「赤字国債」発行でこたえながら、「赤字国債に頼るのは良くない」と引き締めに転じようとして、1936年の二・二六事件で殺された、と考えられています。

▲東京駅で襲撃される浜口雄幸

さて、いまお話ししましたが、デフレ政策をおこなった浜口雄幸首相はテロに襲われます。「**流れが命**」で振り返っておくと、ワシントン体制成立以来、日英同盟もなくなって、日本はＢプランで「国際協調」を外交の基本にすえ、日米関係も良好に転じていたわけです。普通選挙法などを成立させた加藤高明内閣の幣原喜重郎外相は「幣原外交」と名前が残るくらい、外国にも定評のある協調外交を展開しました。それがガラッと変わったのは何内閣の時でしたっけ？…そう、田中義一内閣の時でしたね。

その次の浜口内閣では、また外相に幣原が起用されました。この協調路線に沿って、1930年にロンドン海軍軍備制限条約を結びますが、ここで海軍の作戦や用兵をつかさどる機関(陸軍では参謀本部にあたる)である軍令部が要求していた「大型巡洋艦対米７割」が実現しないのに調印したのは「天皇の統帥権を干犯した」と野党の立憲政友会などが非難し、右翼の青年に首相は東京駅で狙撃されてしまいました。

⑼満洲事変と相次ぐテロ、軍部の台頭

俯瞰してみていると、1931年の満洲事変の勃発が、いろいろな面で世の中の動きを大きく変えた、という感じがします。それは翌年の五・一五事件につながり、さらに大きく世の中を変えてしまいました。では、次の問題を考えてみてください。

満洲事変、五・一五事件の結果、これまでの「流れ」が大きく変わりました。具体的には、どういう点でしょうか？　2つ答えてください。

？？？？

これまでの流れといえば、「いきづまりの打開策として、AプランかBプランか、その間で揺れ動く」とお話ししてきましたが、このあとBプランは実質的に「消えて」しまいます。また、五・一五事件で犬養毅首相が暗殺されたあと、いわゆる政党内閣や「憲政の常道」(→ p.279)は消滅しました。五・一五事件で「話せばわかる」と繰り返したという犬養さんの立場が民主主義、「問答無用」と射殺する青年将校の立場がファシズム(→ p.276)だと思います。この後、「反対意見を許さない」ファシズム的な風潮が強まっていきます。

Q13 **世界で一番早く国際連盟を脱退した国はどこでしょう？**

？？？？

この問題を高校生たちに聞くと、けっこう「ドイツ」という答えも聞かれるのですが、正解は日本です（日本が1933年3月、ドイツは同じ年の10月）。

さて、1931年9月18日、関東軍は自ら満鉄の線路を爆破し、これを中国軍のしわざとして（柳条湖事件）…ん？　既視感がありますよね。

そう、張作霖爆殺事件と丸かぶりです。ところがギッチョン、あの時は「関東軍の謀略」というのがミエミエだったのに、今度はすべてのマスコミ

▲石原莞爾

が軍の発表をそのまま報道し、「自衛の行動」だとして関東軍は瞬(またた)く間(ま)に満洲のほぼ全域を占領してしまいます。この行動のプランナーは関東軍参謀石原莞爾(かんじ)で、彼は当時の松岡洋右(ようすけ)外相の国会演説「満蒙は我が国の生命線」を受けて、「日米両国による世界最終戦争」に備えて満洲占領を、という自説のために関東軍を動かすことに成功したのです。「満蒙問題私見」という、彼が書いたものをみましょう。原文は分かりにくい(わざと?)ので意訳です。

・朝鮮の統治は、「満蒙」をわが支配下におくことによって、はじめて安定する。
・わが国が実力をもって「満蒙」問題を解決し、断乎(だんこ)とした決意を示せば、日本は支那本土に対して指導者の地位に立ち、支那の統一と安定を促進して、東洋の平和を確保することができるだろう。
・「満蒙」の農産物は、わが国民の食料問題を解決することができる。
・鞍山の鉄や撫順の石炭などは、現在のわが重工業の基礎を確立するのに必要である。
・「満蒙」における日本の企業は、わが国現在の失業者を救い、不況を打開できるだろう。

(「満蒙問題私見」より、意訳)

ちょっと待って、そこには現地の人たちが生活しているんじゃないの、とツッコミを入れたくなりますが。ここでお話ししたいエピソードがあります。それは、「林銑十郎(せんじゅうろう)朝鮮軍司令官の『独断越境』事件」と言われるものです。

予想以上に早く広い地域の占領ができたためか、石原莞爾は兵力の不足を感じ、朝鮮軍(当時朝鮮は日本領だから、朝鮮駐在の日本軍)の林銑十郎司令官に援軍を要請しました。林は躊躇(ちゅうちょ)したと思います。朝鮮は日本の一部になっていますが、満洲は中国の一部であり、その境には国境が存在します。当時、日本軍が国境を越える場合は「奉勅(ほうちょく)命令」つまり天皇の命令が必要でした。「奉勅命令はまだか」と林は催促したでしょうが、出ないうちに石原の矢の催促で、ついに林は越境してしまいます。

これって…明白な「統帥権干犯」ではないでしょうか?

林は成果を上げます。天皇はどうしたでしょうか?…なんと、林は統帥権干犯で処罰されるどころか、「よくやった」と表彰されてしまうのです。…このあと、軍部が独断で動いてしまうことが起きるのは、「結果が良ければほめられる」悪しき前例ができたからではないでしょうか。

この満洲事変勃発に対し、ときの第２次若槻礼次郎内閣はＢプランでしたので、初めは「不拡大方針」を発表しますが、貫けません。その背景には、教科書にある通り、「世論・マスコミは軍の行動を支持した」(㊙p.305)という事情があったと思われます。ここで問題です。

ふつうは一般ピープルは「戦争はいやだ」と考えそうなものですが、なぜこの時、軍の行動は支持されたんでしょうか？

？？？？

私は教員になった頃は、「昭和恐慌で不景気で、その脱出口を求めたから」という風に考えていました。ところがギッチョン、先ほどもお話ししたように(→p.287)少なくとも都市部の庶民の実感としては、「景気は良かった」ようなんですね。ではなぜ…？

直近の第一次世界大戦では、大きな犠牲もなく、「成金」続出といった好景気になりましたよね。おまけに、「日清・日露戦争で勝った」という印象があったと思います。つまり「戦争なんてちょろいもんで、しかも景気がもっと良くなるんじゃないか」というのが、多くの庶民の感覚だったのではないでしょうか。しかも、大人から子どもまで、日清戦争以来の中国人などを軽侮する気持ち(→p.245)がありました。例えば、当時の子どもたちの「戦争ごっこ」遊びを描いた絵で、「負けたら支那だぞ」(支那とは当時の中国の呼び名)というものがありました。また、当時の新聞への子どもの投書で「ツヨイ日本ノヘイタイサン　ワルイシナ兵ヲ　コラシメテクダサイ」というものをみましたが、なぜこうした表現がされたのでしょうか。当時の新聞には「暴戾(ぼうれい)なる支那兵」(暴戾とは乱暴という意味)という表現が目につきますし、膺懲(ようちょう)という言葉もよくみられました。膺懲とは「こらしめる」という意味です。つまり「乱暴な支那兵をこらしめる」というイメージが、子どもの心にも刷り込まれていたのではないでしょうか。

つまり、大人も含めて「侵略」行動ではなく、「乱暴な中国兵をこらしめてやる」といった感覚だったのではないでしょうか。

さらに、その背景に、「社会ダーウィニズム」(社会進化論)と呼ばれる考え方があったという指摘があります。私もそうだと思います。これは、かつて明治時代初期には「天賦人権論」(→p.230)を唱えていた加藤弘之（ひろゆき）(のちに東京帝国大学総長になる人物)らが日本に紹介した考え方です。それは、もともと欧米で流行していた思想で、ダーウィンの進化論を人間社会にも応用するとして、「適者生存」「弱肉強食」を正当化したものでした。当時の日本人の、中国の人たちへの蔑視(→p.245)とあいまって、「日本人はすぐれている」といった考えが、無意識のうちにも人々の心にあったのではないでしょうか。のちには、「優秀な日本人に支配された方が彼らも幸せだ」といった主張まで現れました。

▲加藤弘之

Bプランの若槻内閣をクーデタで倒し、「軍中心の強力な内閣をつくろう」という動きは1931年の三月事件・十月事件に始まります。これは未遂に終わりますが、翌年には井上準之助らが殺されるテロが起こり、さらには犬養毅首相が暗殺される五・一五事件が起こります。明治時代の徴兵令以来、兵士の出身で多かったのは、どういう人たちでしたっけ？…そう、「農家の二・三男以下」でしたよね。農村は昭和恐慌でどうなりましたっけ？…テロやクーデタを計画した若手軍人たちや右翼の人たちの身寄りや知り合いには、「身売り」された女性もいたことでしょう。一方、都市部の財閥などは儲けている、それと癒着（ゆちゃく）した政治家たち…と、彼らの目に映っていたことでしょう。五・一五事件の首謀者たちは処刑されましたが、全体として「意外と罪が軽い」印象があります。一番奇異に感じたのは「三月事件の首謀者たちが釈放され、また十月事件の計画に加わっている」ことです。「彼らの気持ちは分かる」といった心情が広くあったのでしょうか。五・一五事件の裁判には数十万人規模(100万人とする説も)の減刑を求める署名も寄せられたそうです。警察も、当時「戦争反対」を叫んで行動していた労働組合や共産党などは厳しく弾圧しますが、それと比べると、こうしたテロなどに対する姿勢は、少し甘いような気がします。

関東軍は1932年「満洲国」を樹立します。その執政(のち皇帝)に、辛亥革命で倒された清朝のラスト・エンペラー愛新覚羅溥儀(あいしんかくらふぎ)をかつぎ出します。ここで問題です。

Q15 なぜ、関東軍は溥儀をかつぎ出したのでしょうか？

？？？？

▲溥儀

清を建国した女真族の根拠地はどこだったでしょう？(→p.245)　そう、満洲でしたね。…ということは、「満洲国は、満洲人たちがつくったんだ」とみせかけたかったのでしょう。柳条湖事件以来の日本の行動に対して中国は国際連盟に訴え出て、連盟は有名なリットン調査団を現地に派遣します。その報告が発表される前に、日本政府は「満洲国」を「承認」します。

私がリットン調査団の報告書を読んで一番印象に残っていることは、「線路上かその付近で爆発はあった。しかしその後、列車の定刻到着は妨げられていない。日本軍の軍事行動は正当な自衛手段と認められない」という部分です。つまり、爆発後もその現場を列車がふつうに通過していたのですね。それなのに「自衛」と言って日本軍がとった行動は「やり過ぎだ」ということでしょう。日本の「みせかけ」は国際連盟に通じませんでした。

中国の抗議で開かれた連盟総会で日本は孤立しました。「日本は満洲国承認を撤回せよ」という勧告案に賛成42・反対1・棄権1…反対はもちろん日本、棄権はタイ。すると、日本は世界でいの一番に連盟を脱退してしまいました。

こぼれ話　満洲国の「五族協和(ごぞくきょうわ)」の実態

日本は満洲国を「五族協和」の理想郷、「王道楽土(おうどうらくど)」と宣伝しました。五族とは、日・満・漢・朝・モンゴルです。しかし、その実態はというと、民政・外交などの各部に分かれた政府の行政機関は、部長は中国人でしたが実権は日本人の次長などが握っていました。日本政府は鉱山の採掘、開拓農民の移住促進をおこないましたが、「開拓」といっても現地農民から安く買い上げた農地が提供されたり、「満蒙開拓青少年義勇軍」といって、自衛と対ソ戦争に備える目的で農村の20歳以下の二・三男以下を中心にした人々が派遣されたりしました。

▲**五族協和をうたったポスター**

満洲事変や五・一五事件のあと、教科書にもあるように、思想・言論の取締りやジャーナリズムのあり方などがガラッと変わり、社会主義者たちがその考えを捨てる「転向(てんこう)」も目立ってきました。「ワシントン体制(→p.275)打破、反既成政党」を叫ぶ人々や軍部などの「昭和維新」を唱える勢力が台頭します。二・二六事件のあと、軍部大臣現役武官制が復活し、「軍部にさからう内閣は成立できない」状況がつくられていきます。経済的な面では、先ほどお話しした(→p.287)「赤字国債」が1932年度予算で、日本財政史上初めて発行されたと言われていることが注目に値すると思います。赤字国債とは完全な「国の借金」ですが、定められた期限がくれば、利子をつけて返さなければなりません。経済成長していなければ増税するしかありません(その分お札を刷るという方法もありますが、それは236ページでみたようにインフレを招いてしまいます)。しかし当面はそれで「使えるお金」ができるわけです。軍事費につぎこまれ、これから国家予算に占める軍事費の割合はどんどん上がっていきます。軍と結びついて、日産・日窒(日本窒素)などの「新興財閥」が満洲・朝鮮に重化学工業部門で進出していきました。

思想面では、大正デモクラシーの代表的な学説だった「天皇機関説(→ p.268)」が「日本の国体に反する」と攻撃を受け、内閣がこの説を「否認する」事態が起きたことが注目に値します。大正期の政党政治などはその根拠を失い、天皇が「絶対の存在」とされました。この後、社会主義ばかりでなく、自由主義などの考え方も弾圧されるようになっていきます。

1936年2月26日には、二・二六事件が起きます。当時の日本陸軍の中で、統制派というグループと皇道派というグループが対立していました。そのうちの皇道派グループが起こしたクーデタです。

こぼれ話　ドキュメント二・二六事件

3日前に降った大雪がまだ残る2月26日未明、北一輝(→ p.276)の影響を受けていた皇道派の一部青年将校たちが約1,400名の兵を率いて反乱を起こしました。彼らは、首相・天皇のそばに仕える侍従長・内大臣・蔵相・軍の教育総監の住まいや警視庁・朝日新聞社などを襲いました。彼らは元老・重臣・官僚・政党などを「日本国体を破壊する元凶」として、これらを排撃して国家改造・軍部政権樹立を目指し、「昭和維新」「尊皇討奸(奸は、よこしまな・悪い、といった意味)」を唱えていました。首相は人違いで命拾いしましたが、斎藤実内大臣・高橋是清蔵相・渡辺錠太郎教育総監らが殺害され、鈴木貫太郎侍従長(のちの首相)らは重傷を負いました。

▲二・二六事件で警視庁を占拠した反乱軍

その日のうちに反乱軍は川島義之陸相に要求書を提出し、陸軍首脳は彼らの主張を認める陸軍大臣告示を出します。翌27日には緊急勅令で戒厳令が出され、反乱軍は戒厳部隊に編入されました。ここまでは、反乱が成功しているかにみえます。しかし海軍は鎮圧の構えをとり、天皇も厳罰を指示します。

天皇の命令がラジオなどで伝えられると、反乱の首謀者の中には自殺する者もおり、ほかの将校たちは投降しました。非公開・弁護人なしで軍法会議が開かれ、将校たち、北一輝らが死刑の判決を受けます。陸軍大臣告示を出した軍首脳部の責任は不問に付されました。事件後、統制派は皇道派を完全に排除して陸軍の主導権を確立します。

この事件は、まだまだ分かっていない部分があります。当時、統制派と皇道派の対立は、皇道派の相沢三郎中佐が統制派の中心だった永田鉄山軍務局長を、白昼に陸軍省内で斬殺するまでに尖鋭化していました。事件のきっかけは、川島陸相が皇道派将校の多い第一師団を満洲に派遣する計画を決めたことにあるようです。統制派は、第一次世界大戦以来叫ばれていた、国民を動員する総力戦体制を構築するには、当時の内閣などを効果的に運用しよう、と考えていました。それに対し皇道派は、当時の内閣や政党などを否定し、いますぐ天皇の権威のもとで軍部独裁政権を樹立しよう、と考えていたと思います。皇道派は力を失いましたが、陸軍を掌握した統制派は、この二・二六事件の脅威を最大限に利用し、内閣に対して軍の要求を貫いていきます。

⑽日中戦争と国家総動員

満洲事変から太平洋戦争の終結まで「十五年戦争」という呼び方がありますが、15年間ずっと戦っていたわけではありません。満洲国がつくられ、1933年塘沽停戦協定が結ばれて中国と満洲国の間に非武装地帯が設定されて、いったんは戦闘が終息します。ここで問題です。

その後、なぜ戦争状態になってしまうのでしょう？

？？？？

教科書にはこうあります。国民政府というのは当時の中国を実質的に治めていた、蔣介石をリーダーとする国民党政権のことです。

1935年以降、中国では関東軍によって、華北❶を国民政府の統治から切り離して支配しようとする華北分離工作が公然と進められた。……関東軍は華北に傀儡政府(冀東防共自治委員会)を樹立して分離工作を強め、翌1936(昭和

11)年には日本政府も華北分離を国策として決定した。

❶チャハル・綏遠・河北・山西・山東の5省からなる地域。　　(㊝p.311)

ここで「防共」という言葉が使われているのに注目してください。この頃の世界情勢は、ざっくり言って米英などの陣営と、社会主義のソ連、そして独伊日の陣営の三つどもえだったと思います。そこで独伊日は1937年に「防共協定」を結びました。敵国はどこですか？…そう、共産党のソ連ですね。「社会主義の脅威を防ぐために、我々はやっているんだ」というわけです。共産主義は、社会主義の１つです。

満洲事変の終結ののち、日本が華北分離工作を進めていた、というお話をしてきましたが、それに対して中国はどうだったのか。実は、国民党を率いる蔣介石は、日本と敵対するより、国内のライバルであった共産党を撲滅する方に一生懸命でした。そこで張作霖…覚えていますか？　満洲軍閥で、関東軍に爆殺された人です。その張作霖の息子の張学良が蔣介石を軟禁して「共産党と協力して日本と戦え」と迫り、国民党と共産党の協力関係、国共合作(第２次)が成立しました。

こんな状況の中、1937年７月７日、観光名所として名高い盧溝橋付近で、偶発的な日中両軍の衝突が起こります。

ここで現地部隊は停戦協定を結びますが、「この機会に中国をやっつけよう」と、現地の強硬派の要求に応じて、近衛文麿内閣は増援部隊を派兵し、戦線を拡大してしまいます。杉山元陸相も天皇に「２カ月程度で片づく」と言っていたようです（１カ月という説もあります)。背景には、中国を軽侮する考えがあったと思います。しかし、日清戦争の時の中国とは違いました。

▲盧溝橋

こぼれ話　石原莞爾は日中戦争に反対した

盧溝橋付近で演習をやっていた日本軍、点呼をとってみると１人いない。

近くにいた中国軍の陣地から一発の銃声。「すてておかれるか！」と戦闘状態になりました。…ところが真相は、その行方不明になっていた兵士、用を足しに部隊を離れ、丈(たけ)の長い草むらで自軍の陣地を見失い、うっかり中国軍の陣地に近づいて威嚇射撃をされた、ということだったようです。その兵士も無事帰還しましたし、現地の両軍では停戦協定が結ばれました。ところがギッチョン、「これは中国をやっつけるチャンスだ」「中国なんか２カ月もあれば降参してしまう」といった考えから、陸軍も当時の近衛文麿内閣も、軍隊の増派を決めてしまい、ズルズルと日中戦争が始まってしまいます。その背景には、日清戦争以来の「中国人を軽侮する気持ち」や、日清戦争の勝利の記憶（ほんの一部の軍隊とほんの一部の戦場で戦っただけなのに(→p.245)）があったのではないでしょうか。

興味深いことに、満洲事変のプランナーだった石原莞爾は、当時陸軍の参謀本部にいて、この日中開戦に反対します。説得する石原に、彼の後輩にあたる戦争遂行派は「何を言ってるんですか。我々は、あなたと同じことをしているだけですよ」と答えたという話があります。石原は、「満洲だけならなんとかなる。中国全土に戦争を拡大したら、もたない」と考えたのではないでしょうか。

日中戦争は、石原莞爾が危惧(きぐ)した通り、泥沼化します。「点と線の支配」という言葉がありますが、武器にまさる日本軍は点（都市）と線（鉄道）は確保します。しかし、面としての広い中国全体は確保できません。夜にゲリラから食糧などの補給線を攻撃されたりして、兵士も疲弊します。食糧などは基本的に「現地調達」つまり略奪をおこない、現地の人々の反感も高まります。首都の南京(ナンキン)さえ落とせば中国は降参するだろう、と無理な行軍のすえ、南京は占領しますが、中国は首都を奥地へ奥地へと移動して抵抗を続けます。国内では1938年に国家総動員法(こっかそうどういんほう)が制定され、「物資は戦争優先に使う」ことにして、1940年には砂糖・マッチなどが切符制に、翌年には米が配給制になりました。アメリカと戦争する前に、これだけ追い詰められていたのです。

政治的には、いきづまりの中、1940年６月に近衛文麿が「新体制」運動の推進を表明すると、「軍部独裁はいやだ」と考える政党勢力は、その「新体制」の内容がよく分からないうちに、自分の政党を解散して「新体制」になだれ込んでいきました。「バスに乗り遅れるな」という合言葉が、その時の気分をよく表しています。

また、対ソ連戦略を持っていた陸軍は、1938年に張鼓峰（ちょうこほう）事件を起こし、1939年にノモンハン事件を拡大しました。ともに独断です。敗北しましたが、満洲事変の時の「独断越境」の「成功」が影響しているのではないでしょうか。

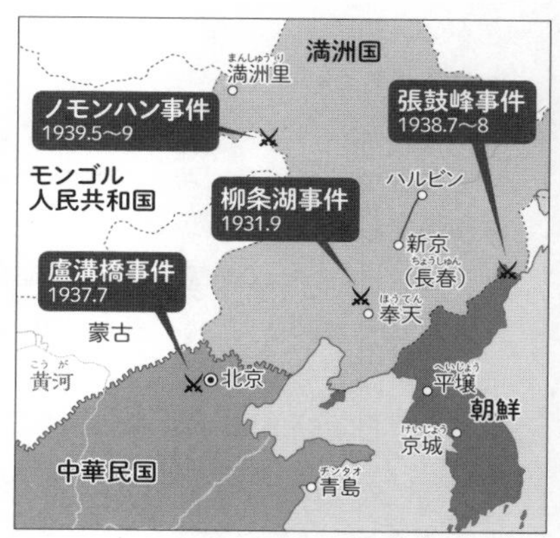

▲張鼓峰・ノモンハン周辺図

⑾太平洋戦争へ

「太平洋戦争は、やってよかった戦争なのか、やってはならなかった戦争なのか」という議論は、とても大切なテーマだと思います。でも、それについて意見を言うと、「聞いた人が感情的になる」体験を、ずいぶん私はしてきました。このテーマ以外のことだったら、冷静に議論できる人たちも、このテーマになると、どちらの考えをとるにせよ、熱くなってしまって、それ以外のテーマについての議論や考察が、全部無意味になってしまうのです。私は、この本を通じて、歴史に興味を持ったり、自分の意見を持ったりするとこんなに日本史はおもしろい、と読者の皆さんに感じてもらおう、と一生懸命お話ししてきたつもりです。そのことが全部無意味になってしまうのは耐えられません。

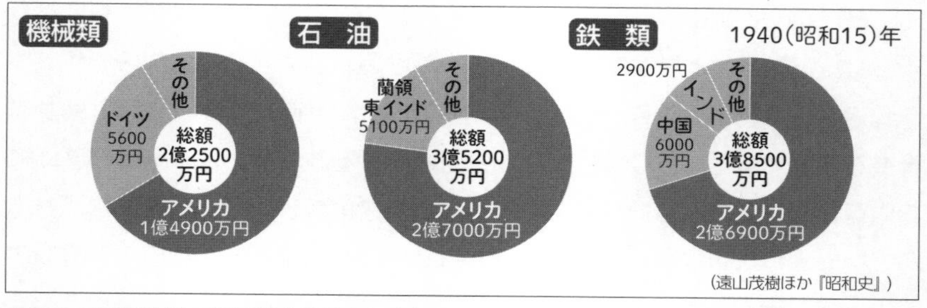

▲日本の軍需物資の国別輸入額(1940年)

ですから太平洋戦争について、考える必要があること――例えば、国力の差がとても大きいのに、そして石油などの資源を頼っていたアメリカと、なぜ戦争したのか、とか――はたくさんあると思うのですが、これまでこの本を読んでくださった皆さんには、この本に書かれてきたことをふまえて、ご自身で考えていただきたいな、と思います。

それでも、「これだけは」と思うことをお話しさせてください。

歴史を勉強していてつくづく思うのですが、「のど元過ぎれば熱さを忘れる」という言葉通り、「いやな記憶など、どんどん忘れていくものだな」ということです。私はまだ生まれていませんでしたが、太平洋戦争が終わって、米軍の空襲などで焼け野原になった国土をみた人々は、「もう絶対に戦争はいやだ」と思ったと思います。…いま、そうした記憶も、どんどん風化してきている、と感じます。逆に、だからこそ歴史を学ぶ必要があると思うのです。「賢者は歴史に学び、愚者は経験に学ぶ」とかなんとかいう言葉がありますが、「歴史に学び、想像力を働かせる」ことをやっていきたいと思います、お互いに。

⑿文化

大正から戦前・戦中の昭和の文化を**俯瞰**すると、そのコントラストに目まいを感じそうです。

▲『赤い鳥』

私は、大正の文化で雑誌『赤い鳥』にまず注目したいと思います。創刊した鈴木三重吉は、自分の子どもが生まれて、「さぁ本を読み聞かせよう」と本屋に行って愕然としたそうです。日露戦争などで捕虜を銃殺する絵とか、学校で強まりはじめた国家主義的な風潮の中で、「敵を成敗する」的な色彩の本ばかりが並んでいました。小学校で習う唱歌も似た傾向にありました。

子どもが目を輝かせて、楽しいなと思ったり、優しい心が育まれたりする本をつくろう、と三重吉は考えたそうです。『赤い鳥』に載った詩に曲をつけ、その頃世に出たレコードに録音して販売したそうです。当時子どもだった人の経験談で、登下校の時に童謡「カナリア」を歌いながら通ったのが楽しかった、というものがありました。三重吉は雑誌に書く作家たちに、「子どもだからといってバカにして手抜きするのでなく、高い水準のものを本気でつくってください」とよく言っていたとのことです。三重吉の娘さんが「父は、子どものくせに、といったことを決して言わなかった」と語る映像をみましたが、明治以来の個人主義が、「子どもを個人として尊重する」姿勢に結実したのではないでしょうか。

▲白樺派の人々

それが戦前・戦中にはすたれていってしまいます。『赤い鳥』の廃刊は1936年のことでした。『赤い鳥』以外でも、大正時代の文学では、やはり「個人の尊重」を掲げた白樺派や、労働者の視点から描くプロレタリア文学があります。また芥川龍之介が、『今昔物語集』(→ p.99)などを題材として、平安時代などを舞台に、人間の弱さや醜さなど、近代的な悩みを描いている手法も注目に値すると思います。

白樺派は、ほとんどが学習院大学出身の若者たちの同人誌『白樺』に始まります。武者小路実篤、有島武郎、志賀直哉などが有名です。彼らはトルストイの影響を受けたりして、理想主義や人道主義を主張し、個性の尊重を訴えました。武者小路は「新しき村」というものをつくって、ユートピア的な共同生活を実践しようとしました。有島は「大地主の子」という立場に悩んで、小作人に土地を開放したりしました。人生に煩悶し、個人の生き方の理想を追求しようとしたものだと思います。恥ずかしながら、中学生時代の私は武者小路の本に感動し、「自分を求めてもくれない異性を追いかけるのは間違っている」といったようなフレーズに、万年片思い少年としてはグサリときたものでした。

それが、戦前・戦中はどうでしょう。『赤い鳥』は廃刊となり、プロレタリア文学は弾圧を受けて壊滅。白樺派も衰えました。日本軍兵士の実態を写実的に描いた石川達三の『生きてゐる兵隊』は発売禁止になりました。自由に個人の生き方を追求することは、できなくなっていったのです。

そうそう、明治時代では「電灯は都市部、農村はランプ」でしたが、大正期に電灯が農村にも普及します。こういうところに「流れ」を感じますね。また、大正から昭和初期にかけて、東京や大阪などに私鉄や地下鉄の電車網がつくられました。大正時代の「サラリーマンの大量発生」「郊外に自宅を持ち、中心部に通勤することの常態化」といった現象から必要とされたものでしょう。ラジオ放送の開始は1925年。この頃の「娯楽の王様」は映画で、無声映画の「チャンバラ」(時代劇)が人気を博しました。

戦前の昭和時代から戦後の昭和時代へ　それ以前の日本人が経験できなかった社会

まったく新しい社会

世界史でも、第二次世界大戦後を「現代」と区分します。では、どういうところが、それまでと違うのだろう、と考えると、私は、『世界国勢図会（こくせいずえ）』(世界の国の様々な情報を集めたデータブック。矢野恒太記念会発行)の初めの方に出てくる、「国名一覧」に注目したくなります。

右の一覧表をみてください。圧倒的に「共和国」ですよね。王様がいない国々(なかには、「共和国」の名前が泣く国もありそうですが)。これ、例えば250年くらい前だったら、どうですか。ほぼすべての国々が「王国」「帝国」で、世界に共和国は…？　そう、アメリカだけだったのです。1911年の辛亥革命で成立した国、中華民国がアジア初の共和国だ、とお話ししましたね。(→p.266)

日本で考えたらどうでしょうか。例えば、いまの憲法には「男女の平等」が定められていますが、こんな時代、あったでしょうか？　少なくとも、江戸時代では「三従の教え」の話をしましたよね。(→p.181)明治時代に制定された旧民法はどうでしたか？(→p.237)　江戸時代から戦前の昭和までがだいたい340年、いまの憲法ができてから、まだ80年もたっていないのです。戦争放棄と基本的人権の尊重も憲法で定められました。第11章の初めに「一般ピープルにとって、“自分の生命や存在が尊重される

国名一覧(アジア)

日本国
アゼルバイジャン共和国
アフガニスタン・イスラム共和国
アラブ首長国連邦
アルメニア共和国
イエメン共和国
イスラエル国
イラク共和国
イラン・イスラム共和国
インド
インドネシア共和国
ウズベキスタン共和国
オマーン国
⋮

(『世界国勢図会』2021/22年版より)

戦後略年表

1945	敗戦
1946	日本国憲法公布
1948	占領政策の転換
1950	朝鮮戦争、警察予備隊新設
1951	サンフランシスコ平和条約 日米安全保障条約
1955	55年体制成立
1960	60年安保闘争
1968	GNPが資本主義国第2位に
1973	第1次石油危機
1985	プラザ合意
1989	平成と改元、消費税実施
1993	55年体制崩壊

バブル経済の崩壊後、不況が続く

こと"なんて、夢のようなことだったのではないでしょうか」とお話ししました。第11章の江戸時代で平和は実現しましたが、「一人ひとりの権利の尊重」にはほど遠い社会で、そのことは明治時代以降もずっと続いていったと思います。

ここまで、はるか昔からの日本の歴史を眺(なが)めてきて、こんな時代、あったでしょうか。日本だけではありません。世界の歴史でもこの章の初めにみたように、第二次世界大戦後の「戦後」は「まったく新しい社会」と言っていいと思います。この戦後について、年表をみてまた**俯瞰**(ふかん)してみましょう。本章では、以下の順にみていきたいと思います。

⑴占領期(サンフランシスコ平和条約とその翌年の独立まで)

⑵1960年の日米安保条約改定まで

⑶高度経済成長期

⑷1985年プラザ合意までと、その後

⑴占領期(サンフランシスコ平和条約とその翌年の独立まで)

占領期はもう、2つの時期にはっきりと分けられると思います。どこが境目になるでしょうか?

? ? ? ?

教科書に「占領政策の転換」とあるのが手掛かりになりますね。それ以前は、アメリカの占領政策はどうだったでしょうか。第二次世界大戦で、米英などの陣営と、社会主義のソ連が「ファシズム反対」で手を組んで勝利しましたから、反ファシズムで民主化(ファシズムと民主主義の関係は288ページ)していこう、という理想主義的な姿勢が強く、次のポツダム宣言にも、そういう色彩が色濃く感じられます。

ポツダム宣言

十　吾等(われら)ハ日本人ヲ民族トシテ奴隷化セントシ、又ハ国民トシテ滅亡セシメントスルノ意図ヲ有スルモノニ非(あら)ザルモ、吾等ノ俘虜(ふりょ)ヲ虐待(ぎゃくたい)

> セル者ヲ含ムー切ノ戦争犯罪人ニ対シテハ、厳重ナル処罰ヲ加ヘラルベシ。日本国政府ハ日本国国民ノ間ニ於ケル民主主義的傾向ノ復活強化ニ対スル一切ノ障礙ヲ除去スベシ。言論、宗教及思想ノ自由並ニ基本的人権ノ尊重ハ確立セラルベシ。
> 十二　前記諸目的ガ達成セラレ、且日本国国民ノ自由ニ表明セル意思ニ従ヒ、平和的傾向ヲ有シ且責任アル政府ガ樹立セラルルニ於テハ、連合国ノ占領軍ハ直ニ日本国ヨリ撤収セラルベシ。
> (『日本外交年表竝主要文書』)

その頂点が日本国憲法ですが、「アメリカから押しつけられた」という見方があります。形式的には、その通りだと思います。ただ、例えば「戦争放棄」と「天皇制の維持」をセットにして憲法をつくる案については、マッカーサーに幣原喜重郎(覚えていますか？)(→p.287)が進言した、という幣原本人の亡くなる前の証言があります。「いまオーストラリアなどが、天皇の戦争責任を追及するソ連の立場に同調しようとしているが、これでソ連を孤立させることができる」とマッカーサーが喜んだ、ということです。ソ連は天皇制の廃止を要求する立場で、天皇制を維持しようとしていたマッカーサーは苦境に立っていましたが、それを救った、と言うのです。マッカーサーも彼の『マッカーサー大戦回顧録』(津島一夫訳、中公文庫、2014年)で「戦争放棄は幣原氏が提案し、私は腰が抜けるほど驚いた」と書いています。幣原は英語がペラペラだったのでサシで話をしてしまい、2人以外に真相は不明ですが。それからマッカーサーから提示された案を日本の帝国議会が修正しており(それも、かなり重要な部分で)、ただの「押しつけ」では済まないものを感じます。

さて、ここで問題です。

日本国憲法以外で、占領初期におこなわれた「それまでと真逆の政策」には、どんなものがあったでしょうか？

？？？？

戦争犯罪人の追放・逮捕、「戦争反対」を叫んで「転向」(→p.293)せず牢屋に入れられていた共産党員らの釈放、「個人の尊厳を重んじ」(大正時代の『赤い鳥』！)とうたった教育基本法などに注目してください。「教育勅語」は失効とされ、

「治安維持法」もなくなります。

話は変わりますが、戦前、昭和恐慌から脱出するのに、どういう手段を使いましたっけ？　「赤字国債」を覚えていますか？　それはツケを将来にまわして財政的な規律が失われるので、戦後の財政法で発行が禁じられたことを覚えておいてください。

続いて問題です。

では、「占領政策が転換する」のはどうしてでしょう？　また、具体的に、どんな政策がとられたでしょうか？

？？？？

ここでまた、国際情勢です。第二次世界大戦では反ファシズムで共闘したアメリカとソ連でしたが、戦争が終わると「冷戦」状態になってしまいました。西欧はアメリカ側、東欧はソ連側で「東西冷戦」と呼ばれます。そして中国国内もまったく同じ。日本と戦っている時は、どうなっていたでしょうか？(→p.296)それが終わると、蔣介石が率いる国民党勢力と共産党勢力は戦争を始めてしまいます（国共内戦）。アメリカは蔣介石たちに期待を寄せ、国連の常任理事国にも国民党政権から代表を呼んでいたものです。ところがギッチョン、農民たちを味方につけて、1948年頃には、毛沢東（もうたくとう）率いる共産党勢力によって中国が統一されそうだ、という情勢になってしまいました（1949年、毛を主席とした中華人民共和国が成立）。そこで図をみてください。東アジアで

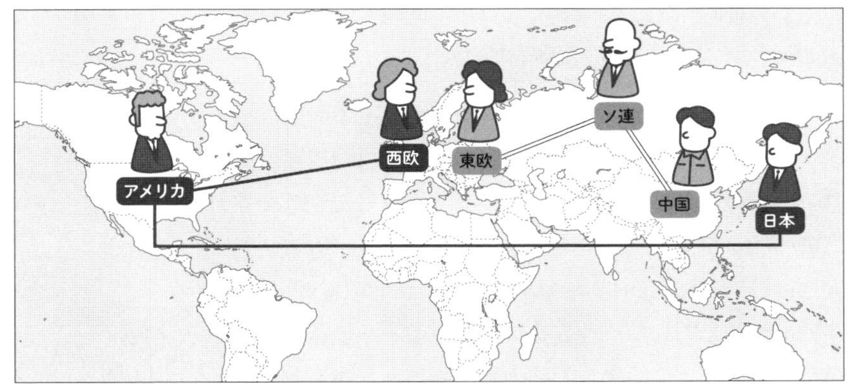

▲アメリカ・西欧・ソ連・東欧・中国・日本の関係図

考えると、中国はソ連側になって、朝鮮半島はソ連側の北朝鮮とアメリカ側の韓国の分裂状態！　アメリカの立場になってみると、日本しかいない！！

アメリカの高官から「日本に戦争放棄の憲法をつくらせたのは失敗だった」なんて発言が出てくるのも、この頃です。日本を「反共の防波堤に」「東アジアにおける忠実なパートナーに」していこう、そのために、ということで、いくつもの政策転換がおこなわれます。

戦争犯罪人の釈放・復帰、共産党は排除する(レッド・パージ)、この２つは本当に戦後すぐの政策の真逆ですよね(当時「逆コース」と呼ばれました)。日本をパートナーにするのなら経済力が弱体になるのはまずいので、財閥解体(ざいばつかいたい)は不徹底で終わらせます。1950年の朝鮮戦争勃発(ぼっぱつ)に際して「警察予備隊(けいさつよびたい)」の結成を指示(1952年に「保安隊(ほあんたい)」、1954年に「自衛隊(じえいたい)」となります)します。警察といっても実質は軍隊で、アメリカ製の装備・兵器を備えていました。

こぼれ話　マスコミは、かつて中国をなんと表記したか

「陸海空軍その他の戦力は、これを保持しない」と日本国憲法第９条が定めているのに、なぜ自衛隊があるんだろう？というのは、誰でも持つ素朴な疑問だと思うのですが、いまお話ししてきたように、その原型は占領下でアメリカがつくらせたものだったのですね。

1949年に成立した中華人民共和国について、日本国内の新聞などマスコミは、長いこと「中共」と表記していて、私は「変だなぁ」と思い続けていました(「中国」と表記されるようになるのはずっとあとのことです)。教員になりたての頃、そのことを授業で話して、「もし中国を中国共産党だから『中共』というなら、ソ連も『ソ共』といわなくては」といったところ、「目から鱗(うろこ)に感じた」といまでも話す卒業生がいます。

1951年のサンフランシスコ平和条約で日本の占領状態が終わり、翌1952年に日本は「独立」します(私が生まれた年です。…キャー、年齢がバレる！)。この平和条約の調印の日の夕方、場所を変えて「1人だけ」で当時の吉田茂首相が日米安全保障(あんぜんほしょう)(安保(あんぽ))条約に調印しました。独立したのに駐留軍が残る、首都やその周辺に巨大な面積の外国軍基地が残ると

▲吉田茂

いう事態です(304ページのポツダム宣言の十二項は…？)。

⑵1960年の日米安保条約改定まで

1952年の独立以来、米軍基地拡張の動きに対する反対運動が起こります。また、1954年の第五福竜丸の被爆をきっかけに原水爆禁止運動が盛り上がりました。労働組合のストライキもさかんにおこなわれていました。そんな中、1955年の左右社会党の統一とそれを受けて自由党・民主党の保守合同があり、ここから55年体制と呼ばれる独特の関係が成立します。それはざっくり言えば、日本国憲法がアメリカからの押しつけだとして、自主憲法制定、つまり「改憲」を党是(とうぜ)とする自由民主党(自民党)が国会議員の過半数を選挙で獲得して首相を出すが、「憲法９条を守れ」、つまり「護憲」を掲げる社会党を中心とする野党勢力が国会議員の３分の１以上を獲得するので、自民党も「改憲の発議ができない」という関係でした。

こぼれ話　基地拡張反対運動と原水爆禁止運動

1951年に結ばれた日米安保条約の第１条は、こうなっています。

> 平和条約及びこの条約の効力発生と同時に、アメリカ合衆国の陸軍、空軍及び海軍を日本国内及びその付近に配備する権利を、日本国は許与(きょよ)し、アメリカ合衆国はこれを受諾(じゅだく)する。

ここには、区域や範囲の限定がありません。外務省の公式発表でも、基地の数は増加したとされています。基地の周辺では米兵の強盗・強姦事件が起こり、騒音の被害が続出したのです。

浅間山を米軍の山岳演習に使う計画は、広範な反対運動で中止されました。内灘(うちなだ)(石川県)、九十九里、妙義(みょうぎ)、富士山麓(ふじさんろく)、沖縄などで反対運動が起こります。そして東京都立川(たちかわ)市の砂川(すながわ)町では町議会が満場一致で基地拡張反対を決議し、政府の測量作業では多数の負傷者が出ました(砂川事件。1959年東京地裁で在日米軍の存在に違憲判決が出ました)。

1954年３月１日、太平洋のビキニ環礁(かんしょう)でアメリカの水爆実験がおこなわれました。その「死の灰」を浴びて、マグロ漁船の第五福竜丸などの船員が体に異常をきたし、１名が亡くなりました。この事件をきっかけに、東京都杉(すぎ)

並区の主婦たちから原水爆禁止の署名運動が始まって全国に広がり、1955年に広島で原水爆禁止世界大会が開かれた時には、署名は世界中に広がって6億7000万筆を数えたとされています。朝鮮戦争やベトナム戦争の際、アメリカ内部に核兵器を使おうという声もあったそうですが、「世界中の原水爆禁止の署名があったから核兵器を使えなかった」とも考えられています。

その中でも、改憲をしようとする一方で日ソ国交回復を成し遂げて国際連合加盟を果たした鳩山一郎内閣とか、戦前に「小日本主義」を掲げていた石橋湛山内閣などありましたが、病気のためすぐに退陣した石橋首相のあとを受けて岸信介首相が内閣を組織すると、「アメリカとの対等な関係」を標榜して安保条約の改定を打ち出しました。

▲新安保条約に反対して国会を取り巻くデモ

これには「日本がアメリカの戦争にまき込まれる」などの懸念が起こり、国会での強行採決に対する反感もあいまって、連日数万人のデモが国会を取り巻く事態になりました(安保反対闘争)。

新安保条約(日米相互協力及び安全保障条約)

第五条　各締約国は、日本国の施政の下にある領域における、いずれか一方に対する武力攻撃が、自国の平和及び安全を危うくするものであることを認め、自国の憲法上の規定及び手続に従って共通の危険に対処するように行動することを宣言する。

こぼれ話 安保反対ごっこ

私が小学3年生頃のことです。東京の田舎である私の自宅周辺でも、毎日のように大人たちの安保反対のデモがみられました。そして学校でも、「電車ごっこ」の要領で1列になり、先頭が「安保！」というと2番目からが「反対！」と唱和する遊びがはやりました。…大人になってビックリしたのは、職場で同僚になった福岡県久留米市出身の人が、「僕の小学校でも、まったく同じ遊びがはやっていた」と言ったことでした。誰が教えたわけでもなく、もちろん YouTube もない時代に、同じ遊びが日本各地でおこなわれていたのです。テレビのニュースが連日報じていたからでしょうか。

新しい安保条約は成立しましたが、この反対運動を受けて岸信介首相は退陣し、次の池田勇人首相は、政治的な対立を避け、「これからは経済の時代だ」と「所得倍増計画」を打ち出しました。池田首相の独特のガラガラ声が、いまも私の耳に残っています（確か喉頭部の癌で亡くなりましたが）。「所得倍増、私はウソは申しません」。当時小学校3年生の私はそれを聞いて、子ども心に「いくらなんでも、それはウソでしょ」と思ったことを覚えています。ところがギッチョン、1人当たりの国民所得でみるかぎり、それはホントに実現してしまったのです。

▲池田勇人

(3)高度経済成長期

右の表から、どんなことが分かりますか？

？？？？

国名	粗鋼(千トン) 1966年	粗鋼(千トン) 1976年	乗用車(千台) 1966年	乗用車(千台) 1976年	テレビジョン(千台) 1966年	テレビジョン(千台) 1976年
アメリカ	121,655 (25.6)	116,121 ❷(17.2)	8,598 (44.6)	8,753 ❶(30.0)	11,673 (34.9)	7,820 ❷(13.7)
ソ連	96,907 (20.4)	144,805 ❶(21.5)	230 (1.2)	1,231 (4.2)	5,652 (16.9)	7,603 ❸(13.3)
日本	47,784 (10.0)	107,399 ❸(15.9)	878 (4.6)	5,028 ❷(17.2)	4,415 (13.2)	17,105 ❶(30.0)
西ドイツ	35,315 (7.4)	42,415 ❹ (6.3)	2,830 (14.7)	3,547 ❸(12.1)	2,276 (6.8)	3,727 ❹ (6.5)
イギリス	24,736 (5.2)	22,274 ❽ (3.3)	1,604 (8.3)	1,334 ❻ (4.6)	1,396 (4.2)	2,108 ❻ (3.7)

黒丸数字は1976年の生産高の順位。( )内は世界生産量に占める割合。

▲主要物資生産の成長ぶり(日本銀行『国際比較統計』1979年)

1966年と1976年とで、世界の粗鋼(そこう)(加工していない、製造したままの鋼(はがね))・乗用車・テレビジョンの生産量で、日本の占める割合が急激に高まっていることが分かりますね。

すでに1950年の朝鮮戦争で「特需(とくじゅ)」と呼ばれた需要があり、1956年度の経済白書(経済企画庁発表)で「もはや戦後ではない」という有名なフレーズがみられました。「神武(じんむ)景気」と名づけられた景気の拡大は1955～57年、「それより前からの空前の好景気」の意味で「岩戸(いわと)景気」と名づけられた景気の拡大は1958～61年で、1960年の池田首相の発言はタイミングが絶妙だったのでしょうね。

この「世界史の奇跡」とも言われた高度経済成長。何しろ「焼け野原」状態だった日本が、GNP(国民総生産。現在はGDPつまり国内総生産で比較しますが、当時はGNPで比較しました)で次々に西欧諸国を抜き、1968年には西ドイツ(当時は東西冷戦で東西ドイツに分かれていました)を抜いて、アメリカに次ぎ資本主義国第２位となった、というニュースには目のくらむ思いがしたのを覚えています。

こぼれ話　高度経済成長は日本人の心を変えた

	1960年	1965年	1970年	1975年	1980年
白黒テレビ	44.7%	95.0%	90.1%	49.7%	22.8%
カラーテレビ	—	0.4%*	30.4%	90.9%	98.2%
ステレオ	3.7%*	20.1%	36.6%	55.6%	57.1%
電気洗濯機	40.6%	78.1%	92.1%	97.7%	98.8%
電気・ガス冷蔵庫	10.1%	68.7%	92.5%	97.3%	99.1%
ルームクーラー	0.4%*	2.6%	8.4%	21.5%	39.2%
乗用車	2.8%*	10.5%	22.6%	37.4%	57.2%

＊は翌年の数値。

▲非農家世帯の耐久消費財普及率(『昭和国勢要覧』『国民生活統計年報』)

この表題が私の実感です。どう変えたかというと、私の感覚では、「モノの豊かさが幸せの基準になった」ということです。消費革命と呼ばれますが、1960年代の白黒テレビ・電気洗濯機・電気冷蔵庫の「三種の神器」。そして、1970年代の「３Ｃ」(カー・クーラー・カラーテレビ)に代表される耐久消費財。こうしたものが幸せの基準になり、その後も「○○を持っているかどうか」でうらやましさを感じたり、いざ手に入ると幸福感はそんなに長続きしなくてすぐに、また次の○○が欲しくなったり…といった精神構造になっていった感じがします。逆に考えると、例えば冷蔵庫や洗濯機がなかった時代は、ないなりに生活していたわけです。「ほとんどの人が持っていない」のだから、「うらやましい」という感覚もそうないわけです。

もちろん、洗濯機が主婦の家事労働を劇的に軽減したりした「いいこと」もありました。世の中のこと、何でも表と裏がある、ということでしょうか。また、テレビ放送開始は1953年で、家庭の団らんの風景を一変させました。

ところで、この経済成長、どうして可能だったのだろうか？と考えると、そこにはいろいろな原因があったと思います。いつもの「**俯瞰**」をやってみましょう。「逆に、なぜ終わりを迎えたのか」から考えると、何かみえてくるかもしれません。そこで問題です。

「高度経済成長が終わった」と言われるのは、いつのことですか？その時、何が起こっていましたか？

？？？？

答えから言ってしまうと、高度経済成長が終わりを告げたのは1973年です。では、この年に何が起こっていたか、といえば「第１次オイルショック

（石油危機）」ですよね。

ですから、高度成長の原因のおもなものの１つは「安い石油をふんだんに使えた」ということがあった、と言えると思います。

明治時代以降の日本の歴史をみていて、「労働者の低賃金と貧しい農村」というのが決まり文句のようでしたが、教科書にもある通り、

技術革新による労働生産性の向上、若年層を中心とする労働者不足、「春闘」方式を導入した労働運動の展開などによって、労働者の賃金は大幅に上昇した。……農業生産力の上昇、食糧管理制度と農業協同組合の要望による米価の政策的引上げ、さらには農外所得の増加などもあって、農家所得が増加した。（㊥p.347）

といったことから、国内市場の拡大、つまり国民の購買力が上がったことと、大幅な貿易黒字がさらに成長を押し上げていったと思います。

しかし、「世の中のこと、何でも表と裏がある」と思います。東京などの大都市の過密と農山漁村の過疎化、公害といった「高度成長の裏の面」が深刻な問題になっていきました。農業人口が減り、食糧自給率が低下しました。「発展」とは言っても、つり合いがとれていない感じがします。また、1965年からアメリカはベトナム戦争を起こし、ソ連との軍拡競争もあって財政難が問題となり、日本や西ドイツからの輸入の急増もあって、1971年にそれまでおこなってきた金とドルとの交換を停止し、さらに為替の固定相場（例えば、ずっと１ドル＝360円だった）を1973年には変動相場制にしました。

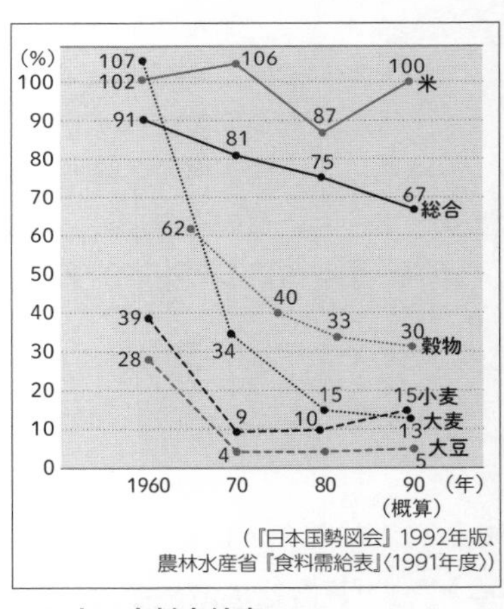

▲日本の食料自給率

こぼれ話 1968～69年の「学生運動」

1968年頃、フランスやアメリカ、さらに日本でも大学生たちの運動が注目され、日本では1969年に高校生の「異議申し立て」が目立ちました。日本でいうと、戦後の民主主義体制は「良きもの」とされてきましたが、反面、公

害が野放しにされたり、アメリカのベトナム戦争に協力したりしていることは許せない、といった主張が一部で広がり、校舎の封鎖などがおこなわれました。実は私の高校３年生の頃はまさにその渦中で、私も含めた何人もの高校生が、自分の主張をビラと呼んだ印刷物にして全校生徒に配ったりしていました。いまでは考えられませんね。私の体験は、プロジェクトチームをつくって当時のビラなどを集めて、『鉄筆とビラ――「立高紛争」の記録1969-1970』(同時代社、2020年)という本にしました。「あれは何だったんだろう」と、いまでも考え続けています。

⑷1985年プラザ合意までと、その後

第１次オイルショックは世界各国を揺(ゆ)るがし、1975年からは先進国首脳会議(せんしんこくしゅのうかいぎ)(サミット)が開かれるようになりました。各国の協調的な対応が求められるようになったのです。アメリカは1973年ベトナム和平協定を結んで、ようやくベトナム戦争を終わらせますが、戦争終盤では国内の反戦運動も高まる中で、「なぜアジアのことでアメリカ人の若者が命を落とさなければならないのか」「アジア人をしてアジア人と戦わしめよ」「日本は軍事費にお金を使わず、高度成長なんてズルい」「米軍基地やアメリカの『核の傘(かさ)』に守られて『安保ただ乗り』だ」といった主張が強まってきたことは見逃せません。「もっと責任を分担せよ」という圧力が強くなってきました。

その一方、日本は省エネ、ロボット導入など「減量経営」と呼ばれた方法を駆使(くし)して生産を伸ばし、とくに輸出の拡大で日米の貿易摩擦(ぼうえきまさつ)が深刻になるなど、ほかの欧米諸国と比べて高い成長率を維持し、アメリカでは『ジャパン・アズ・ナンバーワン』といった本がベストセラーになるような勢いでした。日本企業によるアメリカ大企業の買収もニュースになりました。

そんな中、1985年にニューヨークのプラザホテルでおこなわれた先進５カ国の蔵相・中央銀行総裁会議が合意・発表したもの(プラザ合意と呼ばれます)が注目されます。ざっくり言ってこれは、ドル高に対して各国は協調して介入・是正しましょう、ということで、日本の立場で考えると、「円高

にする」ことが、世界的に決められた、ということになります。

こぼれ話 円高？　円安？

円高、円安については基本的なことですが、大事なことなのでおさえておきましょう。第二次世界大戦後、１ドル＝360円で固定されていた、というのはさっきお話ししましたね。(→p.312)これが、例えば１ドル＝120円になったら、円高ですか？　円安ですか？

「１ドル手に入れるのに、昔は360円かかったのに、それが120円になった」ということですから、「円の価値が上がった」、つまり円高、ということになります。

円高になると、輸出はどうなるでしょうか？　例えば360万円の車があったとして、かつては１万ドルで売れたのに、今度は３万ドルで売るわけですから、不利になりますよね。輸入はその逆です。もっと分かりやすいのが海外旅行で、360円持ってアメリカに行ったら、昔は１ドルにしかならないのに今度は３ドル、３倍使えますよね。ですから、「輸出には円安が有利、輸入や海外旅行には円高が有利」ということになります。

この話でもお分かりのように、プラザ合意による「円高誘導」ということは、「日本の輸出に打撃を与える」ねらいがあった、ということだと思います。これは大変、ということで日銀は低金利政策をとりました。ふつうの銀行が企業に低い利子でお金を貸す、という形になりましたが、ここで「手っ取り早い儲(もう)けの方法」として、その資金が土地や株式に使われ、グングン地価や株価が上昇し、そのことでも儲ける人が増えて、一見「みんな金まわりが良くなった」感じになりました。「バブル景気」です。しかし、これは経済が成長しているのではないですよね。低金利政策をいつまでも続けるのは良くない、と日銀が公定歩合を引き上げる引き締め政策に転ずると、バブルはあっけなくはじけて消えてしまいました。

円高の進行は、教科書にもある通り、「**欧米やアジアに生産拠点を移す日本企業が増加し、産業の空洞化が進んだ**」(㊙p.358)という現象をまき起こしました。

1989年、昭和は平成(へいせい)に変わり、さらに平成は令和(れいわ)と変わりましたが、プラザ合意後の日本の経済の不振は変わらずに続いていると思います。

そして、戦後、財政法で禁じられていた、赤字国債(特例国債)の発行が常態化しています。国債を発行したら、決められた期限（1年、5年、10年など）がきたら、明記された利子をつけて返さなければなりません。その利子の財源は何か、と考えると、猛烈に経済成長すれば別ですが、ふつうは税金ということになります。「国債は将来の税金」と言われる所以(ゆえん)です。国債には建設国債と赤字国債があります。建設国債とは、橋や道路などをつくるために発行されるもので、「あとに価値あるものを残す」ことになります。

それに対して、赤字国債は単なる借金です。戦前の昭和でお話ししましたね。例えば世界恐慌の際、当時の高橋是清蔵相は、それで景気を回復させました。(→p.287)この方法は、安易にお金が使えるのでハマりやすく、敗戦後、紙屑(かみくず)同然になってしまい、戦後は禁じられたのでした。しかし、不振が続く日本経済、政府はこの「赤字国債頼み」からいまだに脱却できていません。いやそれどころか、国の借金は残念ながら増え続けているのが現状です。

昭和から平成、そして令和のいま

いま私たちが生きている時代

転換期、分かれ道としての「いま」

これまで、長い日本の歴史をみてきて、昭和の終わりから平成を経て、そして令和のいま、をあなたはどんな時代だと感じますか？

？？？？

これはもう、誰もが納得する「正解」はありそうにないですよね。以下でお話しすることも、「回答の１つ」として、良かったら参考にしていただいて、ぜひ、ご自分で考えたり、身近な方々と意見交換したり、考えた意見に基づいて行動してみたりしてほしいと思います。

私は、長い日本の歴史をみてきて、昭和の終わりから平成を経て、そして令和の「いま」は、大きな転換期であり、分かれ道、と感じています。

まず政治的なことからお話ししましょう。政治の腐敗への批判をおもな理由として自民党が分裂し、1993年に、長く続いてきた55年体制(→ p.307)が崩壊して非自民党連立政権の細川護熙(もりひろ)内閣が誕生しました。それ以来、「連立の時代」が続いています。自民党は政権奪回のため、55年体制のもう１つの主役であった社会党などと連立政権を組む、という離れ業(わざ)をおこなって翌年に政権に復帰しました。おそらくそれが社会党の存在意義を失わせたのでしょうが、いま、かつての社会党（現在は社会民主党と新社会党）は完全に少数勢力になりました。自民党は健在ですが、2009年にいったん民主党に政権が交代しました。その後、ここ最近は、若い年齢層を中心に「将来は不安だが、少なくとも現状は変わってほしくない」心理が働き、自民党中心の内閣の支持率が高い傾向にあると感じます。そういう時代ですが、私の目でみるところ、「いまほど政治家が『一般ピープルの支持に敏感になっている』時代はない」感じがします。「人気取り」に汲々(きゅうきゅう)としているようにみえます。…ということは、世論の動向によっては、また政権交代が起こらないとも限りません。その逆の可能性、つまり自民党を中心とした勢力が安定した多数の議席を占める可能性も大きいと思います。つい最近(2022〜23年)では、これまでの野党の中から自民党に近づいたり、「もっとしっかりしろ」と自民党を叱咤激励したりする勢力も目立ってきています。そうした勢力と自民党などが連立して、国会で「圧倒的な勢力」を築くこともあり得ます。…ただこれも、「この本を書いている2022年から23年3月現在の可能性」ということであって、アッと驚くような新党が登場して国民の支持を集めたりする可能性もないとは言えません。まとめて言えば、「いまほど、国民の意思で時代が動く」状況はなかったのではないか、ということです。まずは、そういう意味で「転換期」だと感じます。

「人気取りに汲々としているようにみえる」とお話ししましたが、最近の政策の例として重要なのは、やはり「戦後最長政権」の記録を更新した安倍晋三元首相の「アベノミクス」だと思います。

ざっくり言えば、お札をどんどん刷り、景気を良くしよう、ということです。日本銀行が推し進める「異次元の金融緩和」(これも、お金をバンバン世の中に出まわらせようというものです)とあいまっておこなわれました。「それはやってはいけないよ」と私が経済学で教わってきた「日銀の実質的な株式購入」までおこなっても、実体経済が成長している実感は残念ながらありません。それで株価は支えられて、儲けた人たちもいるようですが。それどころか、これまでの歴史の教訓としては、「お金をどんどん刷ったらインフレになる、だから不景気になるけどデフレ政策をやらないといけない」(→p.235〜236)「赤字国債に頼ってはとんでもないことになる」(→p.315)ということでしたが、ずっとその教訓とは真逆の政策が、私の目からみると「人気取り」のためにおこなわれています。赤字国債は増え続け、「国債の利子を払うために国債を発行する」悪循環が積み重なって、国としての借金が途方もない数字になっていることは、皆さんも薄々気づいていることでしょう。私は、「デフレ脱却」を唱えたアベノミクスの最大の**盲点**は、それが成功した途端にインフレで借金の利子が拡大してしまうことだとみていました。アベノミクスは失敗した(2%のインフレ目標を達成できなかった)と思いますが、「失敗したから深刻な問題が表面化しなかった」「問題がますます深刻に潜行した」ということだったと思います。つまり、景気を良くするために、大変なインフレを引き起こすかもしれない「貨幣の大量発行」をおこなっても「大変なインフレ」になっていないことをどうみるか、ということです。問題が解決したわけではなく、将来起こる問題が、残念ながらより深刻化しかねないと思えるわけです。問題がどんどん先送りされていて、あとで起こるほどダメージが、より大きくなってしまうことを危惧しています。この予感が外れてほしいと思います。

▲中曽根康弘

戦後、国民の支持を得るために自民党がとってきた政策は、「道路や橋、大きな施設をつくる公共事業で景気を良くしていく」ということが基本にあったと思います。そうした「成長戦略」が見事にハマったのが高度経済成長でした。ざっくり言えば「自民党に投票して豊かになりましょう」ということだったと思います。しかし、その「利益誘導」型政治は汚職などの腐敗を生み、国民の批判が55年体制の崩壊や民主党政権誕生につながったと思います。ではどうするか。手厚い社会福祉政策も、国民の支持を得るために必要でしたが、もうそんな余裕はない、ということで出てきたのが「新自由主義」でした。それは世界的にはレーガン米大統領やサッチャー英首相、日本では中曽根康弘首相らの1980年代に始まります。

こぼれ話　昔よりも「金持ち優遇」になった

かつての日本といまの日本がどれだけ違うか。かつての日本では、所得が高い人が払う税率の高さがハンパなかったのです。イチロー選手が大活躍している頃、「みんな税金で持っていかれちゃうんだよねぇ」と嘆いていた映像が印象に残っています。

それから、お店で何か買っても税金はつきませんでした。つまり消費税がなかったのです(消費税ができるのは1989年)。その代わり、ゴルフ用具とか、高級料理などには税金がつきました。「ぜいたく税」というわけです。

銀行や郵便局に預金した時、500万円まではその利子に税金はつきませんでした。マル優と言いました(いまの低金利政策では信じられないですが、1980年頃の郵便局の定額貯金という商品は、満期の10年間預けたら、もとのお金がだいたい倍になりました。元金が500万円までなら、それに税金はかかりません)。

それぞれ、いまはどうなっていますか？　これが「新自由主義」だと思います。その政策が導入される頃の言い分が記憶に残っています。「お金を儲けたり、新しい事業をおこなうやる気が失せる」「みんなダラダラと怠け者になる」。だから、悔しかったら金持ちになれ、なれないのは「自己責任」だ、というわけです。

1980年代以降、アメリカでも日本でも、「露骨な新自由主義」に逆行する動きも時々みられますが、大きな流れとしては、この新自由主義（「自己責任」の論理）が基調になっていると思います。どうしても、「みんなで助け合う」精神は薄れていってしまう、と感じています。

▲『地域を変える高校生たち』

一言で言って、現状は「いきづまり」「手詰まり」状態のようにみえてなりません。ではどうするか。私は、いまこそ歴史の教訓に学んで、一般ピープルが声をあげていくことだと思います。高校で教員をやっていて感じていたのですが、「個人の尊重」の日本国憲法のもとで育ってきた私たち、とくに若い人たちをみていると、他人への気づかいなど、我々老人とは違う素敵なセンスがある、と思います。任せればすごいことをやってのける、ほんの一例ですが、宮下与兵衛編『地域を変える高校生たち』（かもがわ出版、2014年）をお読みいただければ、私と同じことを感じられると思います。世界的には、スウェーデンの環境活動家グレタ・トゥンベリさんが有名ですが、日本からもそうした若者が出てくる可能性も十分にあると思います。地球に優しい、新しい成長産業が生み出されるかもしれません。そうした意味での「転換期」であってほしいものです。

もちろん、キレイゴトだけでは済まないでしょう。私は政治家ではありませんが、もし政治で好きなことやっていいよ、ということになったら、戦前の浜口雄幸首相と井上準之助蔵相にならって、「いまこれだけ赤字国債の借金の残高があって、そういうのはもうやめていきたいから、どうしても税金を上げなくてはならない（消費税に頼るのは、低い所得の人ほど負担が高くなる逆進性がイヤなので、所得税とか法人税とか、別のもので）。その代わり政府も、これこれのムダ使いはやめるし、安心して医療を受けられ、年金もこうやって保障する。大学もほかの多くの国と同様タダでいけるようにする」（そのためには、どれだけ税金を上げなくてはいけないか、数字に弱い私には皆目見当がつきませんが）と全国民に呼びかけて新党を結成する…まぁこれは１つの例ですけど。

関東大震災の時の大川常吉鶴見警察署長（→ p.277）のように、フェイクニュースでパニクらない情報リテラシー能力を高めて、そう、ホントの意味で賢く生きたいですね。自分だけが良ければいい、というのではなく。

世界的な新自由主義の風潮は、いまや「自国ファースト」という言葉にいきついてしまいました。これって、世界恐慌の時と同じですよね。それがさらにいきつく先は…各国が自己中で突っ走ったら、それこそ第三次世界大戦か、その前に地球温暖化での地球環境崩壊か。いま、私たち一人ひとりが歴史に学んで、本当の意味で「賢く」なることが求められていると思います。

せっかくここまで日本の歴史をお話ししてきましたから、総体的にみて感じたことを、最後にお話ししましょう。ここまで読んできてくださった皆さんも、いろいろ感じられたことがあるのではないでしょうか。私が感じていることを、ご参考までに申します。一言で言ってしまうと、いまを生きる私たちにとって、“自立”がキー概念ではないか、と感じています。

まず政治的な面から。明治時代の日清・日露戦争、大正時代の第一次世界大戦で「大国化」していった日本。しかしそれは、当時世界最強だったイギリスの支持をあてにしたものだったように感じます。日英同盟が廃棄され、次に力づけられたのはドイツの快進撃でした。第二次世界大戦後、それまで「鬼畜」と呼んでいたアメリカのもとで「成長」した日本。なんだか、「その時その時威勢のいい国に頼る」姿勢が感じられませんか。いま、中国がアメリカを追い越すのではないか、と言われていますが、そうなったら、今度は中国にすり寄るのでしょうか？…例えば、国連を中心とする姿勢を強めて、だんだんと「どこの国とも仲良くして自立する」外交をおこなったりすることは夢物語でしょうか。

次に社会的な面に目を向けると、私は、日本の歴史を総体的にみて、いまでも「家柄」や「血すじ」といったものが大きな力を持っている、と感じています。それは蔭位(おんい)の制(→p.63)だったり、「新しい勢力」の武士が幕府をつくっても、結局その「正統性」は「天皇から征夷大将軍に任命されること」だったり、「明治維新が王政復古」だったりしたことに淵源(えんげん)があるのかもしれません。いま現在も、「親ガチャ」という言葉があるように、「新しい階層社会」が社会の支配的な風潮になりかねないものを感じます。こうした「日本的社会」が変わる可能性としては、これまで織田信長の登場や戦国時代のキリスト教の普及などがあった(→p.157)と思いますが、「日本的社会を変える」までには至りませんでした。

先ほど、いまの若者たちの長所的な面として「他人への気づかい」ということを挙げましたが、「何事にも表と裏がある」「長所は短所」という世の常、この長所は、「周囲からどうみられているか」を過度に気にしたり、「傷つけないように、傷つかないように」軋轢(あつれき)を避ける、ということにもなりかねません。私は、江戸時代の「五人組」の影響が大きいと思っていて、密告奨励――だから「妬(ねた)まれないように」「目立たないように」というのが行動原理になってしまったのではないか、と考えています。

以上、社会的な面で「気になること」をお話してきましたが、それらは一言で言い換えると「自立できていない」ということだと思います。親のしつけでも、例えば電車の中で土足で座席に乗ってしまった子どもに、「汚(よご)れるからやめなさい」ではなく「怒られるからやめなさい」「そんなことしてる人、誰もいませんよ」と注意することに、よく現れていると思います。こうした点でも、私は、いまの若者たちに「新しいしつけ」を期待していますし、若者たちも私たち老人も、ともに「自立」していきたい、と考えています。

３つ目に経済的な面です。私は、ひょっとすると「どんどん生活が豊かにならねばならない」「経済をどんどん成長させなくてはならない」といった考えは**陥穽**(かんせい)なのではないか、と思うことがあります。何しろ、地球温暖化の危機は、もう「待ったなし」ではないでしょうか。地球規模での環境危機が叫ばれるなか、脱成長という概念に注目が集まってきています。自然などの共有財産を大切にしていく。少し生活は不便になっても仕方がない。…再生可能な経済システムを模索する方向でのビジネスモデルが人々の支持を集めたら、いまとまったく違った生き方、まったく違った社会が現実になるかもしれません。これも、「地に足がついた」広い意味での“自立”ではないでしょうか。

「自立」は「自己中」とは違います。明治時代に「個人主義」のお話をしましたが、一人ひとり尊重し合うことだと思います。自国ファーストになって、過去の日本でみられた（現在でも片鱗が残る）「他民族蔑視」をおこなうなど、とんでもないことだと思います。また、263ページで明治時代に来日した外国人が「古き日本の良さ」を讃美したとお話ししましたが、その中の１人のチェンバレンという人がこんなことを書いているそうです。彼は、日本人の国民性について、付和雷同を常とする集団行動癖や「外国を模範として真似するという国民性の根深い傾向」を挙げているとのことです。

「世の中に存在するもの、光の面もあれば闇の面もある」という見方からすれば、来日外国人たちが讃美した「みんな幸せで満足そうにみえる」ということも、幕府の強権的支配には目を向けない、「個の自立」とはほど遠い状況の裏返しだったのかもしれません。一方、幕府の方も、184ページで「けっこう人の心が分かっていた」とお話ししましたが、「お伊勢まいりと言えば一家の主婦もすべての義務をほうり出して行ける」とか、「お祭りの夜は『何をやってもいい』放縦状態もあった」とか聞いたことがありますが、ガス抜きが巧みだったのではないか（だから強権を感じさせず、支配が長続きした）と感じます。

173ページで「信教の自由がなかった」こと、175ページで「五人組は現代日本の同調主義圧力にまで影響しているのではないか」といったことをお話ししましたが、これらすべてのことが約260年も続いたことが、「自立できない」一方で「幸せで満足そうにみえる」状況につながっていたような気がします。でも、このままでいいのでしょうか。

2022年の参議院議員選挙の結果、「憲法を改正しよう」という勢力が、衆議院に続いて３分の２以上を占めました。その人々全体をまとめる「改正案」がまとまるかどうか、この原稿を書いている時点では不透明ですが、自民党にとって「結党以来の悲願」だった改憲のチャンスであることは間違いありません。ご存知の通り、改憲するためには最後は「国民投票での過半数の賛成が必要なこと」がポイントです。「一般ピープルの意思が、目にみえる形で日本を動かす」機会が、近い将来登場するかもしれません。私たちはいま、そういう時代に生きているのです。

ここまで読んでいただいて、ありがとうございました。自立とか、偉(えら)そうなことを言いましたが、歴史の見方も、ぜひ、自分が持った疑問を大事にして、仮説をたてて考えていってほしいと思います。この本が、そういった営(いとな)みの参考になればうれしく思います。この本はこれで終わりですが、あなたにとっての歴史は、ここから始まります。大いに歴史の勉強を楽しんでいただいて、「いま」を自分らしく生きぬいていきましょう、お互いに。

おわりに

2022年は、日本が1945年に太平洋戦争に負けてから77年後にあたりました。この77年という数字は、1868年の明治維新から太平洋戦争の敗北までの77年と同じです。本文でも「『時間の長さで考える』というのは、歴史をみる場合にとても大切です」と書きました(→p.77)。「戦後と呼ばれる時代が、明治維新から敗戦までと同じ年数を数えた」ということから、あなたは何を考えますか？…こういった考察も、本文中で何度もお話しした「**俯瞰**(ふかん)すると何かがみえてくる、いろいろ考えられる」例の１つだと思います。

この本の「はじめに」で、「暗記することが歴史の勉強ではない」「歴史の本当の姿は、分からないことだらけだ」と書きました。「本当はどうだったんだろう」と追究し、仮説をたてて考え、事実に基づいて検証していくことが大切であり、歴史を学ぶ醍醐味(だいごみ)でもある、と思ってこの本をつくりましたが、いかがでしたか？

2023年１月26日、新聞各紙でこんな記事が載りました。「国内初の盾形(たてがた)銅鏡と国内最大の鉄剣が出土した」。銅鏡と言えば丸い形、と思っていましたが、なぜ盾形でつくったのでしょうか？　鏡の面積も、これまで出土したものを上まわって最大です。鉄剣の形は蛇のようにうねっていて、こちらの長さも、これまで最長だったものの２倍以上ありました。奈良県立橿原(かしはら)考古学研究所の岡林孝作副所長は「古墳時代の青銅工芸の最高傑作」と評したそうです。

私が一番注目したのは、これらが出土した富雄丸山(とみおまるやま)古墳（奈良市）に誰がねむっているのか分かっていないことと、この古墳が４世紀につくられたと考えられていることです。さぁ、この本を読んでくださった皆さん、「４世紀の日本」ってどうだったでしょう？　忘れちゃった、という方は、32ページを見直してくださいね。私は、改めて「歴史は分からないことだらけだなぁ」と感じました。大王(おおきみ)のお墓なんでしょうか？　もしそうでなかったら、いったい葬(ほうむ)られている人は誰なんでしょうか？

「本当はどうだったんだろう？」と考えていくうえで、「なぜ？」などと疑問を持つことが有効だと思います。つい最近、いま私が講師をしている都立高校の授業で生徒たちにグループワークをやってもらった時に、こんなことがありました。テーマは「鎌倉時代の北条氏は、なぜ将軍にならなかったのか」。生徒たちから出た意見は、「責任をとると危ないから」「藤原氏の摂関政治に学んだから」「平氏だったから」等々で、それぞれいいな、と思いましたが、その中で１つ、私がうなった意見がありました。それは、「北条氏は身分が低かったから」。

あぁ、それは私も思いついていなかったけど、言えてるかも、と感じました。当時の武士たちは自分の名前を名乗る時に、朝廷からもらった位などをつけることが多いのです。源頼朝が「故右大将軍」(→ p.106)と呼ばれたように。でも、例えば北条時政など、まったくそういうものがありません。生徒から新しい見方を教わったな、と思いました。こうして、歴史で「本当はどうだったのか」「なぜそのことをした（しなかった）のだろうか」と考えていくことには終わりはないし、日々発見がある楽しいことだと再認識しました。この本を読んでくださった皆さんも、ぜひ「ホントかな？」「なぜだろう？」といった疑問や、それについての自分なりの仮説を大切にしていただいて、歴史のおもしろさを味わってもらいたいと思います。

この本の制作は、山川出版社の担当者の方への、私の１本の電話から始まりました。「歴史は暗記だからつまらないと思っている人たちに、いやおもしろいよ、という本をつくりたいんです」「いいですね！」そこから二人三脚で、ようやく完成までたどりつきました。担当者の方にはひとかたならぬお世話になりました。感謝しています。

原稿を読んでいただきご意見を出してくださった、私の大学時代の恩師の石井寛治先生をはじめ、森田敏彦さん、矢野昭子さん、鈴木久男さん、私が日頃かかわっている大学の学生・院生の皆さん、ありがとうございました。そして、家のことがおろそかになりがちな私を支えてくれた妻に感謝を捧げます。

この本を読んで、歴史について学んでいくことはおもしろいし、楽しい、と１人でも多くの方に思っていただけたら、著者の喜びはこれにまさるものはありません。

2023年　芽吹きの３月に

写真所蔵・提供先一覧

p.8　井戸尻考古館蔵
p.9　三内丸山遺跡センター提供
p.10　東北歴史博物館蔵
p.17　佐賀県提供
p.19　国営吉野ヶ里歴史公園提供(復元)
p.29　堺市提供
p.30　桜井市教育委員会提供
p.33　早乙女雅博提供
p.34　出雲大社・島根県立古代出雲博物館提供
p.35　八女市岩戸山歴史文化交流館蔵
p.44　奈良国立博物館蔵(複製)、ColBase(https://colbase.nich.go.jp/)
p.51・68上下　奈良文化財研究所蔵
p.69・137・281　日本銀行貨幣博物館蔵
p.76　東大寺蔵・奈良国立博物館提供
p.93・148・195　東京国立博物館蔵、ColBase(https://colbase.nich.go.jp/)
p.97　観心寺蔵・河内長野市教育委員会提供
p.98　豊後高田市提供
p.113　東京大学史料編纂所蔵(模写)
p.116・117　国立国会図書館蔵(模写)
p.118　清浄光寺蔵
p.121　東大寺蔵・田中真知郎撮影
p.139　米沢市上杉博物館蔵
p.142　奈良市教育委員会提供(拓本)
p.156左・214下　種子島時邦蔵、種子島開発総合センター提供
p.156右・165下　神戸市立博物館蔵、Photo:Kobe City Museum/DNPartcom
p.165上　宮内庁三の丸尚蔵館蔵
p.180　個人蔵
p.185　郵政博物館蔵
p.187　東京国立博物館蔵／Image: TNM Image Archives
p.189　大阪歴史博物館蔵
p.190　東京都立大学図書館蔵
p.196　メトロポリタン美術館蔵
p.199　福山誠之館同窓会蔵
p.200上　豪徳寺蔵
p.200下・205左右・208左右・211上下・212・213・229・236・261上下・262・266・267上下・273・274・276・285上・287・288・291・292・306・309　国立国会図書館蔵
p.201　アメリカ議会図書館蔵
p.204　茨城県立図書館蔵(茨城県立図書館保管)
p.214上・中　刀剣ワールド財団(東建コーポレーション株式会社)提供
p.215　松戸市戸定歴史館蔵
p.217　鹿児島県歴史・美術センター黎明館蔵(玉里島津家資料)
p.225　山口県文書館蔵
p.227　国文学研究資料館蔵
p.234　北海道大学附属図書館蔵
p.239・243　横浜開港資料館蔵
p.241　長崎歴史文化博物館蔵
p.257　富岡市立美術博物館蔵
p.268　高砂市産業振興課提供
p.271　灸まん美術館蔵
p.280・294・308　朝日新聞社提供
p.285下　ユニフォトプレス提供
p.286　長井市観光協会提供
p.293　南部町祐王出会いの館蔵
p.299　日本近代文学館蔵
p.300　調布市武者小路実篤記念館蔵
p.318　内閣府提供

著者紹介

小泉 秀人　こいずみ ひでと

1952年生まれ。東京都立立川高校、東京大学経済学部卒。

高校で日本史・世界史を中心に約50年教え、大学でも8年間講師をつとめた。現在も都立高校で非常勤講師として教鞭をとる。

主要著書

『学校が育てた「生きる力」――“お節介”先生、卒業生に会いに行く』(同時代社、2015年)

全国民主主義教育研究会編『主権者教育のすすめ――未来をひらく社会科の授業』(共著、同時代社、2014年)

都立立川高校「紛争」の記録を残す会編『鉄筆とビラ――「立高紛争」の記録1969-1970』(共著、同時代社、2020年)

表紙・本文デザイン　株式会社ウエイド

暗記じゃなくて考えたら 日本史はこんなにおもしろい

2023年5月20日　第1版1刷印刷
2023年5月30日　第1版1刷発行

著　者　小泉秀人
発行者　野澤武史
発行所　株式会社　山川出版社
〒101-0047　東京都千代田区内神田1-13-13
電話　03-3293-8131(営業)　03-3293-8135(編集)
https://www.yamakawa.co.jp/　振替口座　00120-9-43993
印刷所　株式会社　太平印刷社
製本所　株式会社　ブロケード

　ISBN978-4-634-59133-2